부처님이 계신다면

탄허 큰스님 법어 1집

圖書出版 敎林

부처님이 계신다면

1979년 2 월 10일 초판 발행
2025년 11월 20일 개정 발행

저 자 | 탄허 대종사
발행인 | 서우담
발행처 | 圖書出版 敎林

등 록 | 신고제300-2011-41호
주 소 | 서울 종로구 인사동4길(경운동) 건국3호빌딩 202호
http://www.tanheo.com
전 화 | 02-733-3334

ISBN 89-87237-34-7
값 30,000원

탄허대종사 평복 진영

대방광 불화엄경 전23권(1975년 인촌문화상. 조계종 종정상)
불교유래 1,600년의 空前絶後 快擧

월정사 특강 1977년 (전국강사급이상)

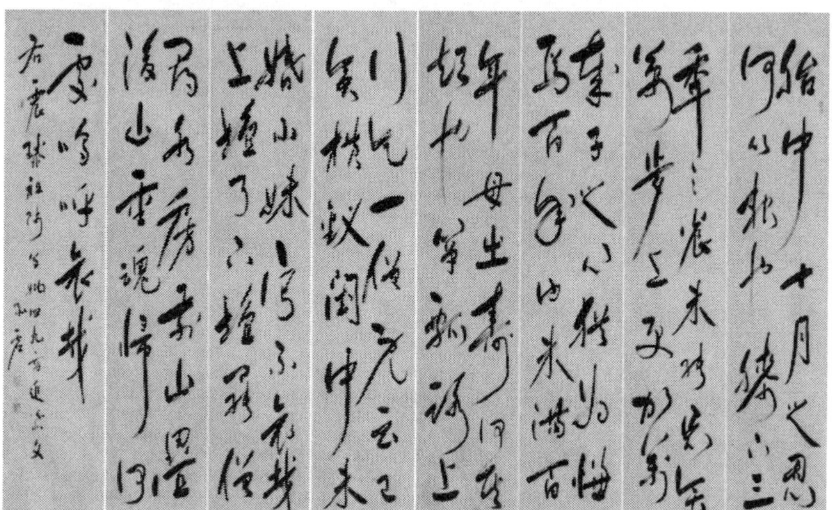

휘호 진묵조사 49재 재모문

탄허 대종사 문화훈장

1983년

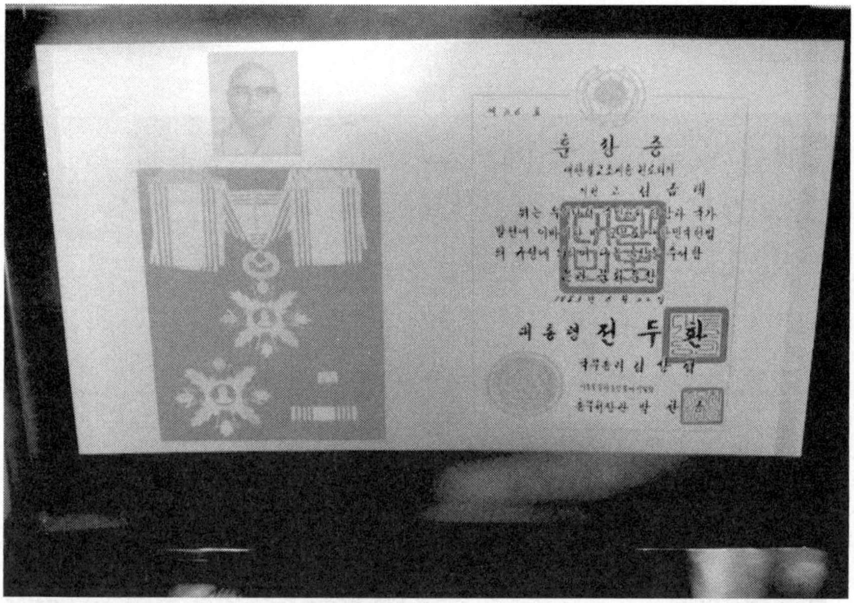

문화훈장(1983)

인촌문화상(1975)

탄허 대종사 부도와 비 오대산 상원사

■ 책머리에

다언(多言)의 병(病)

다언(多言)은 사자(士子)의 병(病)이 되고, 번문(煩文)은 도가(道家)의 해(害)가 된다. 도(道)를 밝힌 말이라도 다언(多言)과 번문(煩文)은 병이 되고 해 되거늘, 하물며 도를 밝히지 못한 산설(散屑)의 잡화(雜話)야 말할 것이 있으랴. 나는 본래 근성(根性)이 노둔(魯鈍)해서 문장지학(文章之學)에 힘쓸 여가가 없을 뿐 아니라, 유시(幼時)로부터 유교전통적(儒教傳統的)인 도학가(道學家)에 투신하여 익혀 왔기 때문에 매양 고인(古人)의 난서부화(亂書付火)라는 훈계를 잠시도 잊지 않고 저술보다는 사색, 사색보다는 좌망(坐忘)을 노력해 왔다. 그리하여 단편적인 문자도 남겨 놓은 것이 없었던 것이다. 이번 이 소소(小小)한 책자는 여러 사람으로 더불어 문답 또는 강연한 것을 원고화하여 일반 학생들에게 일람(一覽)을 하게 한다 해서 부득이 이(二), 삼자(三子)의 청을 저버리지 못하고 간행을 허락한 것이다. 이 잡화(雜話)를 보고 혹 망매지갈(望梅止渴)의 일조(一助)가 된다면 다언의 병과 번문의 해가 세상에 만연되지 않으리라고 본다.

경신년(庚申年, 1980) 정월

오대산인(五臺山人) 탄허(呑虛) 씀

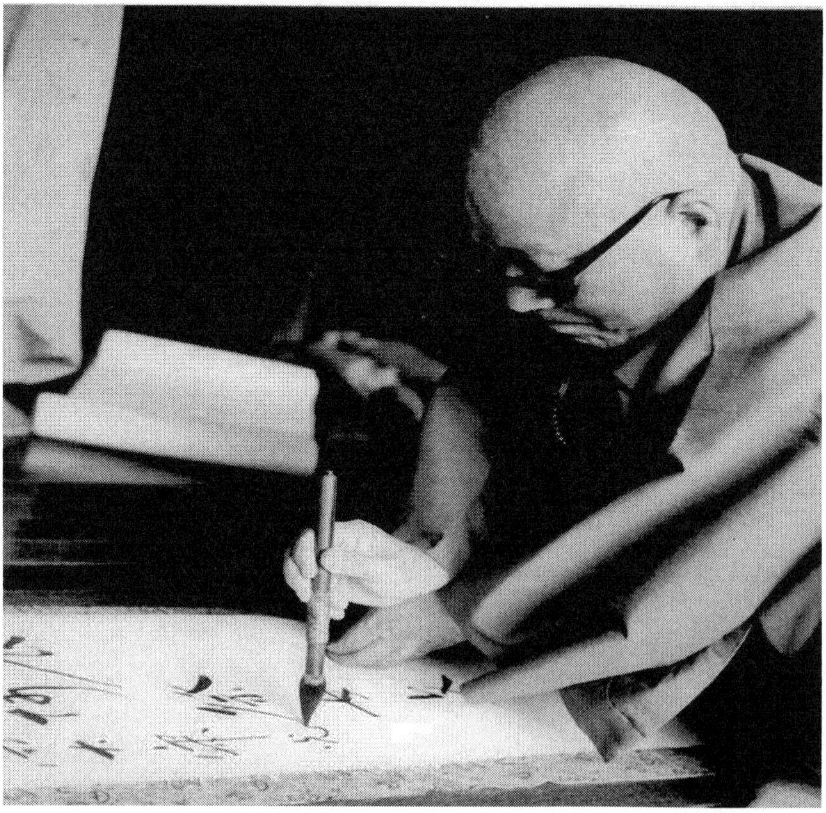

차 례

제1부 스님에게 듣는다

제2부 스님에게 묻는다

제3부 종교의 본질과 성격

제 1 부 스님에게 듣는다

현대의 3단논법과 같이, 콩을 콩이라고 긍정한 다음에 콩 씨를 심어서 잎이 나오면 심은 콩이 완전히 없어지고 또 같은 콩이 맺는다. 그러나 맺은 콩은 심은 콩과 같은 콩이로되 긍정 속에서 완전히 한 번 부정을 거친, 부정 속의 긍정적인 콩이기 때문에 심은 콩과는 다른 콩이다. 그러니까 무상관(無常觀)이 드러난다고 하는 것은 부정을 거쳐 바로 아는 것을 말하고, 망상이 끊어진 행동이란 부정 속의 긍정적인 콩과 같이 부정을 거친 긍정적인 행동을 말한다.

지 행 합 일(知 行 合 一)

고인(古人)이 말하기를 "열 마디에 아홉 번 맞는 말을 해도 한 번 침묵하는 것만 못하다" 하고, 또 "한 길의 설명이 한 치의 행동만 못하다" 하니, 과연 언행(言行)은 군자의 추기(樞機)라 할 수 있다.

옛날 중국 당나라 때 육조(六祖)가 말하기를 "차라리 생사(生死) 속에 머물러 중생을 교화하면서 도를 닦을지언정, 소승(小乘)의 적멸(寂滅)에 파묻혀 자리(自利)만을 주로 하는 해탈은 구하지 않겠다" 하며, "늘 자기 허물만 보고 남의 허물을 보지 말라" 하였다. 조선 선조 때 서산대사가 위의 육조의 말을 인용해서 평하기를 "전자는 선가(禪家)의 눈이요, 후자는 선가의 발이라" 고 하였다. 과연 눈만 있고 발이 없어서는 안 되며, 발만 있고 눈이 없어서도 안 될 것이다. 만일 눈만 있고 발이 없다면 목적지를 갈 수 없을 것이며, 만일 발만 있고 눈이 없다면 갈팡질팡 함정에 빠지고 개천에 떨어질 것이다. 그러므로 눈과 발이 잠시라도 떨어져서는 안 된다.

이것을 유교에서는 지행합일(知行合一)이라고 한다. 망령되게 알아서는 실행을 할 수 없거니와, 참되이 알고 보면 실행은 그 아는 가운데 내포된다. 예를 들면, 색이 좋은 줄 알 때에 취하는 행동이 없다면 망령되게 안 것이고, 똥이 구린 줄 알 때에 버리려는 행동이 없다면 역시 망령되게 안 것이다. 또 서시(西施)와 양귀비의 아름다움을 참되이 안 까닭에 취하고자 하는 행동이 나온 것이며, 포사(鮑肆; 어물을 파는 가게와 같이 냄새가 흉한 곳)나 측공(廁孔; 변소)과 같은 악취 나는 곳을 보고 누구나 멀리하는 것은 포사와 측공의 더러움을 참되게 알기 때문에 멀리 하고자 하는 행동이 나온 것이다.

이 세상은 꿈과 같이 무상(無常)하다고 하는 이해에만 그친다면 무상관(無常觀)이 드러난 것이 아니다. 꿈을 꾸다가 깨고 나서야 비로소 꿈인 줄 아는 것과 같이 무상관이 드러나야만 망상이 끊어진 행동이 나올 수 있다. 따라서 불법[眞理]은 세간(世間)에 있어서 세간망각을 여의지 않으니, 세간을 여의고 보리(菩提)를 찾으면 마치 토끼뿔을 구하는 것과 같다.

현대의 3단논법과 같이, 콩을 콩이라고 긍정한 다음에 콩 씨를 심어서 나오면 심은 콩이 완전히 없어지고 또 같은 콩이 맺힌다. 그러나 맺힌 콩은 심은 콩과 같은 콩이로되 긍정 속에서 완전히 한 번 부정을 거친, 부정 속의 긍정인 콩이기 때문에 심은 콩과는 다른 콩이다. 그러니까 무상관이 드러난다고 하는 것은 부정을 거쳐 바로 아는 것을 말하고, 망상이 끊어진 행동이란 부정 속의 긍정인 콩과 같이 부정을 거친 긍정적 행동을 말한다.

도가(道家)의 유명한 여동빈(呂洞賓) 선생이 득도(得道) 전(前)인 64세 때, 길을 가다가 점심때가 되어 어느 주막에 점심을 부탁하고 정자나무 밑에 누워 쉬다가 홀연히 잠이 들었다. 꿈에 70, 80년을 살며 여러 남매를 두고 조정에서 청요(淸要)의 직을 다 역임하면서 흔천동지(掀天動地)하는 부귀공명을 누렸는데 깨어 보니 점심으로 부탁한 황량(黃糧; 기장밥)이 익지 않았다고 한다. 10분도 안 된 시간, 일점(一點)도 안 되는 공간 위에서 70, 80년 동안

각부 장관을 역임하며 살았던 그 우주는 누가 만든 것이냐를 관하여, 거기서 무상을 철저히 이해한 것이다.

실제로 백 년을 살아도 이와 같은 꿈인 것이다. 그래서 세간사(世間事)를 집어치우고, 주장자를 짚고 도(道)를 구하러 나섰다가 신선 종이옹(鐘離翁)을 만나 수백 년 사는 선도(仙道)를 성취하였다. 그 후, 육신으로 3백 년 후에 황룡선사(黃龍禪師)의 도량에 몰래 나아가 설법을 도청하였다. 황룡이 그 기미를 알아차리고 주장자를 굴리며 "이 중에 법을 훔치는 사람이 있다" 고 하자, 순양(純陽:여동빈의 호)이 일어나 예를 올리면서 사과하고 신분을 밝혔다. 황룡의 "물이 다하고 산이 다한 곳이 어떠한고" 라는 질문에 순양이 막혔으니, 순양이 다시 예를 올리며 황룡에게 물었다.

"수궁산진처(水窮山盡處)에 **여하**(如何)오"
물이 다하고 산이 다한 곳이 어떠합니까?

황룡이 "황룡출현(黃龍出現)" 이라고 답하니, 순양이 홀연 대오(大悟)하였다. 꿈으로 인해 선도(仙道)를 얻은 것이 완전한 부정이라면, 3백 년 후에 황룡선사를 만나 불법을 철저히 깨달은 것은 부정(否定)을 거친 긍정(肯定)인 것이다.

그러고 보면 말은 행(行)을 돌아봐야 하고, 행은 말을 돌아봐야 한다 [언행상고(言行相顧] 목족(目足)이 병행하고 지행(知行)이 합일되는 길을 밟는다면 정치가와 교육가는 할 일이 없어 팔짱끼고 앉아 있게 될 것이다. 그러면 오공(圄空) 40년의 정치가 어찌 삼대(三代) 때에만 있으랴.

1974년

불 법 (佛 法)

세계평화통일 한마음 운동본부

부산대법회 강연법문

1. 여는 말
2. 교(敎)와 선(禪)
3. 지(知)와 각(覺)
4. 술(術)과 도(道)
5. 충효일치관(忠孝一致觀)과 생사일여관(生死一如觀)
6. 동 · 서학(東 · 西學)의 비교

1. 여는 말

사실 팔만대장경 속에 무문자설(無問自說; 묻지 않는데 말함)이라는 것은 하나도 없습니다. 질문 없이 혼자 지껄이는 것은 없어요. 반드시 질문하는 사람의 뜻을 따라서 말이 있게 돼 있습니다.

그런데 이렇게 말할 줄 모르는 사람에게 말을 해 달라고 강연회를 개최했단 말입니다. 그래서 이 강연이라는 게 그렇게 효과 있는 것은 아니라고 생각합니다. 왜냐하면, 환자가 어디가 아프다는 것을 들은 후에야 약 쓰는 사람이 약을 주게 되어 있는 것이지, 환자가 감기가 들었는지 몸살이 났는지 아무것도 모르고서 덮어놓고 약 쓰는 사람이 "내 약 써라!" 한다면 우스운 일이 아니겠어요?

이와 같이 무문자설(無問自說)이라는 것은 싱거운 것이기 때문에, 이 강연회라는 것이 우리한테는 필요 없다고 생각하는 것입니다. 만일 단지 강연회라고 이렇게 여러분에게 설교(說敎)를 한다면, 차라리 서울에 있는 강사나 포교사 스님 같은 이가 우리보다 백배, 천배 낫습니다. 그런 이를 모셔다가 하는 것이 나으리라 생각합니다.

나는 어떤 전문 지식인이 찾아와 팔만대장경을 갖다 놓고 무엇을 물어도 자신 있습니다. 그러나 이렇게 여러분들 앞에서 혼자 약 파는 사람 모양으로 지껄이는 것은 참 자신 없어요.

그렇기 때문에, 기기화류(騏驥驊騮; 천리마)가 천리를 가는 말(馬)이기는 하나 그 말에게 쥐를 잡아 보라 할 것 같으면, 오히려 병든 고양이를 못 당하는 것입니다. 또 밤에는 추호지말(秋毫之末)까지 다 볼 수 있지만 낮에는 눈을 부릅떠도 오히려 태산(泰山)을 보지 못하는 것이 올빼미요, 충거(衝車)라는 기계는 진시황 당시 거대한 만리장성을 뚫는 기계였지만 작은 이[蝨]를 죽이는 데는 오히려 손톱 하나보다 못한 것입니다.

그렇기 때문에 각자 그 성품이 다르고, 기능이 다르고, 재주가 다 다른 거예요. 따라서 사실 김탄허는 이런 강연이 필요 없는 사람이올시다. 그러나 부산에 계시는 신도 여러분께서 일곱 번이나 서울을 올라 다니며 꼭 한번 이야기해 달라고 졸라대기에, 부득이 이렇게 내려오게 된 것입니다.

그런데 여러분들이 장시간을 이렇게 앉아 계시니까, 아마 무릎도 아프고 등도 쑤실 거예요. 그렇지만 기왕 여기까지 김탄허가 내려왔으니 한 말씀드리겠습니다.

제가 말씀드릴 연제(演題)는, 저기 쓰여 있는 제목대로 '불교'입니다. 불교라면 첫째, 교(敎)와 선(禪)이 어떠하다는 것, 둘째, 지(知)와 각(覺)이 어떠하다는 것, 셋째, 술(術)과 도(道)가 어떠하다는 것, 넷째 충효일치관(忠孝一致觀)과 생사일여관(生死一如觀)이 어떠하다는 것을 말씀드려야 되겠고, 그 다음에 결론으로 동·서학(東·西學)을 비교해서 간략히 말씀드리겠습니다.

2. 교(敎)와 선(禪)

그런데 정말이지, 제가 하나하나 이야기하는 데 따라서 여러분께서 김탄허가 머리가 깨지게 아프다고 할 때까지 어떠한 질문이라도 하여 주신다면 감사하겠는데, 그렇지를 못하고 그저 혼자 지껄이고 만다는 것은 참으로 유감이올시다.

한(漢)나라 훤제(煊帝) 당시에, 즉 훤제라는 임금이 그 시대에 미신을 타파한다고 해서 원몽자(原夢者), 즉 해몽(解夢)하는 사람을 데려다 놓고 시험을 하기 위해 자기가 꿈을 하나 날조(捏造)했습니다. 정말로 저놈이 꿈 해몽을 잘하는지 아닌지를 시험해 보고서, 만약에 꿈 해몽을 할 줄 모르는 놈이 억지로 꿈 해몽을 할 것 같으면 혹세무민(惑世誣民)하는 죄로 목을 칠 작정이었지요.

그래서 훤제가 어떻게 꿈을 날조해서 물었는가 하니

"여 봐, 원몽자! 내가 들으니까 네가 꿈 해몽을 잘한다니 묻겠다. 내가 간밤 꿈에 궁전 처마 끝에 있는 청기와가 난조(鸞鳥)라는 봉황새가 되어 훨훨 날아가는 것을 보았는데, 그 꿈이 무슨 꿈이지?"

그 말이 떨어지자마자 원몽자가 하는 말이

"폐하! 큰일났습니다!"

"왜?"

"지금 궁중 안에 참변이 일어났습니다."

하고 휜제의 꿈을 해몽하여 대답하는데, 그 말이 떨어지자마자 기다렸다는 듯이 문밖에서

"폐하! 아뢰옵니다!"

"무엇이냐?"

"지금 궁중에서 두 사람이 싸우다 한 사람이 죽었습니다."

하고 대답하니, 그것 참 기가 막히거든요. 자기는 일부러 꿈을 만들어 가지고 꿈꿨다고 하여 원몽자를 시험해 보려 한 것인데, 어떻게 그렇게 날조한 꿈이 잘 맞느냐는 겁니다.

그래서 다시 휜제가 하는 말이

"참으로 네가 해몽을 잘한다고 해서 한번 시험해 보기 위해 내가 다만 생각으로 꿈을 날조한 것인데, 어떻게 하여 그렇게 꿈이 잘 맞지?"

하니까, 그 원몽자의 답변이올시다.

"몽시신유(夢是神遊)라."

꿈이란 정신이 노는 것이 꿈이지,

꿈만이 꿈이 아니라는 겁니다. 폐하가 한 생각을 일으킬 때가 벌써 꿈이라는 거지요. 그러니까 한 생각이 일어나면 꿈이 있고, 꿈이 있으면 이 우주는 일어나는 것입니다.

그러면 과연 이 우주의 주체는 무엇이겠습니까? 우주의 주체는 곧 우리의 한 생각인 것입니다. 만일 우리 한 생각이 없다고 할 것 같으면 이 몸뚱이는 송장일 뿐이고, 이 우주는 공각(空殼)일 뿐입니다. 그렇기 때문에 그 핵심만 안다면 이 한 생각에서 일어난 지엽적인 문제는 지껄일 여지도 없는 것입니다.

그래서 부처님께서 49년 동안이나 하셨다는 설법(說法)이라는 것이, 즉 6년 고행(苦行)을 통하여 우주관·인생관을 타파하셨다는 것이 무엇인가 하면 결국 3·7일 동안 이야기한, 바로 화엄학(華嚴學) 도리입니다.

그러면 화엄경(華嚴經) 도리라는 것은 무엇을 밝힌 것이냐? 바로 사법계(四法界) 도리를 밝힌 것입니다.

사법계(四法界)라는 것은, 먼저 이법계(理法界)가 있습니다. 이법계라는 것은 공(空)적인 면을 가지고 하는 말이에요. 이 우주만유(宇宙萬有)는 환(幻)이고 가상(假像)으로 있는 것이지, 실제로 있는 것이 아니라는 거예요. 실제로 있는 것이 아닌, 즉 공(空)적인 면에서 볼 때에 그 공(空)한 것을 이법계(理法界)라고 합니다. 이법계는 곧 진리법계(眞理法界)이고 법계(法界)는 진리의 대명사입니다.

다음은 사법계(事法界)가 있습니다. 사법계라는 것이 무엇인가 하니, 우주전만유(宇宙全萬有) 그대로가 진리다 이겁니다.

그 다음은 이사무애법계(理事無碍法界), 즉 이(理)와 사(事)가

거리낌이 없는 법계, 다시 말해 공(空)과 유(有)가 둘이 아니라는 거예요. 여러분들이 반야심경(般若心經)에서,

> **"색즉시공**(色卽是空) **공즉시색**(空卽是色)"
> 색공(色空)이 둘이 아니다 이거예요.

이것을 밤낮 읽지요? 이것들이 이사무애법계(理事無碍法界)입니다. 그 다음이 사사무애법계(事事無碍法界), 사(事)와 사(事)가 거리낄 게 없다는 겁니다.

이사무애법계까지는 우리가 인식할 수가 있지만, 사사무애라는 것은 보통 사람으로서는 도저히 인식을 못하는 것입니다. 예를 들면, 태산을 자기 콧구멍 속에 집어넣는데, 콧구멍을 넓히는 것도 아니고 그렇다고 태산을 좁히는 것도 아니라는 거예요. 그러면서도 콧구멍 속에 들락날락하면서 하나도 거리낌이 없다 이거예요. 그러니 그런 말을 믿을 수 있겠어요? 그 사사무애(事事無碍) 도리, 그것은 오직 이 우주만유가 일진법계화(一眞法界化)된 사람이 아니면 그렇게 되지를 못하는 것입니다.

부처님께서 그 도리를 말씀하니까 백만 대중이 하나도 못 알아들으니, 그래서 부득이 49년 동안 설법을 하시게 된 것입니다.

그 설법이 어떻게 벌어졌느냐 하면, 아함부(阿含部) 12년, 방등부(方等部) 8년, 반야부(般若部) 21년, 법화부(法華部) 8년, 그래서 49년이 벌어진 것 아닙니까? 그러면 그 49년 이야기가 즉 팔만대장경이라니까 굉장히 벅찬 것 같지만, 사실은 알고 보면 몇 푼어치 안 되는 것입니다. 왜냐? 그 모두가 화엄경(華嚴經)으로 끌고

가기 위한 방편이니까요.

아함부(阿含部)라는 것은 사회의 교육과정으로 말하면 유치원·초등학교이고, 방등부(方等部)는 중학교, 육백부반야(六百部般若)는 고등학교, 법화부(法華部) 8년은 대학이요, 화엄경(華嚴經)은 대학원에 해당합니다. 체계가 그렇게 되는 것이 아닙니까?

이와 같이 방편을 달리해서 우리에게 펴부어 놓은 것이 바로 49년 설법입니다. 유치원·초등학교에서 우주관·인생관을 다룬 것과 중학교에서 다룬 것, 고등학교에서 다룬 것, 대학에서 다룬 것, 그리고 대학원에서 다룬 우주관·인생관에는 차이가 있는 것입니다. 그러나 동일점은 무엇이냐 할 것 같으면, 오직 이 우주는 우리의 한 생각이라는 것, 우리 한 생각이 우주만유의 핵심이라는 것, 그것은 똑같습니다. 그것이 바로 교리(敎理)입니다. 교리라는 것은 우리가 얼마든지 배워서 알 수가 있는 것입니다. 얼마든지 생각으로 얻을 수 있는 것입니다.

그러면 선(禪)은 무엇이냐? 선은 부처님 마음인데, 배워서 아는 게 아닙니다. 생각해서 얻는 것도 아닙니다. 그렇기 때문에 '임제삼구법문(臨濟三句法門)'에 제1구·제2구·제3구. 그럽니다. 제3구 도리가 제일 얕은 것인데, 제3구 도리를 뭐라고 했는고 하니,

> **"간취붕두농괴뢰**(看取棚頭弄傀儡)하라."
> 무대위 꼭두각시 놀음을 봐라.

요즘 '꼭두각시 놀음'이라면 여러분이 이해를 잘 못하실 텐데, 바로 요지경(瑤池鏡; 환등기와 같음) 돌리는 것을 말하는 것입니다.

지금 영화 돌리는 것과 같은 이치인데, 그걸 봐라 이거예요.

"추견전차이두인(抽牽全借裡頭人)이라."

꼭두각시 노는 것이 속에서 사람이 줄을 당기기 때문에 놀지, 허수아비가 혼자서 어떻게 노느냐 이거예요.

"추견전차이두인(抽牽全借裡頭人)" 은, 바로 부처님의 49년 설법을 말하는 것입니다. 왜냐하면, 석가모니가 49년 동안 설(說)한 것이다 무대 위 꼭두각시 놀음에 불과하기 때문입니다.

그 다음 제2구 소식(消息)은

"묘희기용무착문(妙喜豈容無着問)이리요마는,"

묘희[文殊菩薩]가 어찌 무착(無着)의 물음을 용납하리요 마는,

다시 말하면, 무착선사(無着禪師)가 문수보살한테 물을 수도 없고 문수보살이 무착선사의 물음에 답할 수도 없는, 즉 문답이 끊어진 자리라는 거지요. 그렇지만,

"구화(漚和)로는 **쟁부절류기**(爭負截流機)아."

방편으로는 어찌 잘난 사람을 저버릴 수 있으랴.

아무리 문답이 끊어진 자리이지만 방편으로는 또 문답 없는 가운데 문답을 할 수 있다, 즉 묘희가 무착선사를 만나 문답을 할 수 있다 이거예요. 그것을 제2구라 하는 것입니다.

그 다음에 제1구 소식은

"후일(煦日)이 **발생포지금**(發生鋪地錦)하니,

무문인자금상서(無紋印子錦上舒)로다!"

빛나는 태양이이 땅에 핀 비단을 발생하니,

문채 없는 민자 도장이 비단 위에 피었구나!

여러분! 이 뜻을 이해할 수 있겠습니까, 무슨 소리인지?

이것을 '제1구 소식' 이라 하는 거예요. 다시 말하면, '제1구 소식' 은 본래 문답이 끊어졌다는 겁니다. 물을 수도 없고 답할 수도 없는 본래 문답이 끊어진 자리라는 말이에요. '제2구 소식' 은 문답이 끊어진 자리에서 문답할 수 있다는 것이고, '제3구 소식' 은 본래 헛것, 허수아비가 49년 동안 지껄인 것이다 이겁니다. 그러므로 교리라는 것은 지금 꼭두각시가 49년 동안 지껄인 것이다, 이렇게 보는 것입니다.

선(禪)이라 하면, '제1구 소식' 인 본래 문답이 끊어진 자리, 즉 이 우주가 일어나기 전, 우리 몸뚱이가 생기기 전, 우리 한 생각이 일어나기 전 자리를 말합니다. 그러니 거기에다 무슨 말을 붙이겠어요? 그것이 근본 면목 아닙니까? 그렇기 때문에 깨달았다는 것은 깨달은 경지가, 즉 깨달은 것이 끊어진 자리를 깨달았다 하는 것입니다. 만일 깨달은 것이 붙었다고 할 것 같으면 깨달은 것이 아니에요.

그래서 이런 일화가 있지 않아요? 옛날 어떤 조사(祖師;潙仰宗의 香嚴禪師)가 부단한 공부 끝에 자기 사형(師兄;仰山禪師) 앞에서,

"이제 내가 조사선(祖師禪) 도리를 알았소."

하고 자부를 하니 그 사형 앙산이 하는 말이

"그래? 그렇다면 어떻게 알았느냐?"

하고 물었습니다 그 조사 향엄이 대답하기를

"**거년빈**(去年貧)은 **미시빈**(未是貧)이라.
금년빈(今年貧)이 **시시빈**(始是貧)이요,
거년(去年)엔 **무탁추지지**(無卓錐之地)러니,
금년(今年)엔 **추야무**(錐也無)로다."
지난해 가난은 가난이 아니라
올해 가난이 비로소 가난이요
지난해는 송곳 세울 땅도 없더니,
올해엔 송곳마저 없도다.

이렇게 말했습니다. 그러나 사형 앙산이 그 말을 듣고 하는 말이

"야! 네가 여래선(如來禪) 정도는 알았지만 아직 조사선 도리는 꿈에도 못 보았다!"

그럽니다. 그러니 향엄이 부아가 났습니다. 자기는 분명히 조사선을 보았는데 사형이 자기를 인정하지 않으니까 부아가 나서 다시 3년을 지극히 정진하였습니다. 정진을 하고 난 후 다시 앙산에게 와서 하는 말이

"3년 전에 내가 조사선을 알았다고 한 것은 거짓이었고, 지금은 바로 알았소." 하니까,

"그래? 그러면 어떻게 알았느냐? 한번 일러 봐라!"

"아유일기(我有一機)하니 **순목시이**(瞬目示伊)나

약인(若人)이 **불회**(不會)하면 **별환사미**(別喚沙彌)하리라."

나한테 한 소식(消息)이 있는데, 눈을 끔벅해서 저 사람에게 보인다. 아느냐?

만일 사람이 그것을 모른다 할 것 같으면, 나는 달리 "사미야!" 하고 부르겠다.

사미(沙彌), 즉 어린 스님인 "사미야!" 하고 부르겠다 이거예요. 생각해 보십시오. 팔만대장경 가지고서 그것을 해석하겠습니까?

그러니까 그때서야 그 사형되는 앙산이

"3년 전에 네가 조사선을 알았다는 것은 잘못 알았던 것이고, 지금은 바로 알았네."

했습니다.

이처럼 깨달았다는 것은, 말이 끊어지고 아는 것이 끊어진 것을 깨달았다 하는 것입니다. 만일 아무리 깨달았다 할지라도, 말이 끊어지지 않고 생각이 끊어지지 않았다면 아직 꼬리가 덜 떨어진 겁니다. 그것을 선(禪)이라 하는 겁니다. 바로 부처님 마음자리입니다. 그러니까 팔만대장경 교리는 우리가 배워서 알고 생각해서 얻을 수 있지만 선(禪), 부처님 마음자리인 선은 생각이 끊어져야만 거기에 합하는 것이올시다.

다음에는 '지(知)'와 '각(覺)', 즉 '지'는 무엇이고 '각'은 무엇이라는 것, 그것을 말씀드리겠습니다.

3. 지(知)와 각(覺)

'지(知)' 를 말할 것 같으면, 아는 것을 말합니다. 아는 것을 말할 것 같으면, 여러분도 잘 알고 있는 우리나라의 유명한 토정(土亭) 선생을 예로 들 수 있습니다.

토정 선생께서 어찌나 잘 아셨는고 하니, 그가 자기 친산(親山)을 정해 놓고서 그 속에다 빗돌[碑]을 하나 묻어 놓았습니다. 그런데 마침 자기의 종손자(從孫子)가 삼도감사(三道監司)를 지내게 되었는데, 유명하다는 어떤 풍수(風水)한테서 토정 선생이 잡은 친산(親山)이 좋지 않다는 말을 들었습니다. 그래서 종손자인 삼도감사는 더 좋은 명당(明堂)이 있다는 풍수의 말을 믿고, 토정 선생이 잡아 놓은 친산을 파 보았습니다. 그런데 파고 보니까 거기에서 빗돌이 하나 나왔습니다. 그 빗돌에 쓰여 있기를 뭐라고 쓰여 있는고 하니

> **"모년**(某年) **모월**(某月) **모일**(某日) **모시**(某時)**에 불초손**(不肖孫)**이 이 묘**(墓)**를 팔 터이니 개봉축**(改封築)**하라."**

라고 빗돌에 쓰여 있더라 이겁니다. 이거 깜짝 놀랄 일이 아니겠어요? 그러니 그 종손자인 삼도감사가 그만 그 자리에서 기절을 하고 말았어요.

그래서 할 수 없이 삼도감사를 지낸 그이가 자기가 길지(吉地)라고 잡았던 것을 다 집어 내버리고 하는 말이,

> "내가 선영(先塋)에 죄를 지였으니 얼굴을 들 수 없다. 앞으로 나는 선영과 함께 할 수 없으니, 후에 내 묘는 머슴들이나 묻히는 선영 산소 밑에다 조그마하게 써 달라."

이렇게 말했습니다. 그래서 지금 토정 선생 산소 밑에 그 삼도 감사의 묘가 조그맣게 되어 있습니다. 이와 같이 토정 선생이 알았던 것입니다.

그러나 그것은 안 것입니다. 아는 것만 가지고는 도(道)라고 하지 않는 것입니다. 만일 아는 것만 가지고 도라고 할 것 같으면, 그 토정 선생이 토정 선생이라는 대접을 못 받을 것입니다. 토정 선생에게는 아는 것이 끊어진 자리가 있기 때문에 '현인(賢人)' 소리를 듣는 것입니다. 그렇게 때문에 토정 선생의 말씀에

"인유사원(人有四願)하니,
내원영강(內願靈强)하고
외원부귀(外願富貴)한다."
사람마다 네 가지 원이 있으니,
안으로는 신령하고 강하려 하며, 밖으로는 부자가 되고 귀인이 되려 한다.

그러니 사람들은 이 4가지를 어떻게 하면 이룰 수 있을까 하고 원한다 이거예요.

"부막부어불탐(富莫富於不貪)이요,
귀막귀어부작(貴莫貴於不爵)이오,
강막강어부쟁(强莫强於不爭)이요,
영막영어부지(靈莫靈於不知)라.
연이(然而),

부지이불령(不知而不靈)은 **혼우자유지**(昏愚者有之) 하고,
부쟁이불강(不爭而不强)은 **나약자유지**(懦弱者有之)하고,
불탐이불부(不貪而不富)는 **빈궁자유지**(貧窮者有之)하고,
부작이불귀(不爵而不貴)는 **미천자유지**(微賤者有之)하니,
부작이능귀(不爵而能貴)하며 **불탐이능부**(不貪而能富)하며,
부쟁이능강(不爭而能强)하며 **부지이능령**(不知而能靈)은
유대인(惟大人)이라야 **능지**(能之)니라."

부자는 욕심 안 내는 것이 제일 부자요,
귀인은 벼슬 안 하는 것이 제일 귀한 것이요,
강한 것은 다투지 않는 것이 제일 강한 것이요,
신령한 것은 아는 게 없는 것이 제일 신령한 것이다.
그러나,
알지도 못하고 신령하지 못한 것은 어리석은 자가 가지고 있고,
다툼질도 하지 않고 강하지도 못한 것은 나약한 놈이 가지고 있고,
욕심도 안 내고 부자도 못되는 것은 빈궁한 인간이 가지고 있고,
벼슬도 하지 않고 귀하지도 못한 것은 미천한 놈이 가지고 있으니,
벼슬 하지 않고도 능히 귀하며, 욕심 안 내고도 능히 부하며,
다투지 않고도 능히 강하며, 아는 것 하나 없고도 능히 신령한 것은 오직 대인이라야 가능하니라.

이렇게 토정 선생이 말을 했습니다. 그러니까 오늘날 토정 선생이라는 대접을 받는 것입니다. 그렇게 아는 것이 없는 자리라는 것

을 알았기 때문에 현인이라 그러는 겁니다. 몇 백 년 후의 일을 아는 것만 가지고는 그 가치를 안 두는 것입니다.

또 우리나라 조선(朝鮮) 5백년에 유교(儒教)에서는 정북창(鄭北窓; 鄭磏, 北窓은 號) 선생을 제일가는 술객(術客)으로 치는데, 우리가 보기에는 그 양반이 술객뿐이 아니라고 봅니다. 정북창 선생은 참으로 기막힌 분이라고 봅니다.

그가 20살 시절에 산에 들어가 공부하는데,

> "**입산삼일**(入山三日)에 **지천하사**(知天下事)라."
> 산에(즉 절에) 들어간 지 사흘만에 천하 일을 알았다.

무소부지(無所不知), 모르는 것 없이 다 알았다 이겁니다. 심지어는 자기 아버지가 중국에 데리고 들어갔는데, 중국 사람을 만나면 중국말을, 소련 사람을 만나면 소련 말을 유창하게 잘 했답니다. 그러니 그런 천재는 동서고금에 우리나라의 정북창 선생 하나뿐입니다. 중국 천지에도 없었고, 서양 천지에도 없었습니다. 과연 누가 있겠습니까? 동서 어학을 배우지 않고도 탁 집어 말할 수 있는 사람이 어디 있겠습니까? 정북창 선생 하나뿐이지요.

그 분이 마흔 네 살에 죽었는데 만장(挽章)을 스스로 뭐라 썼는고 하니

> "**일일**(一日)에 **음진천종주**(飮盡千鐘酒)하고,
> **일생**(一生)에 **독파만권서**(讀罷萬卷書)라.
> **고담복희이상사**(高談伏羲以上事)하고,

속설(俗說)은 **종래**(從來)로 **불괘구**(不掛口)로다.

안회(顔回)는 **삼십**(三十)에 **칭아성**(稱亞聖)인데,

선생지수(先生之壽)는 **하기구**(何其久)아."

하루에 천 잔 술을 다 마셔 버리고

일평생에 만 권 서책 다 읽었어라.

고상하게 복희(伏羲)씨 이상의 일만 이야기하고

세속의 얘기 종래로 입에 걸지 않았도다.

안연(顔淵; 공자의 으뜸 제자)은 삼십에 아성(亞聖; 공자의 다음 가는 성현)이라 불렀는데

선생의 삶은 어찌 그리 긴가.

이상이 북창자만(北窓自挽)의 시(詩)인데, 안연(顔淵)은 서른 두 살에 일찍 돌아가셨지만 자기는 마흔 네 살까지나 살게 되었으니 그것으로 족하다고 만장을 쓴 것입니다. 그리고서는 좌탈(座脫)해 버렸습니다. 앉아서 몸을 벗어 버렸다 이거예요. 그는 불교에도 조예가 이만저만 깊은 양반이 아니었습니다. 그런데도 그를 유교에서는 술객(術客)이라고 합니다. 왜? 원체 아는 것만 보았지, 아는 게 끊어진 자리는 못 보았기에 그러는 겁니다. 그러니 아는 것만 가지고는 안 쳐주는 겁니다. 불교에서만 안 쳐주는 게 아니라 유교에서도 안 쳐주는 것입니다. 그래서 술객이라 하는 것입니다.

그러면 또 위의 정북창 선생보다 더 잘 아는 이가 있었는데, 중국 당(唐)나라 때 원천강(袁天綱) 선생이라는 이가 바로 그 사람입니다. 그는 죽을 때, 주먹만한 함(函)을 열 번, 스무 번 싸 가지고서는 자기의 9대손에게 전하라고 유언을 남겼습니다. 그래서 그

함이 9대손한테 전해졌다 이겁니다.

그런데 그 9대손이 살인을 범(犯)하게 되었습니다. 그러면 옛날에도 "살인자는 사(死)라", 즉 죽입니다. 그래서 관가에서 잡아다 놓고 그 9대손의 목을 베려 하는데, 원천강 선생의 9대손이라고 하니까 관가에서 달리 봤다 이거예요. 예를 들면, 우리가 퇴계(退溪) 선생의 9대 종손이라든지, 이율곡(李栗谷) 선생의 9대 종손이라 할 것 같으면 관가에서 좀 달리 볼 것이 아닙니까? 왜 그러냐? 퇴계 선생이나 율곡 선생이 이 국가, 이 민족에 끼친 공헌이 많으니까 그러는 거 아니겠어요? 그와 같이 원천강 선생도 중국 천지에서는 유명한 선생이기 때문에 그의 9대 종손이라고 하니까 관가에서 달리 봤다 이거예요.

그 때 그 원님이 있다가 하는 말이

"야! 그러면 네 선조 때부터 전해 내려오는 무슨 보물이라도 없느냐?"

하고 물으니 9대 종손이 대답하기를

"예. 아무 보물도 없고, 다만 9대 동안 전해 내려오는 조그만 함이 하나 있습니다."

"그래? 그러면 그것이라도 가져와 봐라!"

그래서, 그 함을 가지고 와서 원님 앞에 바치게 했습니다. 그런데 무엇인지는 몰라도 9대 동안 내려오는 함이라니 원님이 앉아서 받기가 황송하여 버선발로 뛰어 내려가 받는데, 그 순간에 원님이 앉았던 선화당 대들보가 쾅하고 무너져 내렸습니다. 만약에 그 자리에 그대로 앉아 있었다면 그대로 즉사했을 뻔한 거죠. 그러니 원님이 깜짝 놀라 그 함을 뜯어보니까 글 한 구절이 그 속에 붙어 있거든요.

"구여압량사(救汝壓樑死) 하노니,

활아구대손(活我九代孫) 하소."

그대가 대들보에 압사할 것을 내가 구원해 주노니,

내 9대손을 살려 주소.

그래서 원님이 살인범인 그 9대손을 방면(放免)시켜 줬습니다. 원천강 선생이 이렇게 알았다 이겁니다.

다음으로, '각(覺)' 이라 하면 무엇을 말하느냐 하면, 아는 게 끊어진 것을 '각(覺)' 이라 합니다.

원천강 선생보다 더 잘 안 이로 소강절(昭康節) 선생 같은 이가 있습니다. 그는 백원(百源) 산중에 들어가서 40년 동안 주역(周易)을 가지고 공부를 했는데, 얼마나 알았던지, '원(元)·회(會)·운(運)·세(世)·년(年)·월(月)·일(日)·시(時)' 하는 '원(元)' '원' 이라면 제일 큰 수를 '원(元)' 이라고 합니다. 천지가 한 번 생겼다 사라지는 것을 원이라 하는 거예요. 그 일원(一元)의 수를 어떻게 봤느냐 하면, 우리가 하루 보듯이 봤어요. 그렇게 알고서 뭐라고 말했는고 하니,

"차천지외(此天地外)에 **별유천지측이**(別有天地則已)어니와,

차천지지내사(此天地之內事)는 **오무소부지**(吾無所不知)다."

이 천지 밖에 달리 천지가 있다면 모르지만

이 천지 안에 일은 내가 모르는 게 없다. 고 했습니다.

그런데 천지가 한 번 생겼다 없어지는 햇수가 12만 9천 6백 년

인데, 그것을 우리가 하루 보듯이 아는 양반이라고 하지만, 그 아는 것만 가지고 있다면 그것은 술객(術客)이라고 해서 가치를 안 쳐주는 겁니다. 그러면 무엇을 가지고 소강절 선생이 대접을 받느냐 하면, 마지막에 아는 것이 끊어진 자리를 보았기 때문에 대접을 받는 겁니다. 그러면 그는 그 끊어진 자리를 어떻게 보았느냐? 그가 끊어진 자리를 보고서야 지은 시입니다.

"**신생천지후**(身生天地後)하고,
심재천지선(心在天地先)이라.
천지(天地)도 **자아출**(自我出)이어니,
기여(其餘)야 **하족언**(何足言)이랴.
일물(一物)이 **유래**(由來)로 **유일신**(有一身)이니,
일신(一身)에 **환유일건곤**(還有一乾坤)이라,
약지만물(若知萬物)이 **비어아**(備於我)라면
긍파삼재별입근(肯把三才別立根)가.
천향일중분조화(天向一中分造化)하고,
인어심상(人於心上)에 **기경륜**(起經綸)이라.
천인(天人)이 **언유양반의**(焉有兩般意)랴?
도불허행지재인(道不虛行只在人)이다.

이 몸뚱이는 하늘과 땅이 생긴 뒤에 나오고,
우리 마음자리는 하늘과 땅이 생기기 전부터 있었느니라.
하늘도 땅도 다 나로부터 나왔거니, (하늘도 땅도 다 내 아들놈이라 이겁니다. 내 마음에서 나왔다 이거야.)
그 나머지 만물(萬物)이야 말할 게 뭐 있느냐. (그게 생각이

끊어진 걸 한 번 보고서 하는 소리입니다.)

한 물건이 말미암아 한 몸뚱이가 생겼으니,

한 몸뚱이에는 또한 한 건곤[하늘과 땅]이 있음이라.

만일 우주만물이 나에게 갖춰진 것을 안다면

어찌 삼재[하늘과 땅과 사람]를 잡아서 따로 뿌리를 세우랴.

(즉 하늘이니, 땅이니, 사람이니, 모두 다를 게 없다 이거예요. 똑같은 것이다 이거지요.)

하늘은 하나[眞理]를 향하는 가운데 조화를 나누고,

사람은 마음 위에 경륜을 일으킨다.

하늘과 사람에 어찌 두 가지 뜻이 있겠느냐?

도는 헛되이 행하지 않는지라, 다만 사람한테 있다.

그렇게 아는 것이 끊어진 자리를 봤기 때문에 소강절 선생이라 하는 겁니다. '지'와 '각'의 차이가 그렇게 구별되어지는 거예요.

4. 술(術)과 도(道)

그런데 요즘 보통 공부한다는 사람들 말인데, '6·25 같은 사변이 언제 다시 일어날까', 이런 것들을 아는 것을 '도(道)'인 줄 알아요. 그건 술가(術家)의 사상이야. 술객(術客)이 하는 짓이지. '도' 자리는 아는 것이 끊어진 것이 '도'지, 아는 것은 '도(道)'가 아니에요.

그러면 '술(術)'과 '도(道)'의 차이는 무엇이냐?

여러분이 다 아시다시피 부처님에겐 육신통(六神通)이 있지 않습니까? 여섯 가지의 신통(神通) 중에 누진통(漏盡通)을 내놓고는 다 '술'입니다. 만일 누진통이 없다면, 다 아는 것이 붙어 있으니까 '술'이라는 거지요. 천안통(天眼通)을 말할 것 같으면, 우리의 육안은 가까운 장내(障內)만을 보지만 장외(障外)는 볼 수 없는 것인데 대해 천안통은 장외, 즉 산이 수만 겹 겹쳤어도 그 장(障)밖을 보는 것을 말합니다. 그리고 타심통(他心通)은 다른 사람의 마음을 알아보는 것입니다. 상대방이 마음먹고 있는 것을 말이지요.

중국 당(唐)나라때 혜충국사(慧忠國師) 당시 인도에서 대이삼장(大耳三藏)이라는 이가 왔었습니다. 그런데 그이가 타심통이 열린 분이었어요. 그러니 혜충국사를 모신 황제께서 인도에서 온 대이삼장 법사한테 반해버렸다 이겁니다. 왜냐하면 황제의 마음 상태를 전부 다 아니까요. 그래 황제가 혜충국사한테 하는 말이,

"나는 평소에 스님의 도덕이 제일 높은 줄 알았더니, 오늘 인도에서 온 대이삼장의 말을 듣고 보니까 스님은 아무 것도 아닙니다."

이러거든. 그러니까 혜충국사가,

"아! 그래요? 그럼 불러오시지요?"

이윽고 대이삼장이 들어오니까 대뜸,

"그래, 네가 타심통이 열렸다니, 그 말이 사실인가?"

"아니, 천만에요."

"지금 내가 어디 있는고?"

하고 혜충국사가 물으니까 대이삼장이 하는 말이,

"아, 스님은 일국의 선생님이신데, 어찌 산중에 가서 잔나비[원숭이] 희롱하는 것을 구경하고 계십니까?"

혜충국사가 마음을 그리 보냈거든요. 또 조금 있다가

"지금은 내가 어디 있는고?"

"예. 스님은 일국의 선생님이신데 왜 천진교(天津橋) 위에 가서 선유(船遊)하는 것을 구경하십니까?"

마음을 그리 또 보냈거든요. 알기는 안다 이겁니다. 그래서 다시

"지금은 내가 어디 있는고?"

그러나 이번엔 혜충국사의 마음을 도저히 알아 볼 수가 없습니다. 캄캄절벽, 막연할 뿐입니다. 왜? 캄캄절벽, 보지 못하는 그 자리가 바로 삼매(三昧), '도(道)' 자리이기 때문입니다. 아는 것이 끊어진 바로 그 자리이지요. 그저 남의 마음을 안다는 건 '술(術)'에 불과합니다.

그러면 인도에서 온 대이삼장이라는 이는 타심통밖에 못 열린 것이지요. 타심통만 열린 것은 '술'이지 '도'가 아닙니다. 그러니까 '도' 자리, 자수용삼매(自受用三昧) 자리에 그 혜충국사가 들어앉으니까, 즉 생각이 끊어진 자리에 들어앉으니까 캄캄하니

모르는 것입니다. 그것은 귀신도 보지 못하는 자리예요. 그러니까 혜충국사가,

"이 요상귀자(尿床鬼子; 변소간 귀신) 같은 놈! 썩 나가지 못할까!"

하고 호통을 쳐 내쫓았습니다. 그때서야 황제가

"참 과연 스님의 도덕이 장하십니다."

하고 진심으로 머리를 숙였다는 역사가 있지 않습니까.

그러니 우리는 과연 어떤 것이 근본인지 어떤 것이 지말(支末)인지 어떤 것이 안[內]인지 어떤 것이 밖[外]인지 이런 것을 식별할 줄 알아야 되는 것입니다.

그 다음은 시간이 없어서 간단히 말씀드리겠습니다.

5. 충효일치관(忠孝一致觀)과 생사일여관(生死一如觀)

요즘 충효사상(忠孝思想)이라고 정부에서 내걸고 있지만, 충효일치사상(忠孝一致思想)이라는 것은 투철히 말하자면 유교사상이올시다.

'충(忠)'과 '효(孝)'에 있어서 '효'는 두 가지를 보는데, 어떻게 보느냐 할 것 같으면, 부모의 마음과 뜻을 받드는 양심지지효(養心志之孝), 부모의 몸과 입을 잘 받드는 양구체지효(養口體之孝), 이 두 가지를 완전히 해야 효자라 그러는 겁니다.

그런데 공자(孔子)의 삼천 제자 가운데 그 두 가지 효를 투철히 잘한 이가 누구냐 할 것 같으면 증자(曾子), 그리고 민자건(閔子騫)이올시다. 증자는 어떻게 했는고 하니, 자기 아버지가 좋아하는 음식을 남겨 둔 것을 자기 아버지가 친구를 데려와서

"그 음식이 남았느냐?"

하면,

"예! 남았습니다."

하고 다 갖다 드렸습니다. 그게 아버지의 마음과 뜻을 받드는 효인 것입니다.

다음에 민자건이라는 이는 자기 아버지가 계모를 얻어 가지고 사는데, 거기서 아들 삼형제를 낳았습니다. 그런데 어느 겨울에, 민자건이 자기 아버지의 수레를 끌고 가는데 추우니까 자꾸만 벌벌 떨거든요. 이상히 여긴 자기 아버지가

"네가 왜 그렇게 떠느냐?"

하면서 옷을 만져 보니, 솜을 넣어 줬다는 것이 솜이 아니라 갈대꽃을 넣어 줬다 이겁니다. 그러니 바람이 술술 들어오니 벌벌 떨

것이 아닙니까? 얼마나 괘씸했던지 당장 집에 가서 새로 얻은 부인을 내쫓으려고 했습니다. 그러자 민자건이 아버지를 붙잡고 빌었습니다. 왜 그런고 하니,

"모재(母在)에 **일자한**(一子寒)이요,

모거(母去)에 **삼자한**(三子寒)이라."

어머니가 집에 계시면 나 혼자 벌벌 떨게 되지만,

어머니가 집을 나가면 삼형제[계모 소생]가 벌벌 떱니다.

그러면서 계모를 내쫓지 말라고 한 것이지요. 그렇게 효자였습니다.

그렇지만 삼천 제자 가운데 증자와 민자건 같은 이를 효자라 하지만, 맹자(孟子)는 평하기를 "부모 섬기는 것이 증자 같은 이는 어지간하지 장하지는 않다[孟子評曰 事親 若曾子者 可也]." 고 했습니다. 왜냐하면 '충(忠)'을 겸하지 못한 효였기 때문에 그랬던 겁니다.

충을 겸하지 못한 효는 대효(大孝)라고 안 합니다. 꼭 충을 겸한 효라야지, 다시 말하면 국가사업을 겸한 효만이 대효, 지효(至孝; 지극한 효), 달효(達孝; 통달한 효)라 그러는 겁니다. 이것이 충효일치(忠孝一致)입니다.

그러니까 생각해 보세요. 국가사업을 많이 한다 할 것 같으면 자기 가정의 문제는 돌아보지 못하는 것입니다. 안중근씨 같은 이, 윤봉길씨 같은 이가 자기 가정을 돌아봤습니까? 그처럼 국가, 민족을 위해서 자기 몸을 희생하는 것을 대효라고 하는 겁니다. 적어도 이 삼천리강산을 자기 한 가정으로 보고, 5천만 대중을 자기 한

가족으로 봐야만 큰 효자가 될 것이 아니겠습니까? 그게 유교의 충효일치사상(忠孝一致思想)입니다.

그 다음에 생사일여관(生死一如觀)이라는 것은 불교인데, '생사일여(生死一如)'라 할 것 같으면, 즉 '죽고 사는 문제가 하나다' 하는 말은 여러분이 귀가 따가울 정도로 많이 듣지 않았습니까? 생각해 보십시오.

부처님의 49년 설법 가운데에 '살활제시(殺活齊示)'를 어느 때 했느냐 하면, 부처님께서 마지막에 발제하반(拔提河畔)에서 열반을 하셨는데, 이 소식을 듣고 가섭존자가 수 천리를 걸어와서 관을 안고서 부처님의 죽음을 슬퍼해 통곡을 하니까, 열반하신 부처님이 관 속에서 두 다리를 내밀어 보였습니다. [곽시쌍부(槨示雙趺)]바로 가섭존자에게 살활제시(殺活齊示)를 보인 것이지요. 즉 살소식(殺消息)과 활소식(活消息)을, 말하자면 죽고 사는 것이 둘이 아닌 소식을 함께 보였다 이겁니다.

그 다음에 달마(達摩) 스님은 위무제에게 사약을 받고 돌아가셨는데, 그 분을 웅이산(熊耳山)에다 장사를 지냈습니다. 그런데 달마 스님이 돌아가시기 전에 송운(宋雲)이라는 위나라 신하가 인도에 특사로 갔었는데, 3년 후에 고국으로 돌아오게 되었습니다. 송운이 돌아오다가 총령(葱嶺)이라는 산을 넘게 되었는데, 거기서 달마 스님을 만났습니다. 달마 스님께서 주장자 끝에다 신 한 짝을 매달고 오시거든요. 반가운 나머지 송운이,

"아니, 스님! 어디 가십니까?"

하니까, 달마 대사께서,

"내가 지금 고국에 돌아가게 되었노라."

하니, 송운이 달마 대사가 이미 돌아가신 줄은 모르고,

"아니, 스님 좀 더 계셔서 중생을 많이 교화하시고 가시지, 벌써 가십니까?"

"내가 인연이 다 돼서 가노라. 다만 고국에 돌아가거든 대왕께 문안 여쭙더라고 해라."

"그럼 그렇게 하겠습니다."

마침내 송운이 고국에 돌아와 위무제한테 나아가

"전하! 달마 스님이 문안합니다. 총령(葱嶺) 도중에서 만났었습니다."

하니까 위무제가 깜짝 놀랄 것 아네요. 이미 3년 전에 자기가 사약을 먹여 죽여서는 웅이산에다 장사를 지냈으니 말이지요. 그래서 위무제가

"아니, 그거 거짓말이 아니냐?"

"전하! 신(臣)이 감히 어떻게 속일 리가 있겠습니까?"

"그래? 그럼 어디 파 보자!"

그래서 웅이산에 장사 지낸 묘를 파 보니까, 시체는 온데간데없고 오직 빈 관에 신 한 짝만 남아 있었다 이겁니다. 그게 바로 '살활제시(殺活齊示)' 라는 것입니다. 생사가 둘이 아닌 소식을 보인 것입니다.

그 다음으로 도교(道敎)에 장자(莊子)라는 양반은 어떻게 했는고 하니, 죽고 사는 문제가 둘 아닌 소식을 이렇게 보였습니다.

"망양(罔兩)이 **문영왈**(問影曰) **낭자행**(曩子行)이다가 **금자지**(今子止)하고, **낭자좌**(曩子坐)라가 **금자기**(今子起)하니, **하기무**

특조여(何基無特操歟)아. **영**(影)이 **오유대이연자야**(吾有待而然者耶)아. **오소대**(吾所待)가 **우유대이연자야**(又有待而然者耶)아. **오대**(吾待)가 **사부조익야**(蛇蚹蜩翼耶)아. **오식소이연**(吾識所以然)이며 **오식소이불연**(吾識所以不然)이리요.

망양(罔兩; 그림자 밖의 희미한 그림자)이 그림자에게 묻는 말이, 아까는 자네가 움직이더니 지금은 멈추고, 아까는 자네가 앉았다가 지금은 일어나니, 어찌 그리 특별한 지조 없이 방정맞으냐. (그러니까, 그림자가 망양에게 답변하는 말이) 내가 기다림[몸뚱이]이 있어 그러느냐. 나의 기다릴 바 몸뚱이는 또 기다림[마음]이 있어 그러느냐. 그러나 나의 기다림은 뱀 껍질과 매미 날개와 같은 것이냐.

(그러니까 망양은 그림자를 따라 움직이고, 그림자는 몸뚱이를 따라 움직이고, 몸뚱이는 마음을 따라 움직인다 이거예요. 그러면 망양의 주체는 그림자이고, 그림자의 주체는 몸뚱이이고, 몸뚱이의 주체는 마음이 아닙니까? 그러면 주관 · 객관이 분명한데,)

내가 어찌 그러한 바를 알며, 어찌 그렇지 않은 바를 알겠느냐.

주관, 객관 다 잊어버렸다 이거예요. 다시 말하면 우주와 내가 다 없다 이거지요. 장자는 생사 없는 소식을 그렇게 보였습니다.

그래도 못 알아들으신다면 다시 장자에 이런 말이 있습니다.

"**석자**(昔者)에 **장주**(莊周) **몽위호접**(夢爲蝴蝶)에 **후후연호접**

야(栩栩然蝴蝶也)라. **자유적지여**(自喩適志歟)하야 **부지주야** (不知周也)러니, **아연교**(俄然覺)에 **(覺=깰교)** **즉거거연주야**(則蘧蘧然周也)러라. **부지주지몽**(不知周之夢)에 **위호접여**(爲蝴蝶歟)아, **호접지몽**(蝴蝶之夢)에 **위주여**(爲周歟)아. **주여호접**(周與蝴蝶)은 **즉필유분의**(則必有分矣)니, **차지위물화**(此之謂物化)니라."

어젯밤에 장주(莊周)가 꿈에 나비가 되었는데 훨훨 날아다니는 나비였다. 스스로 뜻에 맞다 해서 장주인 줄은 전연 몰랐더니, 아까 꿈을 깨고 보니 분명히 장주더라. 그렇다면 과연 장주의 꿈에 나비가 된 것이냐, 나비의 꿈에 장주가 된 것이냐. 장주와 나비라는 것은 분명히 구분이 있으니,

(말하자면 장주는 사람이고 나비는 미물이다 이겁니다.)

모두 잊어버린 것을 물화(物化;우주만물이 化해 한 덩어리가 된 것)라 한다.

그러니까 장주가 나비가 된 것인지, 나비가 장주가 된 것인지 다 잊어버렸다 이거예요. 다 잊어버린 그 자리를 통(通)했다, 각(覺)했다, 그러는 거예요. 그게 생사 끊어진 자리를 말하는 겁니다.

그러면 생사일여(生死一如)의 진리를, 이렇게 생사(生死)가 하나라면 생각해 보십시오. 죽고 사는 문제가 하나라면 무엇이 겁이 나겠어요.

흔히 세상 사람들이 말하기를 뭐라고 하는고 하니, 불교를 믿다가는 후퇴한다, 불교를 숭상하는 나라는 후진이다, 이렇게 말들을 많이 하는데, 천만의 말씀입니다. 그렇다면 일본은 불교를 그렇게 숭상하는데 왜 일제 때에도 3대 열강의 하나였고, 지금도 4대 열

강의 하나가 되겠습니까? 신라는 어떻게 불교의 정신을 가지고 삼국을 통일했겠습니까? 그게 바로 생사일여의 소식을 가지고, 생사가 둘 아닌 소식을 가지고서 신라 때 화랑에게 그 불교정신을 주입시켜서 통일을 한 것입니다.

또 일본 사람들이 지금 4대 열강의 하나에 든 것은 불교를 잘 이용한 덕분인 것입니다. 어떻게 이용했느냐? "선검일여(禪劍一如)"라. 부처님의 참선하는 정신과 군대의 칼 쓰는 정신이 하나다 이거예요. 부처님 참선하는 선(禪)의 정신이라는 것은 일호(一毫)의 생각이 붙으면 선이 아니다 이거예요. 망상(妄想)이지. 그와 같이 군대에서 칼 쓰는 정신이 앞뒤가 붙어 있다면 이미 칼이 안 들어간다 이거예요. 앞뒤가 끊어져야지. 그렇기 때문에 군대의 칼 쓰는 정신과 부처님의 참선하는 선(禪) 정신이 둘이 아니다 이겁니다. 그렇게 하여 가지고서 그들의 군대를 강하게 만든 게 아닙니까.

그러니까 소가 물을 마실 것 같으면 젖이 되는 것이고, 뱀이 물을 마시면 독(毒)기가 생긴다는 겁니다. 그러니 이용하기에 있는 것이지, 불교를 믿으면 후퇴한다는 그런 소리가 어디 있겠어요.

이제 결론으로 들어갑니다.

6. 동·서학(東·西學)의 비교

결론은 동·서학(東·西學)의 비교인데, 여러분이 학교에서 서양 철학의 가장 거두라고 하는 칸트를 배우죠? 그런데 학문적으로는 칸트가 소크라테스보다 낫다는 것입니다.

칸트 학설이 어떻게 됐느냐하면, 인식론(認識論)을 전개했잖습니까? 인식론, 이 우주만유를 인식하는 주체성이 무엇인지, 과연 그 무엇이 이 우주만유를 인식하는지를 칸트는 철학적으로 주체성을 연구한 것입니다.

그러면 그가 인식 주체를 어떻게 설명했느냐? 인식 주체는 바로 순수이성(純粹理性)이다, 순전(純全)하고 수연(粹然)한 이치(理致) 자리에서 나온 것이다, 불교(佛敎)에서 말할 것 같으면 불성(佛性) 속에서 망상(妄想)이 일어났다, 이 소리지.

그래서 순수이성비판이 나왔지 않아요? 또 그 다음에 이렇게 알고만 말 것이 아니라 우리가 이것을 실천에 옮겨야 된다 해서 실천이성비판이 나왔지 않습니까? 그 다음에 결론이 동그라미를 그려 놓고서, 일체상(一切上)에 정반대성(正反對性)이 내포됐다, 즉 순수이성은 절대적으로 없는 놈이고, 우주만유 인식경계는 절대적으로 있는 놈이다, 이렇게 얘기했죠. 그러니까 절대적으로 있는 놈과 없는 놈이, 이것이 정반대성(正反對性)인데, 일체상에 내포됐다, 이렇게 결론지은 거죠.

그런데 흔히 세상 사람들이 뭐라고 하는고 하니, 이 불교는 생활화가 안됐다, 이런 소리를 많이 합니다. 그런데 그야말로 칸트 학문이 생활화가 못된 겁니다. 왜? 여기 가만히 보세요. 칸트는 이론이지 어떻게 생활화가 됐겠느냐, 생각해 보세요. 이 우주만유 인식경계의 모체가 순수이성이라면, 이 우주만유의 모체인 순수이성을 타파할 때에 우주만유가 그대로 순수이성화되어야할 게 아닙니까? 즉 산을 대하면 산, 물을 대하면 물, 이것이 전부 순수이성화되어야할 것이 아니냐 이겁니다. 그런데 칸트에는 그런 결론이 없다 이거예요. 순수이성화된 결론이 없습니다. 그러니까 칸트학문은 생활화가 되지 않는 거지요.

그러면 불교는 어떻게 됐느냐? 법화경(法華經)에 이르기를

> "**시법**(是法)이 **주법위**(住法位)하야
> **세간상**(世間相)이 **상주**(常住)라."
>
> 이 법[世間法]이 진리[法位]에 머물러서 세간 모양이 그대로 있다.

즉 산을 보면 산 그대로가 진리이고, 물을 보면 물 그대로가 진리가 된 것입니다. 그뿐만이 아니라, 똥덩이, 오줌줄기까지도 그대로가 진리다, 이렇게 본 것입니다. 그러니까 그것은 완전히 순수이성화된 게 아닙니까? 그것은 한 번 부정을 거친 긍정입니다. 그러니 이 세간법(世間法)이 그대로 불법(佛法)이라고 다시 거기서 한 번 긍정하는 거예요.

만일 그런 부정적인 긍정이 아니고 긍정적인 긍정으로서 망상이 우글우글한 놈한테다가 세간법이 그대로 불법이라 한다면 그게 통하겠습니까? 그건 안 통하는 소리지요. 예를 들어 콩을 갖고 말한다면, 여기 있는 콩 한 개는 세간법으로서의 긍정인데, 그 콩을 땅

에 심으면 콩은 없어지고 마니까 한 번 부정이 되는 겁니다. 그런데 거기에서 싹이 나와서 줄기가 생기고 잎이 나서 새로운 콩이 다시 열리면, 그 콩은 부정을 거친 긍정의 콩이되 먼저 씨앗의 콩은 아니다 이겁니다. 그러니까 긍정적인 긍정으로서의 콩이 아니고, 한 번 부정을 거친 긍정으로서의 콩이다 이겁니다. 그러니 뭡니까? 부정적인 긍정 속에서 이 우주만법 그대로가 진리다, 이 소리 아닙니까? 그러니까 그건 살아있지 않습니까?

또 유교에서도

> **"물물**(物物)이 **각구일태극**(各具一太極)이다."
> 이 물건 하나하나 각각이 태극이다.

즉 태극(太極)은 우주가 생기기 전 면목인데, 이 물건 하나 들으면 이것이 그대로 태극이다 이겁니다. 또,

> **"통체일태극**(統體一太極)이다."
> 우주 전체가 그대로 한 태극이다.

즉 우주 생기기 전 면목이다 이거예요. 그러니 그것도 살아있지 않습니까? 그것도 순수이성화 됐잖아요?

그러나 칸트의 학문은 생활화가 못된 것입니다. 우주만유가 순수이성화 된다는 결론이 없으니까요. 그저 우주만유 인식경계가 순수이성에서 나왔다, 그래서 절대적으로 없는 순수이성과 절대적으로 있는 우주만유의 인식경계가 정반대성인데, 일체상에 내포됐다, 이

소리지.

결론적으로 우리가 무엇을 쫓아가야 되겠습니까? 부처님 팔만대장경 교리보다는 선(禪), 자기 마음을 닦는 선을 쫓아가야 될 것이며, 지적(知的)으로 백년, 천년, 만년의 일을 아는 것보다는 아는 것이 끊어진 각(覺) 자리를 쫓아가야 될 것이며, 아는 것과 통하는 술(術)을 쫓기보다는 도(道) 자리를 쫓아가야 될 것이며, 한 나라의 위대한 인물이 되기보다는 전세계적인 우주의 위대한 인물이 되는 것이 낫지 않겠습니까.

그러니까 통체적으로 결론을 할 것 같으면, 만일 충효일치관(忠孝一致觀)에 합할 것 같으면 국내에서 제일가는 인물은 됩니다. 왜? 삼천리강산을 자기 가정으로 보고 5천만 대중을 자기 가족으로 볼 테니까. 그렇게 되면 이 국내에서는 영원히 죽지 않는 사람이 되는 거지요. 그러나 만일 생사일여관(生死一如觀)에 합할 것 같으면 이 우주를 자기 한 가정으로 보고 일체 중생을 자기 한 가족으로 볼 것입니다. 그건 바로 부처님이 되는 겁니다.

그러니까 과연 우리는 어떤 것을 쫓아야 되겠습니까? 결국 어떤 놈이 오래 사는 놈이냐, 어떤 놈이 잘 사는 놈이냐, 그것을 따져봐서 가장 오래 살고 그리고 잘 사는 쪽을 택하여야 되지 않겠습니까? "도덕경(道德經)에,"

> **"사이불망자수**(死而不亡者壽)라."
> 즉 죽어도 없어지지 않는 놈이 제일 오래 사는 놈이다.
> 이겁니다.

그러면 이 세상에서 제일 오래 사는 이가 누구냐? 3대 성인(聖人)이라는 양반들입니다. 석가 · 공자 · 예수, 그 분들이 제일 오래 사는 사람들이 아니겠어요. 그 다음에 한 나라에서 오래 사는 사람은 누구냐? 이퇴계 선생, 이율곡 선생, 이순신 장군 같은 이들이 제일 오래 사는 사람 아니겠어요?

여기 계신 대중들도 일국(一國)에서 영원히 죽지 않는 인물이 한번 되어 봐야 하지 않겠습니까? 아니면 이 우주를 자기 한 가정으로 봐서 그렇게 영원히 죽지 않는 인물이 한번 돼 봐야하지 않겠습니까?

안연은 32살에 작고했지만 공자 이후에 안연을 당할 인물은 아직 한 사람도 안 나왔습니다. 그는 그렇게 오래 살고 있는 것입니다.

1979년

80년대의 변화와 종교

70년대를 일컬어 급격한 변화와 발전의 시대라고들 한다. 그러나 무엇이 발전했다는 말인가? 수출액이 늘어나고, 몇 개의 대형 공장들이 들어서고, 쌀밥에 고깃국을 먹게 되고, 디자인이 우아한 의복을 걸치게 되었다고 발전이란 말을 붙여 주기에는 씁쓸한 얘기다. 먹고살기가 좋아졌다고 사람 살기가 좋아진 것은 아니다. 과학의 발전과 경제의 발전으로 기계의 노예가 되고 돈의 노예가 된 채 자신을 상실하고 허공을 바라보는 사람이 어디 한두 사람인가 말이다. 극도의 정신적인 갈등과 곤경 속에서 윤리와 도덕, 종교와, 진리를 외면한 채 혼미한 상태로 서 있는 것이다. 70년대에는 윤리의 근간을 이루는 도덕이 땅에 떨어졌다고 이구동성으로 말했다. 땅에 떨어진 정도가 아니다. 도덕은 서양 냄새 풍기는 아스팔트 길바닥 위에 떨어진 휴지가 되어 서로 속여야 사는 장사꾼의 구두축에 짓밟힌다. 국민이야 어떻든 아랑곳없이 자기의 매명(賣名)과 명리(名利)를 위했던 지도자들의 입을 닦는 휴지로 변하기도 했다. 포악한 살인자들이 늘어나고 있는 것이 그것을 입증한다. 정부에서는 언제인가 사회정화를 제2경제라고 일컬었다. 제1경제는 돈벌이하는 것을 의미한다. 제3경제는 인간이 돈으로만 살 수 없기 때문에 불가피하게 필요한 윤리이다. 윤리가 바로 서려면 철학이 필요하다. 철학은 제4경제요, 철학 위에는 종교가 있는 고로 제5경제라

할 수 있다. 제1경제가 아무리 발전한다 해도 제2·3·4·5경제가 발전치 않는다면 커다란 발전을 기대키는 어렵다. 이러한 상황에서 종교는 80년대에 어떻게 변화할 것인가. 종교의 본질은 이론도 아니요, 조직도 아니요, 권력도 아니다. 다만 실천이 수반된 인간완성에 있다. 인격완성과 무관한 종교적 요소가 범람하는 현실의 종교적 정화작업이 급격히 일어나야 할 것이다. 그러나 이것은 종교 단독으로는 큰 수확이 없을 것이다. 정치와 손을 잡을 때만이 가능하다.

80년대에는 정치가들이 종교적 진리와 손을 잡고 지금까지와는 판이한 정치를 해야 될 것이다. 노(魯)나라 계강자(季康子)가 흉년이 들어 먹을 것이 적어 걱정을 했을 때 공자(孔子)는 분명하게 가슴을 찌르는 대답을 했다.

> **"불환과이환불균**(不患寡而患不均)"
> 먹을 게 적은 것이 걱정이 아니라 고르게 나누지 못하는 것이 더 큰 걱정이다.

만약 한 사람이 1백만 명 먹을 것을 지니고 있다면 이것은 정치부재(政治不在)의 사회임에 틀림이 없다. 정치인 한 사람은 한 사람으로서 끝나지 않는다. 정치가 국민의 의사를 묵살하고 권력쟁취에 휘말려 싸우는 것은 귀신 혓바닥 장난보다 못한 짓이다. 한 종단이나 교단(敎團)의 지도자들도 마찬가지다. 정치의 본질은 그렇게 더러운 곳에 있지 않다. 오늘 우리 정치가 겪는 아픔은 산고(産

苦)의 진통이다. 주역(周易)에 보면 한국은 '간방(艮方)' 이다. '간(艮)' 은 갓난아기요, 결실을 의미한다. 바로 어머니가 아기를 낳는 때의 진통이다. 살이 찢어지는 고통을 겪어야 아기를 낳듯, 80년대 전반부는 그 고통이 있는 때이다. 이 아픔은 희망찬 아픔이다. 가까이서 쳐다보면 한심스럽고 어수선하고 머리가 아플 지경이지만, 큰 안목으로 쳐다보면 희망찬 미래가 엿보인다. 새 시대가 오기 위해서는 어차피 진통을 겪지 않을 수 없다. 이 고통이 지나면 우리의 숙원이던 남북통일의 서광도 엿보이기 시작할 것이다. 생각으로 감지할 수 없는 새 차원의 세계가 도래될 것이다.

그래서 정치가의 임무가 막중하다. 그들의 손에 흥망성쇠(興亡盛衰)가 달려 있다. 세금을 거두어들이는 낮은 차원의 행정에서부터 변혁을 가져오도록 해야 한다. 악착같이 받아내는 정책보다도 분배에 더 신경을 쓰고, 사안(私案)보다는 공안(公案)을 추진해야 한다. 늙은이의 말과 젊은이의 말과 어린아이의 말에 귀를 기울이되, 젊은이의 말을 더 중시해야 한다. 돈벌이하는 기업가의 건의나 주장을 받아들이는 것을 우선적으로 하는 것보다 밤새워 뼈아픈 고민과 염려로 국가의 미래를 주시하는 학자, 철학자, 종교가의 말을 우선적으로 받아들여야 한다.

그리고 꼭 해야할 일은 기강(紀綱)의 확립이다. 정치의 기강이 세워지지 않으면 도둑놈이 판을 치고 파리 같은 사람들의 독무대가 되고 말 것이다. 기강이란 역사의식과 국민을 위한 철학, 인간을 존중하는 종교적 신앙심이 있어야 세워지는 것이다. 정치만을 위한 정치는 백해무익(百害無益)이다. 진실로 인간을 위한 정치일 때만 그 기강이 세워진다. 정치인은 나라의 어른이 아니다. 심부름꾼이다. 대통령도 마찬가지이다. 세워진 기강에 따라 철학을 제공하는 분이며 그 호령은 각계의 지도자, 가정의 부모들이 해야 한다. 일개 가정과 같이 서로 위해주는 관계를 맺고 있도록 정치를 꾸려간다면 수많은 경찰관과 재판부가 그렇게 필요치는 않을 것이다.

80년대 이후에는 반드시 그러한 왕도정치(王道政治)가 세워져야 한다. 가령 어항 속에 담아둔 고기에 물이 떨어질 만하면 계속해서 한 바가지씩 부어 줌으로써 고기들이 계속 감사하다는 생각을 갖게 하는 정치를 끝맺음하고, 넓은 강속에 들어 있는 것처럼 누구의 덕으로 사는지 모를 세상이 이 80년대에 펼쳐져야 한다. 이러한 정치변화와 함께 경제도 안정을 찾게 될 것이다. 그런데 종교는 과연 어떻게 변모할 것인가가 궁금스러운 일이지만, 모든 껍데기를 벗어버리고 종교의 알몸이 세상으로 드러날 것이다. 다시 말해서 주도적인 정치에 철학을 제공하고 역사의식을 제공해 주기 위해서는 어차피 낡은 껍데기는 벗어 던져야할 운명에 봉착된다는 것이다. 현재의 종교는 쓸어 없애 버려야할 것이다. 신앙인 끼리 괄목상대하고 네 종교, 내 종파가 옳다고 하며 원수시하는, 이교인(異教人)이라 해서 동물처럼 취급하는 천박한 종교의 벽이 무너진다는 뜻이다. 그 장벽이 허물어지면 초종교(超宗教)가 될 것이다. 김일부 선생은 유·불·선(儒·佛·仙)이 하나가 된다고 했고 강증산 선생도 그렇게 된다고 예언했는데, 그 예언의 현대가 80년대에 열려지기 시작할 것이다. 지금까지 서로 옳다고 했던 교파들이 서로의 문을 열고 서로의 장점을 찾아 상봉의 기회를 마련케 될 것이다. 새싹이 나기 위해서는 그 자체는 썩어야 한다. 밝은 면, 좋은 것은 남아지겠지만, 배타적이고 아집적이고 권력쟁취의 무대가 된 각 종단이 새로운 출발을 기하기 위해서는 그와 같은 요소를 부단히 제거하려고 노력하게 될 것이다. 망(亡)해야 한다는 것은 본질과는 멀리 떨어진 요소들을 잘라내라는 뜻이다. 그러한 면에서 종교는 무한히 발전할 것이고, 새 길을 모색할 것이다. 종교인들은 80년대에 일어날 초종파 운동에 관심을 가지고 지켜볼 수 있는 자세를 가져야할 것이다.

이러한 새 시대를 맞는 우리는 새 자세를 가져야 한다. 누구를 믿어서도 안 된다. 우선은 자신이 자신을 믿어야 한다. 자신을 믿지 못한 데서 타인도 믿지 못하고, 불신의 풍조가 생긴다. 신(神)을 믿고 부처를 믿고 자신을 믿는 데서 타인을 믿을 수 있게 된다. 그리고 수도하는 신앙인이 되어야 한다. 수도만이 최고의 자기 재산이다. 또한 정신교육에 최선을 기울여야 한다. 정신의 교육이 없이는 급변화의 소용돌이에 휘말려들고 말 것이다. 정치의 안정을 가져오기 위해서는 각 종단 원로들로 구성된 정치고문단도 구성해야할 것이다. 특히 초 종교적인 움직임에 앞서서 이해를 위한 대화를 추진해야할 것이다. 정치와 종교, 문화, 예술이 새롭게 변모하는 것과 때를 같이 해서 동양사상이 부각되는 연대가 될 것이다. 우주만물이 도덕으로부터 시작하고 도덕에서 종결짓는다는 것이 동양사상의 핵심이다. 새로운 도의사회(道義社會)는 종교가 중심이 된 사회다. 도덕의 실천을 가르치는 것이 종교다. 인간이 인간다워지고 사회가 정화되어질 것이다. 대중이 좋다고 따라서 좋아하고, 대중이 싫다고 따라서 싫어하는 소신 없는 사람은 땅을 기는 개미들보다 못한 사람이다. 자기의 주관에 따라서 움직이는 자가 되고, 이 연대야말로 좁은 문으로 들어가는 자만이 영광을 얻어낼 것이다.

결론적으로 부언(附言)할 때, 한마디로 한국 종교의 미래는 밝다. 밝은 미래는 견딜 수 없는 진통을 지나서야만 펼쳐지는 것임을 잊어서는 안 될 것이다.

1980년

마음은 우주의 본체

흔히들 불교의 교리는 너무 방대하고 심오(深奧)하다고들 말한다. 물론 부처님께서 49년 동안 설법하신 내용이 담긴 8만 4천여 권, 5천 부질(部帙)에 이르는 불교 경전을 적은 것이라고 말할 수는 없다. 그러나 불교의 철학은 한마디로 "우주의 본체는 마음이다"라고 표현할 수 있다. 부처님의 대자대비(大慈大悲)와 불가의 모든 종교적인 교훈은 이 한마디의 진리에서부터 우러나오는 것이다.

원래 석가모니께서는 처음 화엄경(華嚴經)을 설하셨으나, 이를 알아듣지 못해 결국은 기초과정이라고 할 아함경에서부터 시작해 올라갔던 것이다. 즉 불교경전들을 현대 교육과정에 비유하면, 방등경부가 중학, 반야경부가 고교, 법화경부가 대학 과정에 속한다. 수학의 한 공식을 초등학교에서부터 대학까지 정도를 높여 이해시키듯이 불가의 진리도 정도를 달리해 강화(講話)하는 것뿐이다. 그러니까 팔만대장경이라는 엄청난 불교경전도 하나로 꿰뚫어 이해를 하고 나면 아주 간단명료한 것이 된다. 불교 교리가 어렵고 방대하다는 얘기는 중학 과정이나 고등학교 과정 한 부분만을 보았을 때 하는 말이다.

불가에서는 우주의 생성을 업(業)의 인(因)으로부터 인과필정(因果必定)의 원리에 따른 계(界)가 생겨 윤회하는 것으로 본다. 범어의 '칼마(karma)'를 번역한 '업'이란 말은 '만든다',

'짓는다', '한다' 등의 활동을 의미한다. 마음에 한 생각이 떠오를 때마다 업이 이루어지는 것이다. 불교에서는 착한 생각도 하나의 업으로 보고 이를 선업(善業)이라고 본다.

업은 그 인에 대한 어떤 결과가 올 때까지 소멸하지 않는 업력불멸(業力不滅)의 원리를 갖는다. 그래서 불가에서는 십악업(十惡業)을 감(減)하고 십선업(十善業)을 행하라고 한다. 십악업이란 살생·도둑질·사음(邪淫)·사기·아첨·이간질·욕설·탐욕·화냄·어리석음을 말하는 것이고, 이의 반대가 십선업이다. 악업을 금(禁)함은 소극적인 수도방법이며, 십선(十善)을 행하는 것은 적극적인 방법이다. 십악(十惡)을 줄인 오계(五戒; 불살생(不殺生)·불투도(不偷盜)·불사음(不邪淫)·불망어(不妄語)·불음주(不飮酒)만 지키면 인도(人道)에 태어나고, 십선을 행하면 천계(天界)에 이른다는 것이다. 그러니까 방생이나 보시, 범행(梵行) 등은 살생·도둑질·음행(淫行)을 금하는 데서 더 나아간 적극적인 선행인 것이다. 물론 이런 얘기들은 불교교리로 보면 기초적인 수준이지만, 오늘의 '사회악'이란 것이 바로 불가에서 말하는 악업이라는 것을 생각하면 다시 한 번 되씹지 않을 수 없다.

모든 업은 마음이 미(迷)한 데서 비롯된다. 원래 사람의 마음이란 청정(淸淨)한 게 본성이지만, 번뇌나 망상의 객진(客塵)이 들러붙어 업을 짓게 한다. 망상(妄想)이 붙지 않은 마음의 본체를 '진여(眞如)'라고도 한다.

세태가 각박하다느니, 인심이 각박하다느니 하는 말들을 들을 때마다 지금이야말로 모두가 청정한 자기 마음의 본체를 다시 한 번 가다듬어야 할 때라는 것을 새삼 절감하곤 한다. 1975년

화 신 불(化身佛)

불(佛)에는 삼신불(三身佛)이 있다. 하나는 법신(法身)이요, 둘째는 보신(報身)이요, 셋째는 화신(化身)이다. 이와 같이 삼신불로 분류하여 설명하는 것은 다만 표현 방법일 뿐이지, 불타의 몸이 셋이 있는 것은 아니다.

법신(法身)은 사람 사람의 마음 본체를 지적한 것으로, 석가의 본신(本身)을 나타낸 말이다. 즉 시간 · 공간이 끊어진(우주가 생기기 전 면목인) 우주의 핵심체를 법신이라고 한다.

보신(報身)은 개개인의 뚜렷이 밝은 마음 광명이다. 다시 말해서, 법신 자리가 시 · 공이 끊어진 마음의 본체라면, 그 마음의 본체가 드러날 때 우주를 삼키고 남는 태양 광명보다 더 밝은 마음 광명이 나타나는 것을 보신이라고 한다.

화신(化身)은 마음의 그림자다. 불타를 역사적인 인물로 볼 때 그 불타는 화신불을 뜻하며, 흔히 석가의 대명사로 쓴다. 부처님의 탄신을 지금부터 2519년 전이니, 3002년 전이니, 4000여 년 전이니 하는 등은 모두 화신의 영상에 집착해서 나온 말이다. 법신이 석가의 본체라면, 석가는 법신의 영상이다.

앞에 든 삼신불을 달에 비유하여 설명하면 천상의 달은 하나지만 백, 천 가지의 물그릇에 백, 천 가지의 달이 나타나는 것과 같다. 그 물그릇에 비친 달의 영상이 화신이라면 우주에 가득 찬 달의 광명은 보신이요, 천상에 본래 있는 달은 법신이다.

불경의 내용으로 볼 때 팔만대장경 전체가 화신의 소설(所說)이고, 범망경(梵網經)만이 법신의 소설이다. 그러므로 우주관에 있어서도 삼천대천세계(三千大天世界)가 화신의 우주관이며, 이십중화장장엄(二十重華藏莊嚴) 세계가 법신의 우주관이다.

이상의 삼신불을 기독교의 삼위일체와 연상해 보면 성부(聖父)는 법신이고, 성신(聖神)은 보신이요, 성자(聖子)는 화신이 된다.

따라서 불타가 이 세상에 태어났다고 본다면, 물그릇에 비친 달을 보고하는 말이다. 백, 천 가지 물그릇에 비친 달을 보고 참으로 달이 온 것이라고 여긴다면 온 곳이 있으니 가는 곳도 분명히 있어야 할 것이다. 그러나 법신 즉 본래의 달은 온 것이 아니기 때문에 가는 것도 없고, 가고 오는 것이 없기 때문에 고금(古今)이 없고, 고금이 없기 때문에 피아(彼我)가 없고, 피아가 없기 때문에 생사가 없다. 진리 면에서 볼 때, 불타가 이 세상에 왔다고 보는 사람은 물그릇에 비친 그림자 달을 보고서 본래의 달로 잘못 인식하는 것과 같은 어리석은 중생이다.

3천 년 전 불타가 세상에 출현하여 설산에서 6년간 고행하고 중생을 제도하기 위해 49년 간 횡야설수야설(横也說竪也說)로 설법하신 후 결론적으로 말씀하시기를 "녹야원(鹿野苑; 설법을 시작한 곳)으로부터 발제하(跋提河; 설법을 끝마친 곳)에 이르기까지 49년간에 일찍이 한 글자도 설한 게 없다" 고 하신 뜻은 49년간의 설법요지가 시공이 끊어진, 사람 사람의 본래 갖춘 천진면목을 가르치신 것이다.

만일 이 불탄(佛誕)의 본지를 삼천만 대중이 낱낱이 이해하고 체득한다면, 정신무장은 이보다 더 강할 수가 없을 것이다. 왜냐하면 시공이 없는데 피아(彼我)와 생사가 있을 수 없기 때문이다. 그러므로 왕양명(王陽明) 선생은 출장입상(出將入相)을 했는데 전쟁 때마다 한 번도 패배해 본적이 없었던 것은 무아(無我)의 경지에서 했기 때문에 백전백승이라는 말을 자서전에서 했다.

나아가서 전 세계가 이 불타의 정신에 계합(契合)한다면, 천국이 따로 있는 것이 아니라 이 세계 그대로가 천국일 것이며, 극락을 따로 갈 것 없이 이 세상 그대로가 극락화할 것이다. 그러므로 "고(苦)가 곧 도(道)니 고를 싫어할 것이 없으며, 집(集)이 곧 무생(無生)이니 무슨 망상을 따로 끊을게 있으랴" 한 화엄학(華嚴學)의 중중무애법계해(重重無碍法界海)에 유의할 일이다.

결국 불탄일(佛誕日)의 의의는 불타가 어느 처소든지 어느 시간이든지 출현하지 않음이 없는 진정한 세계가 되는 데에 있는 것이다.

1975년

불교의 핵심 – 참선

선(禪)이란 무엇인가?

선(禪)이란 인도 고대 말인 범어에서 따온 말인데, 우리말로는 '생각하여 닦는다[사유수(思惟修)]' 또는 '고요히 생각한다[정려(靜慮)]'는 뜻이다. 고요히 생각한다는 것을 '정(定)과 혜(慧)의 등지(等地)'라고 말한다. 이와 같이 선이 고요히 생각하고 생각하여 닦는다는 뜻이므로, 이런 공부는 불교인만 하는 것이 아니라 모든 사람이 하는 성질의 것이라고 본다.

그런데 불교의 선(禪)은 좀 깊은 뜻을 갖고 있다. 고요히 생각한다 하지만, 무엇을 어떻게 생각하고 닦느냐에 특징이 있는 것이다.

우리들의 마음을 분류하면 네 가지를 말할 수 있는데, 육단심(肉團心)·연려심(緣慮心)·집기심(集起心)·견실심(堅實心)이다육단심은 우리의 육체적 생각에서 우러나는 마음이고, 연려심은 보고 듣는 데서 분별하여 내는 마음이고, 집기심은 소위 제7식(識)과 제8식(識)이다. 이것은 망상을 내는 깊은 속마음이다. 견실심은 본성으로서, 이것이 부처님 마음자리다. 참선은 부처님 마음자리인 견실심을 보는 공부이며, 쓰는 도다. 부처님의 교법도 필경 선(禪)의 경지를 깨우쳐주려는 데 근본이 있는 것이니, 그래서 부처님의 8만 4천 법문과 교리는 부처님 말씀이고, 선(禪)은 부처님의 마음이라고 하는 것이다. 이 선(禪)이 추구하는 부처님 마음자리를 깨치면 생사가 없고 일체에 뛰어난 대해탈인이 되며, 완전한 지혜와 덕상을 갖춘 큰 성인이라고 일컫게 되는 것이니, 그 까닭은 우주만유의 근원적 실상진리를 주체적으로 파악하였기 때문이다.

참선의 시작

부처님 당시에 선법(禪法)은 어떻게 깨달아 들어갔는가를 예를 들어보자.

부처님 당시 한 외도(外道)가 와서 물었다.

"말이 있는 세간법도 묻지 않고, 말이 이를 수 없는 것도 묻지 않습니다. 이에 대하여 말씀하여 주시오."

이 때 부처님이 잠잠히[양구(良久)]있었다. 이에 외도가 일어나서 절하면서,

"세존께서 대자대비하시어, 저의 미혹(迷惑)한 마음을 열어 주시어 저로 하여금 도에 들게 하셨습니다. 참으로 감사합니다."

하고 돌아갔다.

부처님 곁에서 이를 지켜보던 아난존자(阿難尊者)가 이상히 생각했다. 부처님은 한 말씀도 안 하셨는데, 무엇을 알고 무엇이 고마운가 궁금하였다. 그래서 부처님께

"부처님께서 한 말씀도 안 하셨는데 지금 외도는 알아들었다고 하니, 무엇을 알아들었다는 것입니까?"

하고 물었다.

부처님께서 이렇게 말씀하셨다.

"하루에 천리를 가는 준마(駿馬)는 채찍 그림자만 보아도 바람처럼 뛰어가지만, 둔(鈍)한 말은 궁둥이에 피가 나도록 때려도 가지 않느니라."

다시 말하면, 영리한 사람은 말로 이르기 전에 다 알아차린다는 말씀이며, 지금 외도가 그렇다는 뜻이다. 부처님 당시에는 수행인

이 근기수승(根機殊勝)해서 여러 말하지 않아도 이렇게 알아버렸다. 원래 도는 분별이 붙으면 외도라 하고, 분별심이 끊어져야 비로소 도에 든다고 한다. 부처님께서는 이와 같이 항상 산 법을 드러내 주셨으니, 이것은 눈밝은 사람만이 아는 것이다. 이 도리를 모르는 사람에게 여러 말이 있게 되고, 여러 방법이 있게 된다. 선(禪)의 방법은 후대에 와서 이렇게 해서 발달된 것이다.

선(禪)의 목적

선(禪)은 근본 자성을 요달(了達)하여 생사를 끊는다. 우리들은 아무리 힘이 있고, 건강하고, 권세가 있더라도 죽음을 면하지 못한다. 그것은 마음이 나고, 머물고, 변하고, 없어지는 이런 번뇌 망상에 휘둘려 있기 때문이다. 그래서 생로병사(生老病死)도 생긴다. 선(禪)은 마음속의 생멸을 없애는 것이 근본 목적이며, 생명 없는 본성을 크게 희롱하는 것이 첫째의 근본 목적이 된다. 마음의 생멸을 잡아 없애려 하면 더 일어난다. '이 나는 상(相)이 어디서 나왔느냐?' 고 판단하게 되면, 필경 나라는 놈이 없는 줄을 알게 된다. 그 때에 그만 생멸상(生滅相)이 들어 빠지게 된다.

선(禪)의 방법

앞서 본 바와 같이, 부처님 당시에는 모두 근기가 수승하여 선(禪)의 방법론이 조직화되지 않았었다. 그럴 필요가 없었던 것이다. 그러나 그 중에도 닦아가야 할 사람을 위하여는 세 가지 기본 방법이 있었다. 이것이 관법(觀法)이다. 세 가지 관법이란 정관(靜觀)·환관(幻觀)·적관(寂觀)인데, 천태선사(天台禪師)는 공(空)·가(假)·중(中) 삼관(三觀)이라 하였다.

정관(靜觀)이란 한 생각 일어나는 데서 고요히 관(觀)하기를 "이 한 생각이 어디서 일어났는가?" 하는 것이다. 일어나는 자리가 없는 것을 보면 고요해지니, 고요한 것이 극치에 이르면 마침내 밝아진다.

환관(幻觀)이란 밖의 경계를 보는 공부인데, 보고 듣는 그 모두를 헛것이라고 보는 것이다. 꿈을 실(實)이 아니라고 앎으로 우리는 꿈에 집착하지 않는다. 우주 만상이 환(幻)임을 보게 되면 집착에서 여의고 자성(自性)이 밝아온다. 거기서 온갖 착한 일을 행하는 것이다.

적관(寂觀)이란 정관과 환관이 한덩어리가 된 것이다. 안으로 일어나는 것도 없고, 밖으로 모든 물상(物相)이 다 빈 것이다. 여기서 적연부동(寂然不動)한 경지를 얻게 되어 마침내 깨닫는다. 주관과 객관이 한덩어리가 되어 닦는 방법인 것이다.

부처님 때로부터 천여 년이 지나니 사람들 근기가 약해져서 여러 가지 분별심과 나쁜 지견(知見)을 일으키므로, 깨달아 들어가는 법에도 많은 방법이 더해 갔다. 참선법이 가장 체계화·조직화된 것은 중국 당나라 때 대혜(大慧) 스님 당시라고 보겠다. 대혜 스님은 참선의 가장 착실한 방법으로 화두(話頭)를 보라고 가르쳤다. 화두는 온갖 분별과 지견이 끊긴 알맹이 법이다. 조사들은 이 화두를 뚫어내고 깨친 것이다.

화두를 보는 간화선(看話禪) 밖에, 화두를 보지 않고 참선하는 묵조선(黙照禪)도 있다. 교리적으로 들어가는 관법(觀法)은 묵조선과 일맥상통한다.

참선(參禪)은 반드시 화두를 보는 간화선이라야만 한다고 고집할 것은 없다고 본다. 교법에 의한 관법으로도 깊은 도리를 깨칠 수 있으며, 묵조선법으로도 깨친 조사가 실로 많다. 그것은 중생 근기(根機)가 각각 다르기 때문이다.

화두(話頭)란 무엇인가?

화두(話頭)는 자성(自性)을 깨쳐 들어가는 법칙이다. 이것을 움직일 수 없는 법령(法令)이라는 뜻에서 공안(公案)이라고 한다.

예를 들어보자.

"어떤 것이 불법입니까?"

하고 물으니,

"삼세근 이니라." [마삼근(麻三斤)]

고 대답하였다.

또 다른 때에 묻기를

"어떤 것이 부처입니까?"

하니,

"마른 똥막대기니라." [간시궐(乾屎橛)] (건자를 간으로 발음)

라고 대답하였다. 이렇게 대답한 도리는 팔만대장경을 다 보아도 해결되지 않는다. 이 알 수 없는 것을 참구(參究)하는 것이 화두를 보는 공부다. 이것은 사람들이 나쁜 지견과 분별심이 많으므로, 그것을 없애려고 이런 말과 생각의 길이 끊긴 '본분(本分)의 말'을 드러내어 악지악각(惡知惡覺)을 깨뜨리게 된 것이다.

화두는 생사를 깨뜨리고 곧바로 대도(大道)를 성취하는 길이므로 거기에는 반드시 본분 종사(宗師)를 만나 배워야 한다. 대혜 스님이 무자화두(無字話頭)하는 데 있어 열 가지 잘못된 길을 가려 말한 것이 있다. 이것은 무자화두에만 한한 것이 아니다. 참선 공부하는 데는 모두가 이를 알아야 한다.

도(道)를 깨친 스님들

참선하는데 화두를 가져 참구(參究)하는 방법과 화두가 없이 공부하는 법이 있어 이를 간화선과 묵조선이라 일러 온 것은 앞서 말했다. 그런데 어느 쪽이 더 우월한 방법이냐고 물을 때가 있지만, 우열은 없는 것이다. 근기 따라 문(門)의 차이가 있는 것이다. 중국의 육조(六祖) 스님 법을 이은 5종(宗) 가운데 4종이 간화선이고 조동종(曹洞宗)만이 묵조선이다. 간화선측에서는 묵조선이 열은 공부라고 말하지만, 그런 것이 아니다. 조동종에서도 많은 조사가 나왔고, 그 교세도 일본에서 보면 당당하다. 방법을 가지고 힐난할 것이 아니다. 몸바쳐서 착실하게 참구하는 것이 요긴한 것이다. 그렇게 할 때 필경 이르는 문은 깨달음[覺]의 문이다. 예전에 어떤 학인[學人;潙仰宗의 香嚴]이 조사선을 알았다고 하니까, 조사[祖師:潙仰宗의 仰山]가 물었다.

"어떻게 알았느냐?"

그러자 자기가 안 경계를 대답하는데 이렇게 말하였다.

"**거년빈**(去年貧)은 **미시빈**(未始貧)이요
금년빈(今年貧)이 **시시빈**(是始貧)이라
거년(去年)에는 **무탁추지지**(無卓錐之地)러니
금년(今年)에는 **추야무**(錐也無)로다 ."

지난해 가난은 가난이 아니라, 금년 가난이 비로소 가난이라. 지난해는 송곳 꽂을 땅도 없더니, 금년에는 송곳까지도 없도다.

그러니까 그의 사형되는 스님이

"여래선(如來禪) 정도는 보았다 하겠지만 아직 조사선(祖師禪)은 못 보았다."

하였다. 왜 그러냐하면 아직도 견해 없는 견해가 붙어 있기 때문에 확실히 깨친 것으로 인정받지 못하는 것이다. 이 말을 듣자 그 사람이 분발심을 내어 3년을 더 공부하였다. 3년이 지나 자기의 허물을 알고 이렇게 말하였다.

"아유일기(我有一機)하니 **순목시이**(瞬目示伊)나
불회(不會)하면 **별환사미**(別喚沙彌)하리라 "

'나에게 한 기틀이 있다' 하고는 눈을 끔뻑하여 '알겠느냐?' 한다. 만약 모르겠다 하면 '사미야!' 하고 어린 동자를 부를 것이다.

이 스님은 이제 비로소 조사선(祖師禪)을 안 것이었다.

이하에 참선에서 오도(悟道)한 예를 약간 들어본다.

남악회양선사(南嶽懷讓禪師)

육조 스님의 제자인 남악회양선사가 숭산(崇山)에서 처음 왔을 때다. 육조 스님에게 나와 인사를 하니, 스님이 물었다.

"무슨 물건이 이렇게 왔는고?"

이 물음에 회양 스님이 꽉 막혔다. 그리고서 뜻을 참구 하였는데, 이것이 화두다. 8년만에야 깨치고 육조 스님을 찾아갔다.

"이제 알았습니다."

"어떻게 알았느냐?"

"설사 한 물건이라 하여도 맞지 않습니다."

"도리어 닦아 증득(證得)할 것이 있느냐?"

"닦아 증득하는 도리는 없지 않사오나, 물들고 더럽히는 것은 없습니다."

망상에 사로잡히는 일은 결코 없지만 힘을 키우는 도리가 없지 않다는 말이다. 이 때 육조 스님이 말씀하셨다.

"물들일래야 물들 수 없는 이 자리가 모든 부처님의 호념(護念)하시는 바이다. 네가 이와 같고 나도 또한 이와 같다."

이렇게 되어 육조 스님의 인가(印可)를 받은 것이다.

한암선사(漢岩禪師)

또한 이번에는 한암 스님의 경우를 들어본다. 한암 스님이 9세 때 집에서 한학(漢學)을 공부하는데, 사략(史略)을 읽을 때였다. 선생님이,

"태고(太古)라 가장 옛날 천황씨(天皇氏)가 있었다."

고 하니,

"천황씨 이전에는 무엇이 있었습니까?"

하고 물었다.

"반고씨(盤固氏)가 있었느니라."

또 묻기를

"반고씨 이전에는 무엇이 있었습니까?"

이 물음에는 선생님도 대답을 못 하였다. 이 문제에 대하여 한암 스님은 의심이 풀리지 않아, 깊은 숙제로 안고 지나갔다. 20세 때까지 유학(儒學)을 공부하면서 숙제는 풀리지 않았고. 22세에 금강산에 구경갔다가 출가하였다. 금강산에 머물면서 신계사에서 경(經) 공부를 하는데, 하루는 어느 암자에서 불이 나서 사람이 타 죽었다고 한다. 소문을 듣고 나니 세상이 아주 꿈같이 허망해서, 경(經) 보는 것을 그만두고 경허(鏡虛) 스님을 찾아갔다. 경허 스님은 견성(見性)한 스님으로서, 당대의 조사(祖師)였다. 해인사에 머무는데, 마침 경허 스님이 법상(法床)에 올라 법문을 하셨는데,

"**범소유상**(凡所有相)이 **개시허망**(皆是虛妄)이니,
약견제상비상(若見諸相非相)하면 **즉견여래**(卽見如來)니라."

무릇 형상이 있는 것은 다 허망하니,

만약 모든 형상 있는 것이 형상있는 것이 아님을 알면 곧 여래를 볼 것이다.

한데서 확연히 눈이 열렸다. 9세 때부터 품어 왔던 의심이 그때서야 확 풀리고 말았다. 현대 한국불교의 높은 봉우리를 이루고 있는 한암(漢岩) 스님은 이렇게 하여 탄생하셨던 것이다.

경허선사(鏡虛禪師)

이번에는 경허 스님을 말해 본다. 경허 스님은 다 아는 바와 같이 근대 한국불교 선맥(禪脈)의 중흥(中興)조다. 계룡산 동학사 강원(講院)에서 학인에게 경(經)을 가르치고 있었다. 한 해, 은사님을 찾아뵈러 길을 나선 그 때, 유행병이 한창 돌고 있었다. 해가 저물어 어느 집에 찾아들어 쉬고자 하여도 못 잔다고 한다. 열 집을 돌아다녔지만 끝내 잘 곳을 못 얻고 바깥에서 밤을 새웠다. 그 당시 유행병으로 수많은 사람이 죽어 갔고, 집집마다 사람이 죽는 형편이었다. 무상(無常)이 뼈에 사무쳐 강원에 돌아와 학인들을 모두 흩었다. 조실(祖室) 방에 홀로 앉아 참선을 하고자 하여, 전등록(傳燈錄)을 모두 뒤져보았지만 막히는 언구(言句)가 없었다. 조사 언구에서 막히는 언구를 찾아 그것을 참구하며 참선하고자 한 것이다. 그러다가,

"여사미거(驢事未去)에 **마사도래**(馬事到來)."

나귀의 일이 가기 전에 말의 일이 온다.

라는 공안에 이르러서는 꽉 막혀서 이루어 대지 못해 참구하는데, 그 때에 옆방에서 어떤 처사가 젊은 스님을 보고 거침없이 법담(法談)을 하고 있는 것이 들려 왔다.

"시주들의 정성들인 공양을 받아먹고서 공부 잘못하면 죽어서 그 집에 가 소가 된다는데, 그렇게 되면 어쩔테요?"

하고 처사가 묻는다. 젊은 스님이 대꾸를 못하고 머뭇대니까, 처사

가 또 말을 한다.

“소가 되어도 콧구멍 없는 소가 되면 되지 않겠느냐고 왜 답을 못하오?”

경허 스님이 옆방에서 이 말을 듣고, 종전의 “나귀 일이 가기 전에 말 일이 다가온다”에 막혔던 것이 확 풀렸다. 동시에 심지가 밝게 드러난 것이다. 그때에 경허 스님이 다음과 같이 게송(偈頌;외기 쉽게 게구(偈句)로 지어 부처의 공덕을 찬미하는 노래)을 지었다.

“홀문인어무비공(忽聞人語無鼻孔)
돈각삼천시아가(頓覺三千是我家)
유월연암산하로(六月鳶巖山下路)
야인무사태평가(野人無事泰平歌)”
홀연히 사람이 콧구멍 없다고 말하는 것을 듣고,
몰록 삼천대천세계가 내 집인 줄 알았네.
6월 달 연암산 아랫길에서
들사람이 한가로이 태평가를 부르더라.

이것이 경허 스님의 오도송(悟道頌; 고승들이 진리를 깨닫고 지은 詩歌)이다.

처음 참선하는 분에게

비유를 들어보자. 어떤 사람이 산골의 험한 길에서 삼[麻] 짐을 허리가 부러지게 잔뜩 지고 몇 천리를 걸어갔다. 길을 가다가 금덩어리를 만났다. 그 값어치가 어마어마하게 많이 나가는 보물이었다. 그 사람은 밤새도록 망설였다. 삼 짐을 지고 가자니 금덩이는 버려야 하고, 금덩이를 지고 가자니 삼 짐을 버려야 했다. 어떻게 할까 하고 망설이다가, 마침내 금덩이도 중하지만 먼 길을 지고 온 전공[前功可惜]이 아까워서 그대로 삼 짐을 지고 가기로 하였다.

이것은 비유지만, 이 얼마나 어리석은 노릇인가. 진짜 보배를 만났으면 아무리 공들여 얻은 것이라도 가짜는 버려야 한다. 참선문(參禪門)에 들어오려면 묵은 지식, 묵은 알음알이, 선입지견(先入知見)을 깨끗이 버려야 한다. "이 문에 들어와서는 알음알이를 두지 말라" 하는 것이다. 오직 귀한 것은 진정한 선지식(善知識)을 의지하여 종전 악지견(惡知見)을 모두 버리고 순직한 마음으로 법문을 받아들이고 오직 실답게 참구하여야 한다는 것이다.

참선 법문에 비하면 모든 교리는 삼 짐에 불과하고, 참선은 금덩이와 같은 것임을 철저히 알아야 한다. 인생의 가장 귀한 것은 정법(正法)을 만나는 일이다. 정법을 만났으면 결코 빈손으로 돌아갈 수는 없다. 금생(今生)에 해탈문(解脫門) 중 큰 보배를 꼭 잡도록 해야 할 것이다.

1979년

현대 불교의 거선(巨禪) 방한암(方漢岩)

어느 시골 서당에서 나이 겨우 아홉 살인 소년 하나가 사략(史略)을 읽고 있었다.

"태고에 천황씨(天皇氏)가 있었다."

첫 대목을 읽던 소년은 선생님을 향하여 물었다.

" '태고에 천황씨가 있었다' 하였는데, 그러면 천황씨 이전에 누가 있었습니까?"

당돌한 물음에 선생님은 당황하였다.

"그렇지! 천황씨 이전에는 반고씨(盤固氏)라는 임금이 있었지."

소년은 그것으로 만족하지 않았다.

"그렇다면 반고씨 이전에는 누가 있었을까요?"

선생님은 그 이상 소년의 회의를 풀어주지 못하고 말았던 것이다. 이 소년이 바로 한국선교사(韓國禪敎史)의 한 페이지를 장식한 선사 방한암(方漢岩)이다.

그는 어릴 때부터 우주와 인간의 근원에 이렇게 회의하였으며, 어떤 것이든 해답을 얻지 않고는 못 배기는 성미였다.

그는 1876년에 강원도 화천 땅에서 태어났다. 그의 부모가 전란을 피해 고향 맹산을 떠나 낯선 화천 땅에서 피난하는 동안에 얻은 아들이다.

5백년 왕업(王業)의 여명이 얼마 남지 않은 조선(朝鮮) 말엽,

나라의 안팎이 어수선한 틈에서 나날을 겪은 조선의 역사와 함께 그의 생애도 그리 순탄하지는 못했다. 한암(漢岩)은 호요, 이름은 중원(重遠)이고, 온양(溫陽)이 본관이다. 그는 천성이 영특하고 총기가 빼어나, 한번 의심이 나면 풀릴 때까지 캐묻기를 주저하지 않았다.

아홉 살 때 사략을 읽다가 떠올랐던 '반고(盤固)씨 이전에 누가 있었을까?' 하는 회의는 그 후 10년 동안 유학의 경(經) 사(史) 자(子) 집(集)을 널리 공부할 때에도 그의 머리를 떠나지 않았다. 그러나 유학(儒學)의 세계에서는 아무리 깊은 사색을 되풀이하여 파고들어도 그 회의가 해명되지 않았다. 아니, 오히려 유학에서는 그 문제를 해결할 길이 막혀 있을지도 모른다는 새로운 의문이 일어나게 되었던 것이다.

세속(世俗)을 등진 청년

한암은 나이 22세 때 우연히 명산인 금강산 구경을 가게 된 일이 있었다. 이 나라에도 산은 많지만, 그 가운데에서도 금강산은 기암절벽이 많기로 유명하다. 더구나 그 기암과 절벽의 하나하나가 꼭 부처님 아니면 보살의 얼굴을 닮았다고 하니, 더욱 신기하다. 그래서 보살의 자비상을 닮은 거대한 암벽 앞에 서 있으면 그 엄숙한 모습에 위압되지 않는 사람이 없다. 대자연의 창조상(創造相)을 우러러 볼 때 사람은 저도 모르게 우러나오는 경건함에 머리를 숙이지 않을 수 없다고 한다.

젊은 한암도 아마 금강산의 위용(偉容)을 접하였을 때 강렬한 종교적 감흥(感興)을 느끼고 충격을 억제하지 못했을 것이다. 그는 이와 같이 위대한 자연의 품에서 깊이 명상에 잠겼다. 속세를 발아래 두고 하늘을 향해 솟아오른 위용을 바라보며 문득 속세를 등지고 출가하여 입산수도할 것을 결심하게 된 것이다. 당시 금강산의 명찰 장안사에 있던 행름노사(行廩老師)를 의지하여 그는 소도(小道)의 첫걸음을 디뎠다.

漢岩의 左右銘

"**기위삭발염의입산중**(旣爲削髮染衣入山中)
견진성보친은왕극락(見眞性報親恩往極樂)"
기왕 삭발하고 가사입고 산으로 들어왔으니 진성(眞性)을 보고, 부모의 은혜를 갚고, 극락에 왕생하리라.

그는 출가할 때 첫째로 자기 마음의 진성(眞性)을 찾아보자, 둘째로 부모의 은혜를 갚자, 셋째로 극락으로 가자는 세 가지를 그 자신에게 맹세하였다.

한암은 불교교리의 깊은 뜻을 공부하기 위하여 신계사의 보문강회(普門講會)에 나갔다. 어느 날 우연히 보조국사(普照國師)의 수심결(修心訣)을 읽어 내려가다가, 다음 대목에서 크게 깨달은 바가 있었다고 한다.

"**약언심외**(若言心外)에 **유불**(有佛)하고
성외(性外)에 **유법**(有法)이라하야
견집차정(堅執此情)하야 **욕구불도자**(欲求佛道者)인댄

종경진겁(縱經塵劫)토록 **소신연비**(燒身燃臂)하며

고골출수(敲骨出髓)하며 **자혈사경**(刺血寫經)하며

장자불와(長坐不臥)하며 **일식묘재**(一食卯齋)하며

내지전독일대장교(乃至轉讀一大藏敎)하야

수종종고행(修種種苦行)하야도 **여증사작반**(如蒸沙作飯)이니라"

만일 마음 밖에 부처가 있고 성(性) 밖에 법(法)이 있다 하여 이 정(情)을 굳게 집착해 불도(佛道)를 구(求)하고자 하는 자(者)일진데 비록 진겁(塵劫)을 지나도록 몸을 태우고 팔을 태우며 뼈를 두드려 수(髓)를 내며 피를 뽑아 경(經)을 쓰며 장좌(長坐)하여 눕지 않으며 묘시(卯時)에 한 끼만 먹으며 일대장교(一大藏敎)를 전독하여 갖가지 고행을 닦는데 이르더라도 모래를 쪄 밥을 지음과 같다.

한암은 홀연히 마음과 몸이 송연(悚然)하여 마치 대한(大限; 죽음의 시각을 뜻함)이 박두하는 듯한 극한의식(極限意識)을 느꼈다. 그때다. 장안사의 해은암이 하룻밤 사이에 불타서 잿더미가 되었다는 소식을 듣는 순간, 그는 한없는 무상관(無常觀)을 뼈저리게 체득하였다. 다시 말하자면, 모든 것은 몽외청산(夢外靑山)임을 깨달았다.

교리(敎理)보다는 선(禪)을

한암은 그 후 동지인 함해선사(涵海禪師)와 동반하여 구름처럼 떠돌아다니는 운수(雲水)의 길에 올랐다. 남쪽을 향하여 흘러가다가 경북 성주 청암사 수도암에서 경허(鏡虛) 화상(和尙)을 만났다.

경허 화상은 한국불교계의 중흥조라고 불리던 인물이었다. 그들이 경허 화상을 만나자 마자 높은 설법을 청하였더니, 화상은 금강경(金剛經)에서 한 구절을 인용하였다.

"범소유상 개시허망(凡所有相 皆是虛妄)
약견제상비상 즉견여래(若見諸相 非相卽見如來)"
무릇 형상 있는 것은 다 허망하니, 만약 모든 형상 있는 것이 형상 있는 것이 아님을 알면 곧 여래(如來)를 볼 것이다.

한암은 이 구절을 듣자 안광(眼光)이 홀연히 열리면서 한눈에 우주 전체가 환히 들여다보였다. 그리고 듣는 것이나 보는 것이 모두 자기 자신 아님이 없었다. 아홉 살 때 서당에서 처음 가졌던 '반고(盤固) 이전에 누가 있었을까, 하는 의문이 비로소 아침 안개 걷히듯 풀렸다. 반고 이전의 면목이 환히 드러났을 때는 그의 나이 24세, 입산하여 3년째 되는 가을이었다.

반고 이전의 면목이란, 유학에서는 '통체일태극(統體一太極)' 이요, 도교학(道敎學)에서는 '천하모(天下母)' 요 불교교리에서는 '최청정법계(最淸淨法界)' 선리(禪理)로는 '최초일구자(最初一句子)' 를 뜻한다. 이러한 신비스런 경계를 시 한 수로 읊어 이렇게 표현하였다.

"각하청천두상만(脚下淸川頭上巒)
본무내외역중간(本無內外亦中間).

파자능행맹자견(跛者能行盲者見),

북산무어대남산(北山無語對南山)."

다리 밑에 하늘이 있고 머리 위에 땅이

본래 안팎이나 중간은 없는 것.

절음발이 걷고 소경이 봄이여,

북산은 말없이 남산을 보며 있네.

한암이 어느 날 경허 화상을 모시고 차를 마실 때 일이다. 그 자리에서 화상이 문득 선요(禪要)의 한 구절

" **여하시실참실오저소식**(如何是實參實悟底消息)

답 남산기운북산하우(答 南山起雲北山下雨)"

어떤 것이 진실로 구하고 진실로 깨닫는 소식입니까? 하고 묻자 "남산에 구름이 일어나니 북산에 비가 내린다" 고 답했다.

하는 문답 대목을 인용하면서, 거기 모인 대중을 향하여 이것이 무슨 소리냐고 물었다. 이 물음에 한암은,

"**개유이좌와장재전**(開牖而坐瓦墻在前)"

창문을 열고 앉았으니, 와장(瓦墻)이 앞에 있다.

고 대답하였다 하니, 상식의 세계에서는 얼른 이해가 안 가는 문답이다. 그러나 선리(禪理)의 세계에서는 이따금씩 상식의 언어논리를 초월한 대화가 있는 것이다. 경허 화상은 이튿날 법상에 올라가

대중을 돌아보면서 "한암의 공부가 개심(開心)을 초과(超過)했다" 고 말하였다. 역시 아는 사람만이 알아보는 선(禪)의 묘계(妙界)인 모양이다. 경허 화상은 한암을 알아본 것이다.

지음(知音)의 벗을 얻다

한때 한암은 해인사 선원(禪院)에서 전등록(傳燈錄)을 펴들고 읽은 일이 있었다. 약산(藥山) 선사가 석두(石頭) 선사의 물음에 대답하기를 "마음속에 한 가지 생각도 하는 것이 없다" 고 한 대목에 이르자, 그는 다시 심로(心路)가 끊어져서 미로(迷路)를 헤매게 되었다. 마치 통 밑이 빠져버린 것 같은 허전한 경계를 맛보았다. 한편 경허 화상은 그 해 겨울에 함경남도 삼수갑산 등지를 긴 머리에 수염도 깍지 않은 모습으로 방황하면서 한암에게서 자취를 감추었다. 경허 화상이 해인사에서 한암을 이별할 때 은근히 그를 함께 데리고 가고 싶어하며, 서문(書文) 한 편과 시 한 구를 지어서 한암에게 준 일이 있다. 그 서문과 시는 다음과 같다.

> 나 경허(鏡虛)는 천성이 화광동진(和光同塵)을 좋아하고 겸하여 꼬리를 진흙 가운데 끌고 다니기를 좋아하는 사람이다. 다만 스스로 삽살개 뒷다리처럼 너절하게 44년의 세월을 지냈더니, 우연히 해인정사(海印精舍)에서 한암을 만나게 되었다. 그의 성행(性行)은 순직하고 또 학문이 고명하여 1년을 같이 지내는 동안에도 평생에 처음 만난 사람같이 생각되었다. 그러다가 오늘 서로 이별하는 마당을 당하게 되니, 조모(朝暮)의 연운(煙雲)과 산해(山海)의 원근(遠近)이 진실로

영송(迎送)하는 회포를 뒤흔들지 않는 것이 없다. 하물며 덧없는 인생은 늙기 쉽고, 좋은 인연은 다시 만나기 어려운즉, 이별의 섭섭한 마음이야 더 어떻다고 말할 수 있으랴. 옛날 사람은 말하기를 "서로 알고 지내는 사람은 천하에 가득 차 있지만, 진실로 내 마음을 알고 있는 사람 과연 몇이나 되랴" 고 하지 않았는가. 과연 한암이 아니면 내가 누구와 더불어 지음(知音)이 되랴. 그러므로 여기 시 한 수를 지어서 뒷날에 서로 잊지 말자는 부탁을 한다.

"권장궁발수천익(捲將窮髮垂天翼)
만향창유차기시(謾向搶楡且幾時).
분리상의비난사(分離尙矣非難事),
소려후생묘후기(所慮浮生渺後期)."
북해에 높이 뜬 붕새 같은 포부
변변치 않은 데서 몇 해나 묻혔던가.
이별은 예사라서 어려운 게 아니지만,
부평초 같은 인생, 또 볼 기회 있을까.

한암은 이와 같은 경허 화상의 이별시를 받아 읽고, 다음과 같은 시 한 수를 써서 답했다.

"상국설매재과료(霜菊雪梅才過了),
여하승시부다시(如何承侍不多時).
만고광명심월재(萬古光明心月在),

갱하부세만유기(更何浮世謾留期)."
서리국화, 설중매(雪中梅)는 겨우 지나갔는데,
어찌하여 오랫동안 모실 수가 없을까요.
만고(萬古)에 변치 않는 광명 마음 속에 있으니
덧없는 세상에서 뒷날을 기약해 무엇하리.

한암은 시로써 이별을 아쉬워했을 뿐 경허 화상을 좇지는 않았다. 그 후 경허 화상은 유명을 달리하고 말았으니, 그가 시에서 말한 것처럼 부세(浮世)에서는 영영 기약 없는 이별이 되고 말았다.

계오(契悟)의 경계(境界)

한암은 30세 되던 1905년 봄에 양산 통도사 내원선원(內院禪院)으로부터 조실(祖室)로 와 달라는 초청장을 받고, 거기에 가서 젊은 선승(禪僧)들과 더불어 5·6년의 세월을 보냈다. 1910년 봄에 선승들을 해산시키고 다시 평안도 맹산 우두암에 들어가서 홀로 앉아 보림(保任)에 힘쓰고 있었다. 어느 날 부엌에 홀로 앉아 불을 지피다가 홀연히 개오(開悟)하였다. 그 개오한 경계(境界)가 성주의 청암사 수도암에서 개오한 때와 조금도 차이가 없으나 다만 한줄기 활로가 분명해졌을 뿐이었다. 때는 한암의 나이 35세 되던 겨울이었다. 그는 이 경지를 보고 난 후 또 우연히 시 두 수를 읊었다.

"착화주중안홀명(着火廚中眼忽明),

종자고로수연청(從玆古路隨緣淸).
약인문아서래의(若人問我西來意),
암하천명불습성(岩下泉鳴不濕聲)."
부엌에서 불붙이다 별안간 눈 밝으니,
이걸 좇아 옛길이 인연을 따라 분명하네.
날 보고 서래의[西來意; 달마(達摩)가 서역(西域)으로부터 동방에 와서 도(道)를 전한 원유(原由)]를 묻는 이가 있다면,
바위 밑 우물 소리 젖는 일 없다 하리.

"촌방난폐상의객(村尨亂吠常疑客),
산조별명사조인(山鳥別鳴似嘲人).
만고광명심월재(萬古光明心上月)
일조소진세간풍(一朝掃盡世間風)."
마을 개 짖는 소리에 손님인가 의심하고,
산새의 울음소리는 나를 조롱하는 듯.
만고(萬古)에 빛나는 마음 달이
하루아침에 세상 바람을 쓸어 버렸네.

한암은 이때부터 중생이 서로 의탁하여 사는 이 세상에 들지도 않고 거기서 나지도 않으면서 수시수처(隨時隨處)에서 종횡무진으로 선풍(禪風)을 크게 떨쳤다. 이리하여 한국의 선교사(禪敎史)는 한암에 의하여 한층 빛나게 된 것이다.

한암은 금강산 지장암에 있었고 송만공(宋萬空) 화상은 예산 정혜사에 있었다. 만공 화상은 당시 선의 경지에 있어서 한암과 어깨

를 나란히 하는 선사(禪師)로서 그 이름이 높았다. 만공에게도 한암 못지않게 여러 가지 일화가 있다. 여기 한암 선사와 만공 선사의 사이에서 벌어진 법(法)의 문답 몇 토막을 소개하여 보겠다.

만공은 한암에게 법을 물었다.

"한암이 금강산에 이르니 설상가상(雪上加霜)이 되었다. 지장암 도량 내에 업경대(業鏡臺)가 있다는데, 스님의 업은 얼마나 되는가?"

이 물음에 대하여 한암은 실로 기상천외의 대답을 하였다.

"이 질문하기 전에 마땅히 30방망이를 맞아야 옳다."

만공은 다부지게 되물었다.

"맞은 뒤에는 어떻게 되는고?"

한암은 여유를 두지 않고 대답하였다.

"지금 한창 잣 서리하기 좋을 때니, 속히 올라오라."

만공은 쉬지 않고 다시 말하였다.

"암두(岩頭)가 잣 서리할 때에 참예하지 못함은 원망스럽지만, 덕산(德山;일명 周金剛)의 잣 서리 시절은 원하지 않노라."

한암은 곧 응수하였다.

"암두와 덕산의 명함은 이미 알았거니와, 그들의 성은 무엇인가?"

두 선사의 이 동문서답 같은 문답은 그치지 않고 계속된다.

"도둑이 지나간 게 3천 리가 넘었거늘, 문 앞을 지나가는 사람 성은 물어서 무엇하랴?"

이런 만공의 물음에 대하여 한암은 또 대답하였다.

"금선대(金仙臺) 속에 있는 보화관(寶花冠)이 금옥(金玉)으로도 비(譬)하기 어렵다."

만공 선사는 마지막에 네모진 백지 위에 동그라미 하나를 그려서 한암에게 보냈다고 한다.

또 일제 때 경성제대 교수로 있던 일본 조동종(曹洞宗)의 명승 사또오(佐藤)가 한국불교계를 전부 돌아본 후 마지막으로 오대산 상원사의 한암에게 와서 법 문답을 한 일이 있었다.

"어떤 것이 불법의 대의입니까?"

사또오가 말문을 열었다. 조용히 앉아 있던 한암은 이 물음에 대하여 거기 놓여 있던 안경집을 들어 보였을 뿐이다.

그러나 사또오도 만만치 않은 위인이다. 그는 물었다.

"스님이 일대장경(一大藏經)과 모든 조사어록(祖師語錄)을 보아 오는 동안 어느 경전과 어느 어록에서 가장 깊은 감명을 받았습니까?"

한암은 가만히 사또오의 얼굴을 쳐다보다가 대답했다.

"적멸보궁에 참배나 갔다 오라."

한참 있다가 사또오는 또 물었다.

"스님께서는 젊어서부터 입산하여 지금까지 수도하여 왔으니, 만년의 경계와 초년의 경계가 같습니까, 아니면 다릅니까?"

한암은 잘라 말했다.

"모르겠노라."

사또오가 일어나 절을 하면서, 활구법문(活句法門)을 보여주어서 대단히 감사하다고 인사하였다. 이 인사말이 끝나기도 전에 한암은 말했다.

"활구라고 말하여 버렸으니, 벌써 사구(死句)가 되고 말았군."

사또오는 3일간 유숙하고 한암이 살던 상원사를 떠났다. 뒷날 여러 사람이 모인 어느 강연석상에서 사또오 교수는 "한암 스님은 일본 천지에서도 볼 수 없는 인물임은 물론이고, 세계적으로 둘도 없는 존재다" 라고 한암을 평한 일이 있다. 이 일이 있은 다음부터 조선총독부의 일인(日人) 고관들과 우리나라를 방문한 일본인 저명인사들이 상원사로 한암을 찾아오는 일이 잦았다. 그들은 한암과 법담(法談)을 몇 마디 주고받고서는 반드시 깊은 감명을 받고 그의 곁을 떠났다. 한암과 그들 사이에는 여러 가지 기발하고도 신묘(神妙)한 선리문답(禪理問答)이 벌어졌다.

득의(得意)의 만년(晩年)

한암은 50세 되던 1925년에 서울 근방 봉은사의 조실 스님으로 있었다. 그러나 곧 맹서(盟誓)하기를,

> **"영위천고장종학**(寧爲千古藏蹤鶴)
> **불학삼춘교어앵** (不學三春巧語鸚)"
> 차라리 천고(千古)에 자취를 감춘 학이 될지언정 삼춘(三春)에 말 잘하는 앵무새의 재주는 배우지 않겠노라.

고 하면서 다시 오대산으로 들어갔다. 그 후 27년 동안 그는 동구밖을 나오지 않은 채 76세의 나이로 일생을 거기서 마쳤다. 때에 그의 법랍(法臘)은 54세였다.

그는 오대산에 처음 들어올 때 소지했던 단풍나무 지팡이를 중대 뜰 앞에 꽂았다. 일영(日影)을 재어 보기 위함이었다. 그런데 그 지팡이가 꽂힌 자리에서 잎사귀와 가지가 돋아 나와서 하나의 훌륭한 정자나무가 되었다. 지금 오대산 중대(中臺) 앞에 있는 정

자나무가 바로 스님의 지팡이였다고 한다. 부석사에는 의상법사(義湘法師)가 꽂았다는 지팡이가 있고, 순천 송광사에는 보조국사(普照國師)가 꽂았다는 지팡이가 지금도 그 자리에 서 있다. 그런데 신라 고승과 고려 국사의 지팡이가 지금 그 자리에 서 있다고 하는 나무와의 사이에 어떤 연관성이 있는지는 알 길이 없다. 그러나 옛날부터 전해 내려오는 이야기에 의하면, 그 나무가 바로 옛날 고승들이 꽂았던 지팡이라고 한다.

역사가 오랜 절 마당에는 여러 가지 전설과 비화가 있다. 어찌 보면 마당에 서 있는 나무 한 그루, 굴러다니는 돌 하나에도 우리가 모르는 이야기가 숨어 있을는지 모른다. 오대산 하면 방한암, 방한암하면 오대산이라고 할 만큼 오대산과 한암 사이에는 끊을래야 끊을 수 없는 깊은 관계가 있다. 따라서 오대산에 있는 사찰과 암자와 적멸보궁의 주변에는 한암의 면목을 전하여 주는 이야기가 많이 숨어 있다.

한암은 주변에 여러 가지 이야기만 남겼을 뿐, 평소부터 저술하여 후세에 남기는 것을 좋아하지 않았다. 겨우 일발록(一鉢錄) 한 권을 저술하였는데, 상원사가 1974년 불에 탔을 때 그 한 권의 원고마저 재가 되고 말았다. 참으로 아까운 일이다. 한암의 밑에서 득법(得法)한 제자도 몇 사람 있었는데, 그 가운데서 보문(普門)과 난암(暖巖)이 가장 지행(知行)이 뛰어나서 자못 종풍(宗風)을 크게 떨치더니, 보문은 아깝게도 일찍 돌아갔고 난암은 일본에 간 채 돌아오지 않고 있다.

한암은 1951년에 가벼운 병이 생겼다. 병이 난 지 7일이 되는 아침에 죽 한 그릇과 차 한 잔을 마시고 손가락을 꼽으며 "오늘이 음력 2월 14일이지" 하고 말한 후, 사시(巳時)에 이르러 가사와 장삼을 찾아서 입고 선상(禪床) 위에 단정히 앉아서 태연한 자세를 갖추고 입적[座脫]하였다.

옛날부터 득도한 분들이 모두 생사에 자재(自在)함은 그 수도가 용무생사(用無生死)의 경계에 이른 까닭이다. 당나라의 등은봉(騰隱峰) 선사는 거꾸로 서서 돌아갔다고 하며, 관계 지한(灌溪 志閑) 선사는 자기 몸을 태울 화장 나무를 미리 준비하였다가 그 위에 앉아서 제자들에게 불지르라고 한 마디 명령하고 그 불이 다 붙기 전에 돌아갔다고 한다. 고려의 보조국사는 법상(法床)을 차려 놓고 제자들과 백문백답을 끝마친 다음 법상에서 내려와 마루에 걸터앉은 채 그대로 조용히 열반하였다. 죽음이 범인들에게 있어서는 가장 큰 공포와 괴로움이 되고 있으나, 보조국사나 한암 선사 같이 생사를 초월한 경지에서는 죽음이 아무런 거리낌도 되지 못한다. 그들은 언제 어디서 죽음을 만나더라도 밤에 잠이 들 듯 아주 태연하게 죽을 수 있다.

이리하여 아홉 살에 반고(盤固)씨 이전에 무엇이 있었느냐고 궁극을 캐묻던 어린 소년(少年)은 76세 때에 바로 그 반고(盤固) 이전(以前)의 궁극(窮極)의 세계로 조용히 사라져 갔다. 아니, 어쩌면 한암(漢岩) 선사는 그 궁극의 세계를 넘어서 더 멀리로 날아갔을는지도 모른다.

1967년

도(道)로 살아야

청소년 범죄의 범람, 매스컴에 비친 패륜과 불륜 등의 온갖 사회악들을 접할 때마다, 종교가 지향하는 참된 신앙의 절대 필요성을 거듭 절실히 느낀다. 오늘의 혼탁한 사회를 정화하기 위해서는 한때 제2경제개발로 부상되기까지 했던 '정신기강'을 바로잡는 것 외의 다른 묘사가 있을 수 없다. 종교야말로 썩어 가는 대사회의 정화를 위한 절실한 소금이며, 인류사회를 떠받치고 있는 근원적인 도(道)를 지켜줄 수 있는 최후의 보루인 것이다. 대체로 종교 신앙이란 인간 현실의 지고선(至高善)을 추구하는 정신수양과 윤리관·철학관의 확립을 일깨울 뿐만 아니라 최고 차원의 경제적인 인간, 최고 이성의 '도'를 계발·실천토록 할 수 있기 때문이다.

흔히 이야기되는 사회정화의 밑바탕으로 순수 인간정신의 함양과 함께 제3, 제4의 경제인 윤리·철학의 정립이 이루어져야 한다. 이 같은 밑거름의 핵이며 한 단계 더 높은 인간 최고의 도가 담긴 종교는 사회정화를 위한 고차원의 제5경제인 것이다.

불가(佛家)의 경우만 해도 한마디로 모든 복잡한 사회문제의 해답이 불교 속에 들어 있다고 자신한다. 휴가 용돈을 마련키 위해 저지른 끔찍한 청소년 강도나 공포의 전율을 느끼게 한 토막살인 사건 등은 불가의 유치원 과정 신심(信心)만 가졌어도 발생하지 않았을 사회범죄였다. 오계십선(五戒十善)을 닦고 일생에 공덕을 쌓아 극락에 간다는 불교의 지극히 초보적인 신앙만으로도 이 같은 엄청난 비리의 인간탈선을 막기에 충분한 것이다. 모든 생물의 살생을 금하는 불가 유치원생의 5계 신앙만 닦아도 인간생명의 존엄성을 깨칠 수 있는 외경심이 범행의 순간을 차단시킬 수 있었을 것이다.

불교의 자비, 기독교의 박애, 유교의 인(仁) 등과 같은 종교 덕목들이 학교 교과서를 통해 가르쳐지고 있으면서도 청소년·학생들의 탈선은 날로 흉악화하고 증가추세를 보인다는 통계발표가 나오고 있다.

신라 화랑의 5계를 연마시키는 화랑의 집이 있고, 충무수련원이 일선학교 교육에 연계되어 있으면서도 학생들의 탈선이 자주 눈에 띄는 것은 오늘의 도덕교육에 문제가 있기 때문이다. 생명경시 풍조는 근원적으로 현대사회가 치닫고 있는 산업화에 따른 인간의 기계노예화, 물질문명의 풍요추구에 역점을 두는 가치전도의 인생관 등에서 비롯되고 있다. 따라서 학교교육만으로 도덕의 덕목을 펼치기 어려운 현실이기 때문에 종교적 차원의 신앙심을 전 사회에 심어 주는 일이 시급하다.

그래서 오늘의 종교는 내세의 영혼구원이나 수도를 통한 자기만족을 벗어나 적극적으로 사회교화에 임하는 자세가 필요한 것이다. 종교가 대체로 지향하는 신앙은 자신의 수도를 우선으로 하는 것이지만, 현대사회처럼 종교윤리가 절실한 때도 일찍이 없었다.

요즈음 세태를 어수선하게 하는 정국의 경색이나 치도(治道)의 기강 문제도 종교적 신앙 차원의 수도가 결핍된 데서 오는 것이 아닌가 한다. 우주관·인생관의 핵심이 되어야 할 우주생성 이전의 원래 자리를 보지 않고 떠들어대는 문화나 정치는 위선이고, 썩은 것일 수밖에 없다. 물론 현대사회에서 고전적인 성인정치를 기대하기는 어렵다.

원래 도의 자리란 불가에서 볼 때는 배워서 알고 생각해서 얻는 학문의 경지와는 다른 부정을 거친 긍정의 본체인 것이다. 씨앗을 뿌려 새로 거둔 콩이 씨앗 때의 콩과 본질은 같지만 긍정— 부정—긍정이라는 과정을 밟은 부정을 거친 콩인 것처럼, 인간의 득도(得道)도 부정이라는 수도 과정을 통한 무아(無我) · 무물(無物)의 자리에 돌아와야 하는 것이다. 주관과 객관이 끊어진 자리에서 만나는 공(空)인 우주 속에서 도를 터득한다면 모든 것이 진리이고 순수이성인 것이다. 이 같은 도가 생활화될 때 인간세계는 시공이 끊어진 "극락"의 낙원이 된다. 모든 정치나 교육이나 문화는 이 같은 '도'에 합치되는, 마음을 텅 비운 자리에서 추진해야 올바른 가치를 지닐 수 있다.

이 같은 종교적 차원의 사회정화나 성인치도(聖人治道)가 이뤄지면 정치인 · 교육자들이 전혀 할 일이 없게 되는 정토세계(淨土世界)가 이루어진다. 이것은 영원한 인간의 유토피아일지 모르지만, 오늘의 사회에서 석사 · 박사의 사회교육을 받은 사람들이 불가 유치원 과정의 수도를 닦은 참된 신심자(信心者)들만도 못한 경우를 볼 때마다 사회 앞날이 우려된다.

물론 종교인이나 신자들이라고 해서 모두 사회의 모범이 되고 있는 것은 아니지만, 그 가르치는 바 진리는 오늘의 혼탁한 사회에 시급히 공급되어야 할 '양식'임에는 틀림없다. 소위 자선사업이라고 하는 '이타(利他)'만 해도 종교적 신앙이 철저하지 못하면 오히려 죄악을 저지르는 경우를 흔히 본다. 본래 자리(自利)가 철저할 때에만 참다운 이타가 가능한 것이다. 물에 빠진 사람이 물에 빠진 사람을 구할 수 없는 것과 같이, 자리(自利)도 못하는 사람이 이타행(利他行)에 나선다는 것은 위선일 수밖에 없다. 물질적이든 정신적이든 자신이 충실하지 못한 채 남을 돕겠다고 나선다는 것은 허위의 위선임이 각종 자선사업 기관들에서 잘 드러나고 있다.

인간 본연의 도덕을 파괴하고는 정치 · 경제 · 문화가 창조될 수도 없고 그 질서를 유지할 수도 없다는 것을 장자(莊子)의 「응제왕(應帝王)」편 한 구절을 예로 삼아보겠다. 「응제왕」편의 결론은 숙(倏) · 홀(忽) · 혼돈(混沌)이라는 3명의 임금이 각각 남해와 북해, 중앙에서 통치를 하고 있는데, 언젠가 숙과 홀이 혼돈을 찾아가 융숭한 대접을 받았다. 두 임금은 혼돈의 대접에 답하고자 궁리한 끝에 자기들은 눈 · 코 · 입 등 7개 구멍을 몸에 갖고 있는데 혼돈은 없으니 그에게도 구멍을 뚫어 줘 인간의 향락을 누리게 하자고 했다. 그래서 두 임금이 매일 하나씩 혼돈의 몸에 구멍을 뚫기 시작하자, 7일째 되던 날 그는 죽어버리고 말았다. 이는 약삭빠른 인위적 지혜를 가진 숙과 홀이 우주본체의 자연으로 인간에게 무한한 호의를 베푸는 혼돈에게 수정을 가하다 실패했다는 이야기다.

도가 상실되어 가는 과정을 우화적으로 설명한 장자(莊子)의 이 구절은 오늘의 인간사회에 심각한 경종을 울려주는 절실한 교훈을 던져주고 있다 하겠다.

1979년

삶과 죽음

이 세상에 사람으로 태어난 자에게 가장 중요한 것은 무엇일까? 그것은 두말할 것 없이 삶과 죽음일 것이다. 즉 생사문제야말로 그 무엇보다 앞선 궁극적인, 그리고 이 세상에서 몸을 담고 살아가는 동안 기필코 풀어내야 할 중심 문제이다. 인간의 생사문제를 해결하기 위하여 종교가 있다고 해도 지나친 말은 아니다.

우리 불교에서는 마음에 생사가 없음을 깨달음으로써 생사문제를 해결한다. 부연하면, 마음이란 그것이 나온 곳이 없기 때문에 죽는 것 또한 없다. 본디 마음이 나온 곳이 없음을 확연히 간파(看破)한 것을 "도통(道通)했다"고 말한다. 우리 자신의 어디든 찾아보라. 마음이 나온[生] 곳이 있는지. 따라서 나온 곳이 없으므로 죽는 곳도 없다. 그러니까 도(道)가 철저히 깊은 사람은 이 조그만 몸뚱이를 가지고도 얼마든지 살 수 있다. 그렇지만 어리석은 중생들이나 죽음을 두려워하며 천년만년 살고 싶어하지, 도인(道人)·성인(聖人)은 굳이 오래 살려 하지 않는다. 오래오래 살고 싶다는 것은 뭇 중생들의 우견(愚見)일 따름이다.

도를 통한 사람은 몸뚱이를 그림자로밖에 보지 않는다. 다시 말하면, 우리의 삶을 간밤에 꿈꾸고 다닌 것이나 같이 생각한다고 할까. 간밤 꿈꾸고 다닌 사람이 꿈을 깨고 나면 꿈속에선 무언가 분명히 있었긴 있었으나 헛것이듯 그렇게 삶을 본다. 이와 같은 것이어서 이 육신을 굳이 오래 가지고 있으려 하지 않는다. 벗으려고 들면 향(香) 한 대 피워 놓고 향 타기 전에 마음대로 갈[죽을] 수도 있다.

일반적으로 중생에겐 나서 멸함[생주이멸(生住異滅)]이 있고, 몸뚱이엔 나고 죽음[생로병사(生老病死)]이 있으며, 일년엔 봄 · 여름 · 가을 · 겨울[춘 · 하 · 추 · 동(春 · 夏 · 秋 · 冬)]이, 세계엔 일었다가 없어짐[성 · 주 · 괴 · 공(成 · 住 · 壞空 ·)]이 있으나, 앞서 말한 대로 도인(道人)에겐 생사가 붙지 않는다. 혹자는 그 도인도 죽는데 어찌 생사가 없느냐고 반문할지 모르지만 그것은 겉을 보고하는 소리일 따름이다. 옷 벗는 것보고 죽는다고 할 수는 없을 것이다. 세상 사람들이 '옷' 을 자기 '몸' 으로 안다. 그러니까 죽는다.

그러면 도인이나 성인은 무엇을 자기 몸으로 생각하는 것일까. 몸 밖의 몸, 육신 밖의 육체를 지배하는 정신, 좀 어렵게 말하면 시공이 끊어진 자리, 그걸 자기 몸으로 안다. 시공이 끊어진 자리란 죽으나 사나 똑같은 자리, 이 몸을 벗으나 안 벗으나 똑같은 자리, 우주 생기기 전의 시공이 끊어진 자리, 생사가 붙지 않는 자리란 뜻이다.

부처란 바로 이 '자리' 를 가르쳐 주기 위해 오셨다. 이 세상의 한마당 삶이 '꿈' 이란 걸 가르쳐 주기 위해서 온 것이다. 덥고, 춥고, 괴로운 경험을 꿈속에서 했을 것이다. 꿈을 만든 이 육신이 일점(一點)도 안 되는 공간에 누워 10분도 안 되는 시간의 꿈속에서 몇 백 년을 산다. 그러고 보면 우주의 주체가 '나' 라는 것을 알 것이다. 곧 '내' 가 우주를 만드는 것이다. 우주 속에서 내가 나온 것이 아니다. 세간(世間)의 어리석은 이들은 꿈만 꿈인 줄 안다. 현실, 이것도 꿈인 줄 모르고. 다시 말하거니와 성인이 도통했다는 것은 이 현실을 간밤의 꿈으로 보아 버린 걸 말한다.

우리는 간밤 꿈만 꿈으로 보고, 현실을 현실로 보니까 몇 백 년 부귀영화를 누리며 살고 싶다며 버둥버둥 집착하게 되는 것이다. 성인의 눈엔 현실이 꿈, 즉 환상이니까 집착이 없다. 그러니까 천당, 지옥을 자기 마음대로 한다.

이 정도로 말해 놓고 나서 우리의 삶이 영원하다면 영원하고 찰나로 보면 찰나일 수 있다고 하면 좀 수긍이 될지 모르겠다. 요컨대, 우주 창조주, 즉 하느님이라는 건 우주가 생기기 전의 면목을 타파한 걸 '하느님' 이라고 한다. 그러므로 하느님이란 하늘 어느 한구석에 담요를 깔고 앉아 있는 어떤 실재인물이 아니란 말도 이해가 될 것이다. 자, 그럼 우리는 어떻게 우리의 삶을 살아가야 할까? 내 얘기의 초점은 여기에 있다. 한반도에 태어난 젊은이라면 3천만, 5천만의 잘못을 나의 잘못으로, 즉 나 하나의 잘못은 3천만, 5천만 명에게 영향을 미친다고 생각하고 나중에 어른이 되어 무슨 문제에 부딪히더라도 당황하지 않는 준비를 갖추며 살 일이다. 청년은 그런 자신을 길러야 한다.

1977년

제 2 부 스님에게 묻는다

윤달이 없어지면 인간이 지닌 속성으로서의 윤도수(閏度數)가 없어지고, 인간사회의 부정부패가 없어집니다. 윤달과 윤일(閏日)이 생기는 이치를 '윤도수(閏度數)'라 하는데, 이는 중간매체 즉 과도기를 말하며, 이 중간매체야말로 부정부패의 원인이며 부조리의 근본인 것입니다. 지금은 생존경쟁이라든가 생활수단 때문에 세계 도처에 전쟁이나 분쟁들이 일어나고, 군자를 가장한 비인격적인 선비들이 활개를 쳐왔지만, 이 후천시대(後天時代)에는 인재(人材) 때문에 다툼이 있을 것입니다.

후천세계(後天世界)의 전개와 한국의 미래

–탄허 선사와의 대담

대담자: 장화수(국방대학원교수)

※ "선사" = 탄허 스님, "교수" = 장화수

교수: 한반도가 세계정책을 놓고 지리학적으로 볼 때 소련, 일본, 미국, 중국 등 강대국을 인접하고 있는 유일무이한 나라로서, 역사적으로 이해관계의 작용이 많아 왔습니다. 현재 이러한 실정으로 보아 이들 4대강국의 이해관계가 어떻게 전개될 것이며, 4대강국의 상관관계는 한국의 이해관계와 어떻게 엇갈릴 수 있을까 하는 점에 관하여 스님의 의견을 듣고 싶습니다.

인간의 예지본능에 대하여

선사: 질문하지 않을 사람에게 질문한 것 같습니다. 그런 내용은 오히려 저보다는 사회에서 연구분야에 업적을 쌓고 있는 분들이 정치 사회적 안목의 논리성으로 더 잘 파악하고 있을 줄로 압니다.

나와 같이 산중에서 수도에 전념하고 있는 입장에서는 세상 사람들의 관심 밖에 있는 것들, 즉 사회정치학적, 과학적인 논리성보다는 좀 더 다른 차원의 세계에 관하여 이야기할 수는 있습니다. 예를 들면 100년 후 인류의 장래가 어떻게 변화될 것이며, 지구의 미래는 또 어떻게 변화될 것인가를 관측할 수는 있습니다.

그렇다고 해서 나의 그 추리적 관측이 100% 다 맞느냐, 안 맞느냐 하는 것은 지내보아야 알 수 있겠지만, 여기에서 내 개인의 경험담을 몇 가지 소개함으로써 이해를 돕고자 합니다.

6·25동란 일 년 전인 1949년, 나는 오대산에서 한말(韓末)이래 가장 존경받던 고승인 한암(漢岩) 스님을 20년 동안 모시면서 수도생활을 하고 있었습니다. 그동안 한암 스님을 10년 이상 모신 상좌(上座)가 없었지만, 저는 그때까지 22년을 그분을 모시고 배우면서 그분에 대한 존경이 날로 더해 갔습니다.

그 해, 기축년(己丑年)인 1949년에 나는 한암 스님에게 오대산을 떠나 남행(南行)할 것을 말씀드렸습니다. 어떤 정확

한 예시가 있었던 것은 아니지만, 그 동안의 공부를 통하여 얻은 역학원리(易學原理)에 의한 해석이 곧 발생될 난(亂)을 예시하고 있었으므로 그 난을 피하자는 의도를 나타냈습니다. 한암 스님은 30년 이상을 지내온 오대산을 떠날 수 없다고 완강히 거절했습니다. 당시 34살이었던 나의 왕성한 혈기는 내 주장을 관철하려고 남행의 결심을 비쳤고, 더욱이 대개가 23, 4세인 젊은 상좌들의 장래를 위해서라도 앞으로 올 이 난(亂)을 피해 오대산을 떠나려는 결심을 굳혔습니다. 내 결의가 이렇게 강하게 굳혀진 것을 안 한암스님은 나에게 남행할 것을 허락해 주셨고, 양산 통도사의 백련암으로 가서 먼저 자리를 잡고 연락해 달라고 하셨습니다. 그 때 한암 스님의 연세는 80 고령이었고, 30년 이상을 오대산에 머무르셨으니 움직이지 않겠다고 하던 그분의 결의도 대단했지만, 불자로서의 용기 또한 지금까지 잊을 수 없는 위대한 것이었습니다.

오대산의 중대암에 있다가 3일만에 짐을 챙겨 몇몇 상좌와 함께 남행길에 올랐습니다. 기축년(己丑年) 봄 통도사의 백련암에 도달하여 암자를 내줄 수 없다는 통도사 주지에게 한암 스님이 곧 이곳으로 올 것이라는 말로 가까스로 암자를 맡을 수 있게 되었습니다. 그러나 한암 스님은 끝내 백련암에 오시지 않고 오대산에서 6·25를 맞아 말할 수 없는 고난의 역경을 치루었습니다. 그 후 1·4후퇴 때 오대산을 떠나 남행길 천리의 고생은 이루 헤아릴 수 없었습니다.

한 가지 예를 더 들면, 수년 전 동해안을 통해서 울진·삼척 지방에 공비 120여 명이 침투한 사실이 있습니다. 이 때 저는 월정사의 한 암자에서 신화엄경합론(新華嚴經合論)을 번역하고 있었는데, 공비 침투가 있기 일개월 전에 나의 장서(藏書)와 번역 원고들을 모두 삼척 영은사(靈隱寺)에 옮기게 되었습니다. 갑자기 내가 짐을 옮기자 산에서는 웬일이냐고 소동이 났습니다. 그래서 나는 내가 몸은 떠나지만 마음은 여기 있으니 안심하라고 타이르면서, 아버지는 아버지 일을 하고 자식은 자식의 일을 해야만 한다고 말하면서 그곳을 떠났습니다.

내가 신화엄경합론(新華嚴經合論) 번역 원고들을 모두 옮기고 난후 15일만에 울진·삼척의 공비 침투 상태가 발생하였습니다. 그 당시 거의 모든 공비들이 소탕되었지만, 일부 잔류공비들이 험준하기 이를 데 없는 오대산으로 도주를 해서 월정사를 중심으로 오대산 일대에 소탕작전이 벌어졌습니다. 당시에 이 공비들을 소탕하기 위해서 동원된 군대가 얼마였는지 잘 알 수는 없지만, 월정사에서는 군단사령부가 소탕작전 본부를 설치했습니다.

그동안 나는 강릉에 한 달 가량 있다가 이 공비 사태가 끝나 월정사의 내가 기거하던 별당으로 가 보니, 주위 사방으로 참호를 파 놓았고 별당은 완전 폐허가 돼 있었습니다. 만일 내가 그때 내 필생의 노력을 기울이고 있는 신화엄경합론(新華嚴經合論) 번역 원고들을 옮겨 놓지 않았더라면 오늘까지 신화엄경합론(新華嚴經合論) 번역은 빛을 보지 못했을 것입니다. 당시 강원도 지방의 여러 유지(有志)들은 말하기를 내가 어떤 이해 못할 선견지명이 있는 것 같다고 했습니다.

일반적 사회지식[매스컴]의 영향, 학문적 예지를 통해서 어떤 예감 같은 것이 인간에게 작용할 수 있지만, 나의 이러한 예감은 그러한 것들과는 아무 상관이 없으며, 차원을 달리하고 있습니다. 하늘을 나는 새나 땅에 구멍을 파고 사는 동물들도 비가 오고 바람 불 것을 미리 알듯이, 개미가 높은 곳으로 올라가면 장마가 올 것이라는 것을 예고해 주고, 개미가 낮은 곳으로 가면 심한 가뭄이 들 것을 우리는 알 수 있습니다. 까치가 집을 지을 때 남쪽으로 입구를 내면 북풍이 강하게 불 것이고, 북쪽으로 입구를 내면 남풍이 강하게 불 것이라 합니다. 이렇게 날짐승이나 동물들도 예지본능을 가지고 있는데, 하물며 사람에게야 어떠하겠습니까? 자연계의 섭리는 이토록 모든 생명체에게 예시라든가 예감 등의 본능을 부여하고 있는데, 그 중에서도 만물의 영장인 인간의 예지본능은 계발하기만 하면 무한대한 능력을 발휘할 수 있는 것입니다.

내 이야기가 너무 길어졌으나, 이러한 인간 예지본능과 우주의 섭리를 꿰뚫어 학술적 원리로 집대성하고 산학(算學)에 기초를 둔 역학(易學)을 통하여 질문한 내용들을 추리하고 답변할 수 있으리라고 생각합니다.

동양사상을 통해서 본 한국의 현실과 희망과 서광에 찬 미래의 민족사

교수: 스님께서 위에 말씀하신 역학의 원리는 동아시아 제국을 형성하는 주된 민족인 한국, 일본, 중국 민족에게는 중요한 동양사상의 요체를 이룬다고 볼 수 있는데, 그와 같은 견지에서 우선 이들 세 민족의 특성을 비교해 볼 수 있겠습니까? 또한 역사적으로 보아서 이들 민족들의 장·단점을 들어 동양사상의 형성 과정이나 동아시아의 문화문명에 어떻게 기능해 왔는가를 살펴보고, 특히 동아시아의 미래에 대하여 말씀해주셨으면 합니다.

선사: 불교에 인과응보(因果應報)의 원리가 있는데, 이는 선조의 죄과(罪過)를 후대의 자손들이 떠맡아야하는 원리입니다. 또한 이것은 유교의 권선징악(勸善懲惡)의 원리와 일맥상통한 것입니다. 동양사상에 있어서 대표적 세 가지 사상인 유교(儒敎)·불교(佛敎)·선교(仙敎)는 이러한 점에서 공통성을 가지고 있습니다.

나는 역사발전을 유·불·선의 동양사상을 중심으로 파악하고 있으며, 그렇기 때문에 일반 역사학자들과는 달리 과거의 역사보다는 미래에 대하여 더 많은 관심을 가지고 있습니다. 우선 여기에서 사학자들에 의하여 정사(正史)로 밝혀진 대로 이야기하자면, 동아시아의 문화문명은 그 발상을 중국으로부터 하여 한국으로 전파되었고, 여기에서 다시 일본으로 전달되었다고 합니다. 일본이 제일 늦게 동양의 전통문화권에 들어갔지만, 현실적으로는 동양문화의 세계성(世界性)을 실현하는 기능을 가장 잘 발휘할 수 있는 처지에 있다고 할 수 있습니다. 그러나 미래의 역사에 관한 한 일본은 가장 불행한 나라임에 틀림없습니다. 왜냐하면 일본의 선조들이 저지른 죄악에 대한 미래의 업보(業報)가 분명히 작용할 것이기 때문입니다.

일본과 우리나라의 관계를 역사적으로 보더라도 지난 500년 동안 무려 49차에 달하는 침략행위를 일삼았습니다. 임진왜란 때만 하더라도, 천운(天運)이 우리를 도운 것이지 세력으로 봐서는 열 번도 더 빼앗겼을 것입니다. 삼남(三南)은 쑥대밭이요, 함경도까지 먹혔는데 나라를 완전히 빼앗기지 않았던 것은 당시 우리나라의 국운(國運)이었습니다.

반면 우리 선조들이 두들겨 맞고만 살았지 남을 해칠 줄 모르고, 동양의 전통적 가치관을 그대로 지키면서 살아 왔다는 것은 우리나라의 장래를 밝게 만들어 주는 중요한 관건이 된다고 할 수 있습니다. 이것이 바로 동양사상의 근본원리인 인과의 법칙이요, 우주의 법칙이라 아니할 수 없습니다.

이것을 역학의 원리로 풀이해 보기로 합시다. 역학의 팔괘(八卦)를 놓고 볼 때 우리나라는 '간방(艮方)' 입니다. 역(易)에서 '간(艮)' 이라 함은 사람에 비하면 '소남(小男)' 입니다. 이것을 다시 나무에 비하면 열매[果實]입니다. 열매는 '시종(始終)' 을 가지고 있습니다. 소남을 풀이하면 '소년(少年)' 인데, 소년은 시종을 가지고 있습니다. 왜냐하면 소년은 청산이면서, 아버지로서의 결실인 때문입니다. 소년이 다시 시작이 되어 아버지가 됩니다. 열매는 결실이 되기 전에 뿌리에 거름을 주어야 효과가 있고, 열매가 일단 결실되면 자기를 시작시켜 준, 다시 말해서 열매를 만들어 준 뿌리와 가지의 말을 듣지 않습니다. 오히려 열매는 뿌리를 향하여 자기의 말을 들어야 한다고 주장합니다. 이것이 바로 '간(艮)'의 원리이며, 소남의 해석이기도 하고 시종의 논리이기도 합니다.

역(易)을 지리상학(地理相學)으로 전개해 보면 우리나라는 '간방(艮方)'에 해당되는데, 지금 역의 진행원리로 보면 이 간방의 위치에 '간도수(艮度數)'가 비치고 있다고 할 것입니다. 4·19혁명이 청년학도들의 궐기로 이승만 정권을 타도했는데, 이렇게 청년학생의 힘으로 정권이 붕괴된 일은 세계사에 그 유례를 찾아볼 수 없을 뿐더러 4·19혁명 이후 세계 도처에서 학생들의 봉기 현상은 유행처럼 번져나가 그 결과 선진제국의 "스튜던트 파워"를 형성하기에까지 이르렀습니다. 간방에 간도수가 왔고, 간방을 소남으로 푼다면, 이 소남인 우리나라의 청년학도들이 자유당 정권을 붕괴시킬 수 있었다는 것은 새로운 역사의 시작이라 아니할 수 없습니다.

이상의 원리로 볼 때 소남은 시종을 내포하고 있으므로 간방에 간도수가 접합됨으로써 어두운 역사는 끝맺게 되고, 이제 새로운 역사가 시작될 수밖에 없으며, 또한 인류역사의 시종이 다 같이 이 땅에서 이루어진다고 할 것입니다. 여기에서 인류역사의 종결이라고 말함은 또한 새로운 인류역사의 시작을 그 속에 포함하고 있는 것을 말함은 물론입니다. 이러한 현상으로 보더라도 이미 80년 전부터 하나의 결실시대(結實時代)가 시작되었으며, 역학의 원리는 오래 전부터 이것을 증명해 주고 있습니다.

시종을 함께 포함한 간방의 소남인 우리나라에 이미 간도수가 와 있기 때문에 모든 세계의 문제가 우리나라를 초점으로 시작하고 종결합니다. 우리나라의 남북분단 문제와 통일 문제가 전체 인류적 차원에서 보면 아주 작은 문제 같지만, 이 문제야말로 오늘날 국제정치의 가장 큰 쟁점으로 나타나고 있으며, 이 한국 문제의 해결은 곧 세계 문제의 해결과 직결된다고 나는 보고 있습니다.

남과 북으로 분단되어 있는 현상에 관하여 말하자면, 이는 곧 지구의 남극 북극의 상대적인 현상을 표상한다 하겠습니다. 지구에는 남극과 북극은 있지만 서극(西極)과 동극(東極)은 없지 않습니까! 이는 지난 세기에 있었던 동서의 문제가 바로 역사의 결실기를 맞아 남북의 문제, 곧 지구의 표상인 남극·북극의 상대현상으로 닮아가고 있음을 뜻합니다.

간방인 우리나라에 간방의 구실을 할 수 있는 간도수가 와서 소남인 청년학도들의 역사적인 출발점이 열렸던 15년 전부터 세계는 전세기적인 유산들이 서서히 청산되어 가고 있는 것을 우리는 알 수 있습니다.

이렇게 볼 때 우리나라는 서광과 밝은 희망의 미래를 약속받았다 할 수 있을 것입니다. 물론 나는 여기에서 우리나라가 가지고 있는 어려운 현실들, 남북분단, 경제적 후진성, 세대간의 갈등, 가치관의 충돌 등 수많은 문제들이 있음을 부인하지 않습니다. 그러나 나는 분명히 말해서 5천년 동안 고난과 역경 속에서 살아온 우리민족의 불행한 역사는 머지 않아 종결될 것이고, 희망과 서광에 찬 새로운 민족사가 전개될 것이라는 것을 확신합니다.

역학의 원리를 통해서 보면 오늘날 우리나라가 당면하고 있는 여러 가지 어려운 문제들은 일시적이라 할 수 있습니다. 36년 동안 일본이 식민지 통치를 하면서 자기네 황궁(皇宮)을 우리 한반도로 옮기려고 궁터까지 마련했고, 영구히 자기네의 본토로 만들려고 우리민족의 대부분을 만주 등으로 소개·이전시킬 계획까지 가지고 있었던 사실만 보아도 미루어 짐작이 가고 남음이 있습니다. 그러나 36년이라는 일시적 식민지 시대는 뜻하지 않은 2차대전의 결과로 끝이 났습니다.

그러면 이제 미국과 우리나라의 관계에 대하여 말해 보기로 합시다. 우리나라의 해방은 미국의 힘입음이 크게 작용했는데, 이것은 일본의 진주만 공격, 미국의 2차대전 참전 등 여러 각도에서 분석이 되겠지만, 미국이 우리를 해방시킨 것은 우리만을 위해서 한 것은 아니지 않느냐 하는 것입니다.

미국이 일본을 항복시키고 대한민국의 독립을 도왔다는 것은 역학으로 풀이해 보면 너무나 당연한 결과일뿐더러, 우주의 필연적인 원리이기도 합니다. 역학에서는 '소남'과 '소녀(小女)', '장남(長男)'과 '장녀(長女)', '중남

(中男)' 과 '중녀(中女)' 가 서로 음양(陰陽)이 딱 배합(配合)되게 되어 있습니다. 역학으로 풀면 미국은 '태방(兌方)' 이고 '소녀' 입니다. 이 소녀는 소남인 우리나라와 가까워질 수밖에 없고, 그렇기 때문에 해방 이후 정통적인 합법정부를 세운 우리나라가 미국을 제일의 우방으로 삼게 되어 있는 것입니다. 미국은 우리를 해방시켜 주었을 뿐만 아니라 우리의 건국을 도왔고, 6 · 25 때에는 우리와 함께 전선(戰線)에 피를 흘린 맹방(盟邦)이 되었으며, 전후에는 수많은 원조를 아끼지 않았지만, 그 도움 속에 미국의 국가이익이 포함되지 않았다고 볼 수는 없습니다. 소녀인 미국은 부인(婦人)으로 풀 수 있는데, 이런 점에서 미국의 우리나라에 대한 도움은 마치 아내가 남편을 내조하는 것과 같아서, 그 결과는 남편의 성공을 드러내게 되는 것입니다.

말이 좀 빗나갔지만, 위에서 말한 우리의 남북분단 문제도, 일본의 한국에 대한 식민지 통치가 36년이라는 일시적인 현상으로 끝났듯이 일시적인 현상에 지나지 않다고 볼 수 있습니다.

물론 위정자들이나 학자들이 우리의 분단을 극복하여 민주적 통일의 열망을 성취하려고 노력하고 있다는 것을 부정하고 싶지는 않습니다. 그러한 노력은 앞으로도 계속되어야 할 것입니다. 그러나 인간이 아무리 노력을 경주해도 천륜(天倫)의 법칙에 당할 수는 없습니다. 인간의 자연에 대한 도전이 아무리 강력해도 결코 모든 자연을 완전히 정복할 수 없다는 결과에 도달하고 있는 것이 오늘의 추세가 아니냐 하는 것입니다. 그래서 서구의 몰락이라든지 하는 그들 문명의 한계를 스스로 드러내고 있으며, 동양사상과 동양문화에의 관심이 날로 높아 가고, 더욱이 그 필요성까지 역설하고 있습니다. 이 말은 통일을 위한 우리 자신의 모든 노력에 대하여 하늘의 섭리가 또한 필연적으로 작용해 줄 것이라는 것을 설명하는 것입니다.

교수: 우리나라와 중국의 관계 또는 동남아시아의 현상과 장래를 역학의 원리에 따라 풀이해 주셨으면 합니다.

역학으로 본 동아시아의 국제관계

선사: 역학으로 보면 중국은 '진방(震方)' 이요, '장남' 이란 노총각을 말하는데, 그래서 소녀인 미국과 장남인 중국은 후천(後天)의 원리에 의해서 얼마동안 관계가 계속될 것이나, 오랫동안 유지하지는 못할 것입니다. 역학적 추리로 보면 중(中)·소(蘇) 전쟁의 발생 가능성은 상당히 높습니다.

한편 소련은 '감방(坎方)' 이고 '중남' 인데, 장남인 중국과 중남인 소련이 같은 양(陽)이기 때문에 서로 조화할 수 없고 대립되기 마련입니다. 이러한 원리는 소련과 베트남의 관계에서도 알아볼 수 있고, 미국과 월남의 관계에서도 적용되었습니다. 월남 공산화 이후 월맹과 월남 모두 중공(中共)보다는 소련과 더 우호적인 관계를 유지하고 있는데, 이는 월남이 '중녀' 로서 중남인 소련과 음양이 잘 조화되기 때문입니다.

여기에서 미국과 월남전에 대해서 알아봅시다. 나는 이미 15년 전에 미국이 월남에 개입을 확대해 나가게 되자, 미국은 월남에서 망신만 당하고 물러나게 될 것이라고 말을 한 적이 있습니다. 지금은 미국에 가 있는 행원 스님이 그때 그게 무슨 말씀이냐고 하면서, 미국의 핵무기 하나면 월남은 꼼짝 못할 것이라고 반문했습니다. 3년 전 내가 일본에 갔을 때 그곳에서 행원 스님을 다시 만났더니, 그때 내 예언이 어떻게 잘 적중될 수 있었느냐고 다시 한 번 놀라는 것을 보았습니다.

그러나 역학의 원리로 보면 미국의 월남전 개입이 실패할 수밖에 없는데, 이는 소녀인 미국과 중녀인 월남이 같은 음(陰)으로서 서로 조화될 수가 없기 때문입니다. 또한 역학의 오행(五行)으로 보더라도 월남은 '이방(离方)' 인 남쪽인데, 이는 곧 '화(火)' 로 풉니다. 반면 미국은 '금(金)' 인데 '금' 이 불[火]에 들어가면 녹을 수밖에 없지 않습니까. 이것을 역학에서는 "화극금(火克金)" 이라 합니다. 이러한 원리에 의해서 나는 미국의 국력이 아무리 크더라도 월남전에서 실패할 것이라고 말할 수 있었습니다.

우리나라는 간방으로서 지금 이 시점은 결실시대라고 위에서 말한 바 있었는데, 결실이 되려면 꽃잎이 져야 하고, 꽃잎이 지려면 금풍(金風)이 불어야 합니다. 그 금풍이란 서방(西方) 바람을 말하는데, 이 바람은 곧 30년 전부터 우리나라에 불어오기 시작한 소위 미국바람이라 하겠습니다. 이렇게 금풍인 미국바람이 불어 꽃잎이 떨어지고 열매가 맺는 가을철, 다시 말해서 결실시대를 맞이한 것입니다. 이것은 우리나라가 미국의 도움으로 인류사의 열매를 맺고 새로운 세계사의 시작을 의미한다고 볼 수 있습니다. 그렇다 해서 우리는 이러한 역학의 원리에만 매달려 있을 것이 아니고 우리 스스로의 노력을 더 많이 계속해야 될 뿐더러 우리의 정신무장을 더욱 더 강화해야할 필요가 있습니다.

교수: 지금까지 스님께서 말씀하신 결실시대란, 간방인 우리나라에 간도수가 와서 열매를 맺고, 그 열매는 새로운 씨앗으로 되는 시종을 의미한다고 말씀하셨습니다. 그렇다면 이와 같은

중대한 전환기에 서서 이제 그 새로운 시작, 즉 새로운 인류사의 출발, 후천의 세계를 특히 정역(正易)의 관점에서 말씀해 주십시오.

후천세계와 일본열도 침몰

선사: 후천의 세계가 오는 것을 '후천도수(後天度數)' 라 하는데, '문왕팔괘(文王八卦)' 가 후천이면 '복희팔괘(伏羲八卦)' 가 선천(先天)이지만, 정역의 시대가 오면 '정역팔괘(正易八卦)' 가 후천이고 문왕팔괘가 선천이 됩니다. 정역의 원리로 보면 간도수가 이미 와 있기 때문에 후천도수는 곧 시작이 됩니다.

모든 역학의 원리가 그렇듯이, 후천도수가 오는 것도 인간의 눈으로 확인할 수 있는 것이 아닙니다. 낮 12시가 지나면 이미 밤이 온 것인데 사람들은 문 밖이 밝은 낮이라고 하여 낮으로 알고 있듯이, 이미 오래 전부터 간도수가 시작되었고 후천의 세계가 눈앞에 와 있는데도 사람들은 이를 알지 못합니다.

이 후천의 세계에서 발생될 몇 가지 현상을 알아보면 다음과 같습니다. 첫째, 지금은 중국 영토로 되어 있는 만주와 요동반도 일부가 우리 영토로 속하게 될 것이고, 둘째로는 일본 영토의 3분의 2 가량이 바다로 침몰할 것입니다. 일본은 '손방(巽方)' 이라고 하는데, '손(巽)' 은 주역(周易)에서 "입야(入也)" 로 풉니다. 이 "입(入)" 자는 일본의 침몰을 의미합니다.

동아시아에 대한 토인비 교수의 견해

교수: 얼마 전에 작고한 영국의 토인비 교수는 앞으로의 세계는 동아시아가 주역이 되어 세계사를 주도해 나아갈 것이라고 내다보면서 그 이유를 다음과 같이 열거했습니다. 첫째, 전세계적인 세계국가의 지역적 모델이 되는 제국을 과거 21세기 동안 유지해 온 중국민족의 경험, 둘째로 중국사의 장구한 흐름 속에 중국민족이 몸에 지녀 온 세계정신, 셋째는 유교적인 세계관에서 볼 수 있는 휴머니즘, 넷째는 유교와 불교가 지닌 합리주의이며, 다섯째로는 동아시아의 사람들이 우주의 신비성에 대한 감수성을 가지고 있고, 인간이 우주를 지배하려고 하면 자기좌절을 초래한다고 하는 도교의 직관이며, 여섯째로는 인간과 자연과의 조화를 바탕으로 하는 중국철학의 근본성(根本性), 일곱째로 동아시아의 여러 국민은 이제까지 서양인들이 자랑으로 삼아왔던 군사·비군사(非軍事)의 양면에서, 또한 과학을 기술에 응용하는 근대의 경기(競起)에서도 서구제국민(西歐諸國民)을 이길 수 있다는 것을 입증했으며, 여덟째로 동아시아 제국(諸國)들의 용기 등을 들어 중국을 중심으로 한 동아시아 시대의 전개를 내다보았는데, 이 같은 견해에 대한 스님의 의견은 어떠하신지요.

선사: 토인비 교수는 최근에만 그렇게 이야기한 것이 아니고 이미 오래 전부터 그러한 이야기를 발표해 왔던 줄로 압니다. 중공(中共)이 동아시아의 미래를 좌우할 것이고 세계를 주도

해 나갈 것이라는 그의 예견은 어디까지나 현실을 바탕으로 한 역사적이며 철학적인 논거에 의한 견해에 지나지 않습니다. 토인비 교수의 견해는 현실적으로 보면 정당한 것으로 받아들일 수 있지만, 현실을 초월하여 우주의 섭리를 파악하려고 공부하고 있는 나와 견해차이가 많이 있습니다.

교수: 그러니까 스님 말씀은 동아시아의 미래에 대한 중국의 주도적 역할보다는 한국의 주도적 역할을 강조하시는 견해라고 생각됩니다. 이러한 견해에 대하여 지금 우리나라의 지식인들 사이에서는 널리 긍정적으로 받아들여지고 있는 것 같고, 특히 젊은 사람들에게 크게 어필하고 있는 것이 사실입니다. 스님께서는 토인비 교수가 미치지 못한 어떤 다른 차원의 역학원리에 따른 경지에서 그 차이점을 설명해 주실까요.

지구의 소멸은 새로운 인류사의 시작이며, 한국은 이 후천세계의 새로운 주역이다

선사=미래를 보는 눈은 토인비 교수와 같이 역사적, 철학적, 논리적으로 현실을 분석하고 수학적, 지리적 현실을 분석해서도 가능하지만, 또 그렇기 때문에 그의 견해가 역사적 현실로 보면 틀리는 것이 아니지만, 역학을 근거로 하여 미래를 보는 눈은 그보다 훨씬 포괄적이며 나아가서 인류사회의 미래를 우주적인 차원에서 볼 수 있다는 큰 장점을 가지고 있습니다.

얼마 전에 불란서 예언가 노스트라다무스의 예언이 책으로 나와 세계적인 센세이션을 일으킨 일이 있습니다. 380년 전에 만들어진 그 예언은 과거에 98%의 적중률을 보였는데, 그 예언에 따르면 지구는 파멸적인 전쟁, 지진 그리고 홍수로써 1999년 7월에 멸망할 것이라고 되어 있습니다.

이러한 최후의 심판에 대한 이야기는 처음 있는 것이 아닙니다. 기독교의 말세론은 2000년 전부터 있어 왔습니다. 그러나 이러한 미래에 대한 예언은 서양종교에서 그 기원을 찾아 볼 수 있지만, 동양의 역학원리에 따르면 이미 6000년 전에 복희팔괘로 천(天)의 이치를 밝혔고, 3000년 전에 문왕팔괘로 지상생활(地上生活)에서의 인간절의(人間節義)의 이치를 밝혀 오늘에 이르고 있으며, 80년 전에 미래역(未來易)으로 밝혀진 정역(正易)의 이치는 후천으로 자연계와 인간의 앞날을 소상히 예견해 주고 있습니다. 서양종교의 예언은 인류종말을 말해 주고 주(主)의 재림으로 이어지지만, 정역의 원리는 후천세계의 자연계가 어떻게 운행(運行)될 것인가, 인류는 어떻게 심판받고 부조리 없는 세계에서 얼마만한 땅에 어느 만큼의 인구가 살 것인가를 풀어 주고 있습니다. 그 때문에 성인(聖人)은 말하기를,

"우왈역유삼(又曰易有三),
일왈천역(一曰天易),
이왈죽역(二曰竹易),
삼왈인역(三曰人易)" 이라 하였습니다.

또 말하기를 역(易)에는 셋이 있으니, 첫째는 천역(天易)이고, 둘째는 죽역(竹易)이며, 셋째는 인역(人易)이다.

작년에 미국의 어떤 과학자는 25년 내에 북빙하(北氷河)가 완전히 녹을 것이라고 이야기한 적도 있습니다. 북빙하의 해빙으로부터 시작되는 정역시대는 "이천 · 칠지(二天 · 七地)" 이치 때문입니다. 성경에 보면 말세(末世)의 세계는 불로써 심판을 받을 것이라고 되어 있고, 그 때는 아기 가진 여자가 위험하니 집밖에 나가 있으라고 씌어있습니다. 이는 곧 지진에 의하여 집이 무너진다는 말이라 할 수 있겠습니다. 위에 열거한 이러한 예들은 지구의 종말에 대하여 어떤 일치점을 가지고 있습니다.

그렇다면 북빙하의 빙산이 완전히 녹으면 어떤 일이 일어나겠는가?

첫째로 대양(大洋)의 물이 불어서 하루에 440리의 속도로 흘러내려 일본과 아시아 국가들을 휩쓸고 해안 지방이 수면에 잠기게 됩니다. 들리는 이야기로는 미국 캘리포니아 서부 해안이 점차로 가라앉고 있으며 바닷물이 강으로 역류하는 현상이 점차로 관찰되고 있는데, 이것은 북빙하의 빙산이 녹아서 물이 불어나고 있다는 증거이기도 합니다. 또한 이제까지 지구의 주축(主軸)은 23도 7분이 기울어져 있었는데, 이것은 지구가 아직도 미성숙 단계에 있다는 것을 말하며, 매 4년마다 윤달과 윤날이 있게 하는 원인이기도 합니다.

과학자들의 보고에 의하면 1890년 이래로 지구의 기온은 상승하고 있다고 합니다. 역학의 이천 · 칠지에 의하면 지축(地軸) 속의 불기운[火氣]이 지구의 북극으로 들어가서 북극에 있는 빙산을 녹이고 있다고 합니다. 이러한 현상은 북빙하에서 눈에 띄게 나타나고 있는데, 이미 십여년 전부터 미국의 노티러스 원자력 잠수함이 북빙하의 얼음 밑을 통과해서 단숨에 아이슬란드로부터 소련의 백해(白海)로 빠져나가고 있다는 사실이 이들 해빙(解氷)을 증명하고 있지 않습니까. 또 어떤 사람들은 지구의 기온이 점차로 하강하고 있으며 새로운 빙하의 시대가 올 것이라고도 하는데, 이들이 다 같이 지구의 변화를 입증해 주고 있다고 말할 수 있습니다.

둘째로 소규모의 전쟁들이 계속 일어날 것입니다. 그러나 인류를 파멸시킬 세계전쟁은 일어나지 않고 지진에 의한 자동적인 핵폭발이 있게 되는데, 이때는 핵보유국들이 말할 수 없는 피해를 받을 것입니다. 남을 죽이려고 하는 자는 먼저 죽고, 남을 살리려고 하면 자기도 살고 남도 사는 법입니다. 수소탄을 막을 수 있는 것은 민중의 맨주먹뿐입니다. 왜냐하면 오행(五行)의 원리에서 "토극수(土克水)" 함으로 민중의 시대가 핵 시대를 대치해서 이를 제압할 것이 아니겠습니까.

셋째로 비극적인 인류의 운명인데, 이는 세계 인구의 60 내지 70%가 소멸된다는 것이며, 이 중 많은 사람들이 놀라서 죽게 되는데, 정역의 이론에 따르면 이때에 놀라지 말라는 교훈이 있습니다. 위에서도 말한 바 있지만, 이때에는 일본 영토의 3분의 2가 침몰할 것이고 중국 본토와 극동의 몇 나라들이 피해를 입게 되는데, 이러한 조짐은 이미 나타나 있습니다. 지난 2월에 우리나라에 강도(强度) 1도에서 2도 가량의 지진이 있었는데, 미국의 지질학자가 관측한 바에 의하면 중국대륙에는 7도에서 8도 가량의 지진이 있었다는 것입니다. 중국 당국의 공식적인 발표가 없었기 때문에 그 피해의 정도는 확인할 수 없지만, 북한의 김일성이 위로 전문을 칠 정도로 심한 피해가 있었음에는 틀림이 없습니다. 우리나라는 동남해안 쪽 100리의 땅이 피해를 입을 것인데, 그러나 우리의 영토는 서부해안 쪽으로 약 2배 이상의 땅이 융기해서 늘어날 것입니다.

넷째로 이러한 파멸의 시기에 우리나라는 가장 적은 피해를 입게 되는데, 그 이유는 한반도가 지구의 주축(主軸) 부분에 위치하기 때문입니다. 정역 이론에 따르면 한국은 지구 중심 부분에 있고 "간태(艮兌)" 가 축(軸)으로 되니까, 일제시대

일본의 유끼사와(行澤) 박사는 계룡산이 지구의 축이라고 밝힌 적이 있습니다.
다시 한 번 말해서 한반도의 장래는 매우 밝다고 하겠습니다. 과거에 우리 민족은 수많은 외국의 침략과 압제 속에서 살아 왔으며, 역사적으로 빈곤·역경 속에 살아 왔습니다. 그러나 여기에서 분명히 말하거니와 우리가 이 정역시대(正易時代)에 태어났음을 감사해야 합니다. 오래지 않아 우리나라에는 위대한 인물들이 나와서 조국을 통일하고 평화적인 국가를 건설할 것이며 모든 국내 문제를 해결하고 우리의 국위를 선양할 것입니다. 우리의 새로운 문화는 다른 모든 국가들의 귀감이 될 것입니다. 중·소전쟁과 중국 본토의 균열로 인해서 만주와 요동 일부가 우리 영토에 포함되고, 일본은 독립을 유지하기에도 너무 작은 영토밖에 남지 않기 때문에 한국의 영향권 내에 들어오게 되며, 한·미간의 관계는 더욱 더 밀접해질 것입니다.
그렇다 해서 이 시기를 세계의 멸망기라고 말할 수는 없습니다. 오히려 지구의 멸망이 아니고 성숙기입니다. 결국 복희씨(伏羲氏)의 팔괘(八卦)는 천도(天道)를 밝혔고 문왕팔괘는 인도(人道)를 밝혔으며 정역팔괘(正易八卦)는 지도(地道)를 밝힌 셈이 되는데, 이 정역팔괘는 후천팔괘(後天八卦)로서 미래역(未來易)이니까 이에 따르면 지구의 멸망이 아니라 지구는 새로운 성숙기를 맞이하게 되며, 이는 곧 사춘기의 처녀가 초조(初潮)를 맞이하는 것과 같다고 할 것입니다. 20년 전후에 북빙하가 녹고, 23도 7분 가량 기울어진 지축이 바로 서고, 땅속의 불에 의한 북극의 얼음물이 녹는 심판이 있게 되는 현상은 지구가 마치 초조 이후의 처녀처럼 성숙해 간다는 것을 의미합니다.

여기에 한 가지 덧붙여 말하면, 이때에 지구 표면에는 일대 변화가 옵니다. 지금 현재는 지구 표면에 물이 4분의 3이고 육지가 4분의 1밖에 안되지만, 이 같은 변화가 거쳐 가면 바다가 4분의 1이 되고 육지가 4분의 3으로 바뀌어집니다. 인구의 60~70%가 소멸되고 육지의 면적이 3배로 늘어나는데 어찌 세계의 평화가 오지 않겠습니까.

교수: 이제까지 말씀하신 것과 결부시켜, 정역에서 보면,

일부능언혜(一夫能言兮)여, 수조남천(水潮南天)에 수석북지(水汐北地)리라 수석북지혜(水汐北地兮)여 조모(朝暮)는 난변(難辨)이라

일부(一夫)가 능(能)히 말함이여, 수(水)가 남천(南天)에서 조(潮=물불어날 조)하여 수(水)가 북지(北地)에서 석(汐=물 마를석)하리라.

수(水)가 북지(北地)에서 석(汐)함이여, 조모(早暮)를 판별(判別)키 난(難)하다.

하여 선후천전변(先後天變轉)의 때를 아무도 모를 것이라고 하였는데, 이에 관해서 자세히 말씀해 주실까요.

세계평화시대의 도래와 도의적(道義的) 인물의 필요성

선사: 주역(周易)에서 "간(艮)"은 덕(德)이라 하며, "지야(止也)"로 풉니다. 이는 곧 우리나라가 도덕적으로 제일가는 나라이며, 그치는 방향에 있음을 말합니다. 그치는 방향이란 곧 세계적인 지진이 있어도 이곳에서 그친다는 것을 말합니다.

위대한 인물이 나온다 하여도 그 과정에서 우리는 인재의 부족을 심각하게 느끼게 됩니다. 인재가 부족하다는 뜻은 학사, 석사, 박사가 없다는 것이 아니고 또한 전문적인 인재가 없다는 것이 아니라 도의적인 인재가 없다는 말입니다. 도의적인 인물이란 정치가나 경제인이나 종교인이나 사회적인 인물 등이 인간 양심에 따라 행동함을 말하는데, 이제 우리는 미래의 문제를 걱정하기에 앞서 어떻게 하면 도덕적 인격을 함양하여 도의적 인간이 되느냐 하는 걱정을 더 필요로 하는 시점에 다가왔습니다.

이제 후천의 세계에 관하여 말해 보기로 합시다. 이 후천 세계는 마치 처녀가 초조 이후에는 인간적으로 성숙하여 극단적인 자기감정의 대립이 완화되듯이, 지구에는 극한(極寒)과 극서(極署)가 없어집니다.

"**수극생화**(水極生火)하니 **고**(故)로
천하상극지무(天下相克之無)"라

불이 물 속에서 나오니 천하에 상극(相克)의 이치가 없다

라고 주역(周易)에서는 밝히고 있는데,. 이것을 다시 풀이하면, 세계는 전쟁이 없는 평화시대가 온다는 뜻입니다.

[日月光華兮, 琉璃世界]

우리가 지금까지도 사용하고 있는 음력은 이미 6000년 전 복희씨의 시대에 만들어졌는데, 이 음력에는 윤날과 윤달이 있습니다. 윤달이 생기는 이치는 지구의 축이 23도 7 분가량 기울어져 있기 때문에 생기는 법인데, 후천시대에는 지구의 축이 바로 세워져 윤달과 윤날이 없어지며, 위도(緯度)와 경도(徑度)가 없어집니다. 윤달, 윤일이 없어지면 인간이 지닌 속성으로서의 간도수(艮度數)가 없어지고 인간사회의 부정부패가 없어집니다. 윤달과 윤일이 생기는 이치를 '윤도수(閏度數)' 라 하는데 이는 중간매체, 즉 과도기를 말하며 이 중간매체야말로 부정부패의 원인이며 부조리의 근본인 것입니다. 지금은 생존경쟁이라든가 생활수단 때문에 세계도처에 전쟁이나 분쟁들이 일어나고 군자(君子)를 가장한 비인격적인 선비들이 활개를 쳐왔지만, 이 후천시대에는 인재 때문에 다툼이 있을 겁니다.

인간의 육체는 지구와 우주의 표상이다

교수: 확인된 이야기는 아니지만, 들리는 말로는 어느 미국의 우주인이 달나라에 가서 지구를 보니까 지구가 마치 연꽃 위에 놓여 있는 것같이 보이더랍니다. 그는 귀환 후 연꽃의 내용을 알아보다가 연꽃과 불교의 관계를 심오한 원리로 깨닫고 불교에 귀의(歸依)했다는 말을 들은 바 있습니다. 약 6000년 전 복희 때 지구가 풍대(風帶)에 떠 있다는 이치를 중심으로 만들어진 음력이 지금까지 사용되고 있다는 것은 또한 서구의 과학문명이 미치지 못하는 범위에 무엇인가 천지자연(天地自然)의 특별한 이치가 있다는 것을 말해주는 것이라 하겠습니다. 스님께서는 앞에서 정역의 원리로 풀어 말씀하셨는데, 이에 대한 설명을 듣고 싶습니다.

선사: 모든 정역의 원리는 산학(算學)으로부터 출발하는데, 이 산학의 숫자풀이는 무궁무진하여 거의 이해하기가 힘듭니다. 예를 들면 여자는 음체(陰體)를 가지고 있기 때문에 칠수(七數)로 말하고 이는 또 소양수(小陽數)라고 말하며, 남자는 양체(陽體)를 가지고 있기 때문에 팔수(八數)로 말하는데, 이는 또 소음수(小陰數)로 풉니다. 이 이치는 다음과 같습니다. 여자는 2×7=14세에 사춘기, 초조가 오고, 5×7=35세에 월경이 줄기 시작하고, 7×7=49세에 폐경됩니다. 남자는 2×8=16세에 이성(異性)을 알게 되고, 5×8=40세에 머리가 세고 정력이 쇠퇴하기 시작하며, 8×8=64세에 가면 정력이 끊어지는 법인데, 사람에 따라 정

도의 차이가 있기는 합니다.

지구에 잠재해 있는 불덩이가 북빙하로 향하여 빙산을 녹이고 있다는 것은 마치 음양(陰陽)을 모르는, 즉 다시 말해서 이성을 모르는 처녀가 이제 윤문(閏門)을 열고 성숙한 처녀로 변하여 가는 과정과도 같습니다. 인간의 육체는 지구의 표상이며 마찬가지로 우주의 표상이기도 한데, 이는 마치 오장(五臟) · 육부(六腑)가 천(天)과 지(地)를 나타낸 것과 같습니다. 이렇게 하여 여자의 성숙기는 곧 지구의 성숙기와 같다는 원리가 됩니다. 최근 세계적인 풍조를 보면 여자들이 몸을 드러내는 의상을 부끄러움 없이 하고 다니는데, 이는 곧 지구가 적나라하게 드러날 조짐을 단적으로 나타내는 상(像)이라 할 것입니다.

지구의 축은 23도 7분 기울어져 있다

교수: 역학의 원리로 지구가 23도 7분 기울어졌기 때문에, 오운육기론(五運六氣論)에서 보면 봄철의 인(寅)이나 가을의 신(申)이 서로 상화(相火)의 노릇을 해서 여름 쪽의 뜨거운 곳으로 붙어서 한서(寒暑)간의 불균형이 크고 이 때문에 이 기운을 받고 태어난 인간도 부조리해 지고 윤인간(閏人間) 노릇을 한다고 말하지 않습니까? 즉 지구가 기울어져서 태양열을 받기 때문에 지구와 태양 사이에 마치 렌즈[天鏡]가 끼어 있어 인신상화(寅申相火)의 가상(假像)이 지배하고, 이 기운을 인간이 받기 때문에 지구와 인간 등 세계가 불합리하게 되어 있다고 묵자(黙子)가 말한 바 있습니다. 그러므로 지구가 바로 서면 모든 부조리는 근본적으로 해소되겠지요.

맑스주의(Marxism)를 극복할 수 있는 학술로서의 화엄학(華厳学)과 역학(易学)

선사: 그 말도 맞는 말입니다. 극한, 극서가 없어지면 그러한 인간의 부조리도 없어지게 된다는 것은 위에서 말한 바 있습니다. 그러기에 우리는 철학을 가지고 역사에 임해야 합니다.

역사적으로 보더라도, 영국은 세계지도의 대부분을 지배할 때까지 다윈의 진화론을 그 지배철학으로 삼고 있었는데, 이 진화론은 약육강식(弱肉强食), 우승열패(優勝劣敗)의 원리로서 힘이 정의(正義)라는 것입니다. 그러나 그 이후 맑스(Marx)의 사회주의 평등이론이 나와서 그 적자생존의 진화론은 패배한 것이나 다름없게 되었습니다. 이 맑스의 이론을 바탕으로 공산주의는 전세계 인구의 3/1, 전세계 땅의 2/1 이상을 붉게 물들이고 있는 것이 현실인데, 아직도 그 이론은 소멸되지 않고 있습니다.

그러나 나는 이것을 극복, 소멸할 수 있는 학술로서 동양의 정수인 역학원리를 들 수 있다고 단정하며, 이에 곁들여 동양사상의 근거를 형성하는 불교의 화엄학(華嚴學)이야 말로 이를 극복할 수 있는 요체라고 보고 있습니다.

우리는 이제 이러한 동양사상을 중심으로 정신무장을 갖추어야 하겠습니다. 이렇게 하여 동서양이 지닌 부조리를 타파해야 하며, 그러기 위해서는 역학적(易學的)인 정치철학이 필요한 것입니다.

역학원리의 시초는 단제(檀帝)의 천부경(天符経)이다.

注: 우리나라가 여요(與堯)로 병립(竝立)인데, 그렇다면 '단군(檀君)'이 아니라 '단제(檀帝)'로 봐야 옳다. 그래서 탄허 선사는 '단군(檀君)'이 아니요, '단제(檀帝)'라고 주장하신다. 왜냐하면 중국의 제도에 삼황(三皇)·오제(五帝)·삼왕(三王)·오패(五覇), 다음 군(君), 이런 식의 서열이 있기에, 군(君)이라 칭호를 붙인 것은 소국(小國)이라고 얕잡아 보고 붙인 것이다. 엄연한 독립국인 우리가 그들이 지명한 '단군'을 사용함은 옳지 않다. (제자 우담 옮김)

교수: 공자가 위편삼절(韋編三絶)이 되도록 읽은 책이 주역이고 「괘사전(卦辭傳)」, 「설괘전(說卦傳)」 등 '십익(十翼)'이라고, 논문(論文) 10개를 써서 발표하여 유교의 바탕을 이루었지요. 또한 소강절(邵康節) 선생이 주역에 통달했듯이 스님 역시 유·불·선 삼교(三敎)에 통달하시고, 이를 바탕으로 아무도 손대지 못했던 화엄론(華嚴論)을 국역(國譯)하셨다고 알고 있습니다.

한편 여기에서 신라 때 최치원이 한자로 번역하여 오늘날까지 전해오고 있는 천부경(天符經)이 이미 단제(檀帝) 때 만들어진 것으로 알려지고 있는데, 단제 이래의 전통적인 우리나라 선가(仙家) 사상이 여기에서 연원하는 것으로 알고 있습니다.

"일시무시일석삼극(一始無始一析三極)"

등등 81자로 되어 있는, 그렇게도 난해한 이 천부경이 역학의 원리와 공통된다고 연구하는 사람들이 많이 있습니다. 결국 우리나라의 선원리(仙原理)는 불교를 통해서 세계에서도 우수한 중심사상을 제시하고 있는 것이 아니겠습니까?

선사: 천부경은 몇 자 안되는 내용이지만 매우 난해하며, 역학의 원리와 공통점이 많습니다. 물론 유교의 원리는 그 깊이가 방대하기 때문에 포함되지 않는 것이 없지만, 천부경은 비교적 역학 축소판이라 할 수 있겠습니다.

천부경에 첫 문구는,

"일(一)은 시무시(始無始)의 일(一)이요" 라고 되어 있고, 그 끝은 일(一)은 종무종(終無終)의 일(一)이라" 하였습니 다.

이 말은,

一은 시작인데 시작하지 않는 一이요, 또 一은 끝냄인데 끝냄이 없는 一이라는 말입니다.

천(天)은 양(陽)이므로 一이며 지(地)는 二, 인(人)은 三으로 되어, 태극(太極)에서 시작된 수(數)는 삼극(三極), 즉 무극(無極) · 태극(太極) · 황극(皇極)을 거쳐 一로 귀일(歸一)한다는 것인데, 一의 사상은 불교의 원리와 부합하며, 역학의 원리와도 부합합니다.

교수: 그렇다면 천부경은 역학의 시원을 이루었다고 볼 수 있으며, 따라서 단제민족(檀帝民族)이 우주의 근본원리를 밝힌 사상이 중국의 기본사상을 이룬다고 보아지지 않습니까?

천부경이 만들어진 시기는 요(堯)와 동일한 시대이다

선사: 내가 알기에는 천부경이 만들어진 시대가 중국의 요순(堯舜)과 동일한 시대이기 때문에 천부경이 먼저 나오고 그 뒤에 복희씨의 팔괘가 나왔으며 그 뒤에 문왕(文王)의 주역이 만들어진 것으로 알고 있습니다. 그렇기 때문에 천부경이 단제 때 만들어진 것이라면 우리민족의 위대한 사상이 중국사상을 꽃피웠다고 할 수 있겠으며, 앞으로 이 사상에 의해서 세계가 조화를 찾게 되리라 믿어집니다.

복희씨 때 황하(黃河) 유역의 민족은 고조선족과 동일한 아시아족이었다.

교수: 최근 김정배 교수는 「한국민족문화의 기원」이라는 그의 논문에서 밝히기를 복희씨 때 황하 유역에 살던 민족과 우리 단제 시대의 고조선 민족은 같은 고(古)아시아 족으로 형제지간, 즉 구이족(九夷族)이고, 그 후로 주(周)나라 때부터 한족(漢族)이 황하 유역의 고아시아 족을 몰아냈다고 합니다. 이러한 견해에 따르면 이제까지 역학이 중국에서 처음으로 만들어졌다는 종래의 일반적인 의견은 틀렸다고 볼 수 있습니다. 그러므로 역학의 시초는 천부경이었고 단제의 지배영역은 전(全) 동아시아 일대였으며, 여기에서 발생된 문화가 동아시아 전체에 파급된 것이 아니겠느냐 하는 발상도 있을 수 있다고 하겠습니다.

이러한 발상에서 본다면 토인비 교수가 말했던 중국 중심 동아시아 시대의 전개는 뒤바뀌었다고 볼 수 있을 것 같습니다. 그렇다면 한반도는 지구의 주축에 속하고, 한민족(漢族)은 '간(艮)'의 시종(始終)을 주도하고, 천부경 사상은 새로운 세계의 근본이 된다고 할 때, 앞으로 세계의 중심은 한국이라고 할 수 있겠지요?

선사: 원래 한국은 중국의 말초신경이었다고 생각됩니다. 그렇기 때문에 한국과 중국은 역사적으로 밀접한 관계에 있어 왔음에 틀림이 없습니다.

그러나 한국은 인구 십억을 가진 (물론 전에는 그보다 훨씬 적은 인구였겠지만) 중국에서보다 월등 우수한 인재가 많이 나왔고, 우리민족사에는 중국 대제국과의 전쟁에서 승리한 기록이 얼마든지 있습니다. 천부경에,

"일적십거 무궤화삼(一積十鉅 無匱化三)"
하나가 모여서 열이 되고, 우주의 기틀이 갖추어지되 모두 셋으로 이루어져 있다.
라 했는데, 이는 복희씨가 팔괘를 요순 시대에 만들었다는 것을 의미하는 것임에, 천부경이 복희씨의 팔괘보다 빨리 만들어졌다고 볼 수 있습니다.

교수: 일설에 의하면 단제의 천부경이 나올 때 음(陰)의 문자와 양(陽)의 문자가 함께 사용되었는데, 중국은 양이기 때문에 음만을 수용할 수 있어서 음의 문자인 한문을 쓰게 되었고, 양의 문자는 그대로 우리나라에 남아 구어(口語)로만 전해 오다가 세종대왕 때 한글로 만들어졌다고 합니다. 이렇게 보면 중국의 한문자(漢文字)도 우리나라에서 건너갔다고 할 수 있지 않겠습니까?

노자(老子)의 도덕경(道德経)과 한국의 선사상(仙思想)

선사: 문자에 관해서는 그러한 일설을 수긍할 수도 있습니다. 그보다 더한 것은, 명나라를 일으킨 주원장도 만주 사람으로서 한국인이었다고 합니다. 그가 명천자(明天子)에 즉위하자 신하가 묻기를 "폐하의 계보를 어느 곳에서 찾을까요?" 했더니 그는 대답하기를,

"장검남래 기선막지(長劍南來 其先莫知)라."
"장검(長劍)을 잡고 남쪽으로 오니, 그 선조는 모른다고 써라"

라고 했다 합니다.

물론 요순 시대의 황하 유역 민족이 고조선족과 같은 고아시아족이니까 복희씨도 한민족이었음에 틀림이 없다고 볼 것이고, 오늘의 중국 역사가 주나라 때부터 한족(漢族)으로 치고 있는 것으로 보아 그 이전, 즉 복희(伏羲) · 신농(神農) · 요순(堯舜) 등 삼황오제(三皇五帝)가 있었던 하은(夏殷) 시대는 우리와 같은 민족이었을 것입니다.

교수: 또한 일설에 의하면 그 탄생과 사망이 불분명한 노자가 쓴 도덕경은 단제에게서 전해내려 온 비책(秘冊)을 그가 도서관장으로 있는 바로 그 도서관 사고에서 발견하여 체계화시킨 것이라 합니다. 그리하여 노자를 중심으로 하는 도교사상은 한국고유의 선사상(仙思想)과 달리 무위자연(無爲自然) 쪽으로만 발전시켜 음(陰)의 교리만을 체계화했다고도 하는데, 어떠신지요?

선사: 노자는 그 생사가 분명치 않고, 80년 동안 모태(母胎)에 있다가 태어났다 하여 나오자마자 머리가 백발이 되어 노자라 했다 합니다. 그가 지금으로 말하면 도서관장직에 있었는데, 그때 어떤 비책의 자료를 발견하고 그것을 발전시켜 도덕경 만들었습니다. 그는 주나라가 쇠하는 것을 보고 푸른 소를 타고 행적을 감추었다고 하는데, 일리가 있다고 봅니다.

교수: 이제 마지막으로 한 말씀드리면, 선조 때 대국난(大國亂; 임진왜란)이 닥쳐올 것을 예견한 선지자들이 많았는데, 예를 들어 이토정(李土亭)이나 남사고(南師古)와 같은 철인들 말고도 정치지도자로서 이율곡 선생같은 분들이 어떻게 국운을 미리 내다보았으며, 그들의 대책은 어떻게 평할 수 있겠습니까? 또한 서산대사(西山大師)나 사명대사(四溟大師)의 활약을 어떻게 보시는지 오늘날 현실에 비추어 한번 정리해 주십시오.

국난(國難)을 극복하려던 선조들의 예지와 교훈

선사: 임진왜란 이전에는 인재들이 무수히 많았으며, 그들은 자신의 예지본능으로 닥쳐올 국란에 대하여 예견하고 그 대책에 부심했던 사실이 많이 있습니다. 당시 잘 알다시피 당쟁(黨爭)에 급급하여 주전파(主戰派)와 화의파(和議派)가 갈라져서 국론이 분열되었지만, 정치·군사적인 대비책을 서둘렀어야 한다는 정치지도자나 철인들이 많이 있었습니다.

선조 이전 때 사람으로 강원도에 살던 남사고라는 사람은 풍수(風水)·천문(天文)·복서(卜筮)·상법(相法)할 것 없이 세상에 알려지지 않은 비결을 알고 있어, 그가 말하는 예견치고 맞지 않는 것이 없었습니다. 명종 말년에 일찍이 말하기를 "머지않아 조정에는 당파가 생기겠고, 또 오래지 않아 왜변(倭變)이 일어나리라. 그런데 만약 진년(辰年)에 일어나면 오히려 구할 길이 있지만 사년(巳年)에 일어나면 구하기 어려우리라. 사직동에 왕기(王氣)가 있으니, 마땅히 나라를 태평케 할 임금이 거기서 나오리라" 했습니다. 그의 예언은 그대로 들어맞았는데, 조정에는 을해년(乙亥年)부터 비로소 당파가 생겼고 왜란은 임진(壬辰)년에 일어났으며 선조 대왕은 사직동 잠저(潛邸)에서 들어와 대통(大統)을 이었던 것입니다.

이러한 단순한 예언과는 달리 당시 나라의 지도자 가운데 대조적인 두 분의 이야기를 중심으로 말을 맺을까 합니다.

선조 때 화의파로서 영의정이었던 유성룡보다 앞서 영의정을 하다가 왜란 전에 자리를 물러나 하야(下野)했던 동고(東皐) 대감에 대해서 먼저 말해보기로 합니다. 그는 당시 이토정 등과 교분이 두터웠고, 그 자신도 역학 등의 전통학문에 밝아서 왜란이 닥쳐올 것이라는 것을 예지하고 있었습니다. 그는 하야 후에 자기집 청지기 딸을 중매하겠다고 하면서, 자기가 판단하기에 자기의 유지(有志)를 자기 아들들보다 더 잘 받들 것 같다는 생각이 드는 어느 거지
[異人]와 결혼을 시켰습니다. 그리고 오래지 않아 세상을 떠나면서 두 아들에게 자기가 죽은 뒤에는 그 청지기 딸의 남편 [異人] 말을 꼭 들어 줄 것을 유언했습니다. 그가 죽자 그 거지였던 청지기 딸의 남편은 몇 차례에 걸쳐 그 아들들의 재산을 요구했습니다. 두 아들은 괘씸하기도 했으나, 아버지의 유언에 따라 거의 전 재산을 몇 차례에 걸쳐 내어주면서도 무엇에 쓰는지는 도저히 알지를 못했습니다. 그러다가 왜란이 발발했습니다. 청지기의 사위는 그때 두 아들에게 나타나 피난할 것을 권유했고, 그를 따라 청송이란 곳으로 피난해 보니 그곳에 동고 대감의 아들들이 기거하던 집과 똑같은 집을 장만해 놓고, 전답도 똑같은 면적으로 준비를 해 놓았다는 것입니다. 이렇게 볼 때 동고 대감은 닥쳐올 국란을 알면서도 나라의 위기를 대처하기는커녕 일족의 호신만을 염려하여 그와 같이 했던 것입니다. (그 당시에는 누구든 서로 불신을 하니까.) 그가 임금을 위해서 한 일이라고는 지금 자하문 근처의 성벽에 비상구 하나를 더 만들었고, 선조는 그 문을 통하여 피난길에 올랐던 것밖에 없었습니다.

이와는 대조적으로 십만양병설(十萬養兵說)을 주장하다가 당쟁으로 쫓겨난 이이 율곡 선생같은 분도 있었습니다. 그는 정치지도자로서의 경륜뿐만 아니라 역학도 밝아, 닥쳐올 대란을 미리 알고 십만양병설을 주장했으나 끝내는 소인들의 어리석은 반격으로 야인(野人)이 되었습니다. 그 후 그는 임진강 연안에 정자를 지어 놓았는데, 선조가 의주 피난길에 올랐을 때 임진강 연안에 이르러 지척을 분간할 수 없는 어둠 때문에 길을 열지 못하고 있을 때 이 정자에 불을 질러 길을 밝혀 강을 건너가게 했습니다. 그는 이러한 대란을 예견하고 난에 대처할 준비를 해야 한다고 자기의 직위를 걸고 노력을 했고, 비록 난을 피할 수는 없지만 이것을 극복해야 하며 극복할 수 있다는 교훈을 우리에게 남겨 주었습니다.

1975. 12. 10

부처님이 계신다면

대담자 : 김항배 (동국대 교수)

※ “스님” = 탄허 스님, “김” = 김항배

바른 마음과 바른 삶

김: 오늘 부처님 오신 날을 앞두고 스님의 법문을 듣고자 왔습니다. 우선 종교란 믿음이 뚜렷해야 한다고 생각하는데, 그러면 왜 우리가 부처님을 믿게 되며, 믿지 않을 수 없는가를 말씀해 주십시오.

스님: 지금 각 종교에 있어서 믿음이 많지만, 불교사상에 비춰보면 거의 정신(正信)을 가진 사람이 몇이나 되는가가 문제지요. 그럼 어떤 것이 정신인가? 주관 밖의 어떤 객관체를 믿는 대상이 있으면 이것은 바른 믿음이 아니며, 또 그렇다 해서 객관체가 없는 주관만이 서 있다면 이것도 또한 정신이 못 되지요. 주관과 객관이 완전히 떨어진 믿음이라야 정신이 되는데, 흔히들 공부를 안했기 때문에 그걸 몰라요. 다시 말해서 불교의 참 믿음은 믿는다고 하는 것까지 끊어진 믿음이라야 한다는 뜻이지요. 이무소득(以無所得)이 반야사상의 골

자지만 이 믿음도 무소득(無所得)으로 믿어야 한다는 것입니다.

김: 스님 말씀대로 믿는다는 것이 사유(思惟)를 넘어선 것이기 때문에 일반인들이 구별하기 어려우리라 생각됩니다. 그럼에도 분명히 믿음을 일으키는 것이 있고, 또 무소득한 가운데 불가사의한 묘용이 있다는 것이 더욱 독특한 일이라 생각합니다. 그런데 일반적인 불자로서 부처님을 믿고 그 생활 속에서 믿는 대로 살려고 하는 사람이 어떻게 사는 것이 바르게 사는 길인가에 대해서 말씀해 주십시오.

스님: 조금 전에 말한 주객이 끊어진 믿음은 실견득(實見得)이 필요하지만 일반인으로는 어렵지요. 다만 그것을 목표로 설정해 두고 믿어야 한다는 것입니다. 그러면 사회인으로서 그렇게까지는 못되더라도 어떻게 하는 것이 바른 길인가? 옛날 어떤 학자가 사마온공(司馬溫公)에게 "어떤 것이 평생을 행할 도(道)입니까?" 하고 물으니까 "성(誠; 이것은 진실하여 망(妄)이 없는 성이다)"이라 대답했지요. 다시 그 학자가 "그러면 먼저 어떻게 행해야 합니까?" 하니 "망령되이 보지말고 망령되이 말하지 말라" 했습니다. 그와 같이, 보지 않을 것은 보지말고, 말하지 않을 것은 말하지 말고, 바로 보고 바로 말하는 것으로써 성을 행하는 방법을 가르쳤습니다. 또 세상에 처하는 데는 부드러운 것이 좋고, 강하고 굳센 것은 화(禍)의 근원이 된다고 했어요. [공자와 안연의 대화를 인용하시고] 처세에서 가장 중요한 것이 무아무인(無我無人), 즉 주객이 끊어진 행(行)이지만, 그렇지 못하면 아까

말한 것처럼 망령되이 보지 않고 망령되이 말하지 않는 것이 차선(次善)이지요.

김: 헛되게 보지말고 헛되게 말하지 말라는 좋은 말씀이셨습니다. 그러면 공자가 말한 사무사(思無邪), 즉 생각이 삿됨이 없다는 말과 방금 말씀하신 진실무망(眞實無妄)과 관련해서 말씀해 주십시오.

스님: 시전(詩傳) 3백 편이 한 말로 가리키면 생각이 삿됨이 없다는 것입니다. 이 시전 3백 편에는 온갖 소리들이 많지요. 그렇지만 이 시전을 '사무사(思無邪)'라 함은 중(中)의 자리에서 보기 때문입니다. 이 시전을 성인의 경으로 받드는 것도 바로 그 사무사 때문이지요. 희·로·애·락·애·오·욕(喜怒哀樂愛惡慾), 즉 모든 생각이 일어나기 전을 중이라 합니다. 이 중이라 함은 시간과 공간을 초월한 자리를 말하지요. 그런데 희로애락이 없을 수 없는 것이니까 일단 났다가 도로 절차에 합한다는 것이 중인데, 성인도 그것이 없을 수 없지만 났다가 중으로 돌아가는 것입니다. 그렇게 되는 것이 성(誠)이지요. 그러니까 본래 진실해서 망상이 없는 자리는 천도(天道)이며, 진실무망 하도록 노력하는 것은 사람의 도[人道]입니다. 그러니 본래 진실무망한 데서 밝아진 것을 성(誠)이라 하고 밝은 자리로부터 밝아져서 진실무망인 것을 교(敎)라 하는 것입니다.

달마의 사행관(四行觀)

김: 조사(祖師)님들이 부처님 가르침에 들어가는 길 중 달마스님의 '사행관(四行觀)' 이 간절하다고 말하고 있는데, 거기에 대해서 일반인들이 알아듣기 쉽게 설명해 주십시오.

스님: 사행관이란 첫째 보원행(報怨行)·둘째 수연행(隨緣行)·셋째 무소구행(無所求行)·넷째 칭법행(稱法行)이지요. [달마스님의 이야기가 나오자 달마선사가 내세운 불립문자(不立文字)에 대해서 개탄하신다.] 달마대사가 "불립문자(不立文字) 직지인심(直指人心) 견성성불(見性成佛)"이라 한 것이 그 당시의 병은 조금 고쳐 주었지만 후세에 큰 화근(禍根)을 뿌려준 것입니다. 왜 화근이냐 하면, 달마조사가 불립문자라 해서 요즈음 무식한 수좌들은 흔히 문자가 쓸데없다고들 하지요. 그렇다면 팔만대장경이 하나도 필요 없다는 것이 아닙니까? 그 불립문자라는 말이 문자가 쓸데없다는 말이 아니라는 것은 육조(六祖) 스님의 말씀을 들어 봐도 알 수 있습니다. 육조 스님도 달마 스님의 전법제자(傳法弟子)인데 그분이 제자들에게 무어라고 하셨느냐 하면 "너희들이 달마의 말을 빌어 걸핏하면 문자가 필요 없다고 하는데, 스스로 자기 미(迷)한 것은 옳거니와 어찌 부처님의 경전까지 비방하는가. 이런 견해는 그릇된 것이니 마땅히 당장 고쳐라" 하셨습니다. 달마대사가 당시 그렇게 말씀하신 것이 광통율사(廣通律師), 보리류지(菩提流支) 등이 교리에만 집착하는 병을 고쳐 주기는 했지만, 그것이 다시 이제 와서 병이 되어 버렸어요. 불

립문자라는 말은 문자가 주체가 된다는 말이 아닐 뿐이지 쓸데없다는 말은 아닙니다.

한 가지 예로, 위산(潙山) 스님이 앙산(仰山) 스님에게 "너는 경(經)을 보아라" 하셨습니다. 앙산 스님이 "평소에 경을 보지 말라 하시더니 어찌 저에게는 경을 보라 하십니까?" 했거든. 그래서 위산 스님이 "너는 다른 이들과는 다르다. 그들은 제 할 일도 못하지만 너는 인천(人天)의 스승이 되어야 하는 거야" 라고 했습니다. 또 어느 날 위산스 님이 경을 보고 있노라니까 한 스님이 와서 묻기를 "저희들에게는 경을 보지 말라고 하시더니 스님은 왜 경을 보십니까?" 했지요. 그래서 위산 스님이 말했습니다. "나는 경을 보고 있는 것이 아니고 눈가림하고 있는 거야.[只圖遮眼]" "저희들은 무얼 하고 있는 겁니까, 눈가림하는 게 아닙니까?" "너희들은 소가죽도 뚫는다[牛皮也透得]." 했습니다. 그만큼 집착한다는 말이지요. 그러니까 가르치는 방법들이 모두 다른데 말을 바로 보고 바로 듣는 사람은 그런 데 걸리지 않는 법입니다.

그건 그렇고, 아까 말한 사행관에 대해서 설명하면 첫째, 보원행은 어떤 액난을 당해도, 어떤 고통을 당해도 이것이 과보(果報)거니 하고 생각하는 것입니다. 이렇게 생각하면 안심이 되지요. 중국 사람들은 칼을 맞고 죽을 때도 [합장을 하며] "천명(天命)" 이라고 말합니다. 멀리 유교, 도교에서부터 싹터 온 사상이지요. 이처럼 죽임을 당해도 그들은 천명이라 생각하고 편안히 눈을 감는다고 합니다. 이와 같이 어떤 액난(厄難)을 당해도 과보(果報)라 생각하고 마음을 편안히 갖는 것, 이것이 보원행입니다.

다음 무소구행은 구하는 바가 없는 행입니다. 고통이란 원(願)이 많은 것이 제일 고통스러운 것이지요. 구할 바가 없다고 하면 그것이 가장 잘 구하는 것입니다. 도를 구하는 것은 구하는 바가 없는 구함이지요. 이에 비해 재(財)·색(色)·식(食)·명(命)·수(睡) 등 오욕(五慾)을 구하는 것은 구할 바 있게 구하는 것입니다. 이것이 가장 고통이 많은 것이지요.

그 다음이 수연행인가요. 수연행이라고 함은 연(緣)을 따르는 행입니다. 연을 따른다 함은 굳이 회피를 하지 않는다는 것입니다. 피하지 않고 연을 따라서 행하는데, 무슨 일이 닥쳤을 때 응작(應作)·불응작(不應作)을 관(觀)해서 응당 해야 할 일은 하고 하지 않아야 할 일은 끊어 버려야 합니다. 응당 해야 할 일을 하지 않고 회피하는 것은 이심(利心)이고, 또 하지 않아야 할 일을 하는 것도 또한 안 되는 것이지요. 해서 안 될 일은 과감히 끊고 해야 할 일은 목숨을 바쳐서 하는 것이 공부인의 자세라 할 수 있지요. 그와 같이 연을 따라서 행하는 것이 수연행입니다.

마지막으로 칭법행은 법에 합한다는 뜻인데, 이 법은 사회적인 법이 아니지요. 다시 말해서 진리에 합한다는 말로서, 위함은 능(能)과 소(所)가 다 끊어진 것, 즉 내가 하는 바도 없고 할 바도 없어진 경지를 말하는 것이지요. 부연하면 위에서 말한 것의 마지막 회통이 칭법행인 것입니다. 이것이 달마의 사행관으로서, 이 사행(四行)을 통하여 도에 들어간다는 것입니다.

현대의 위기는 어떻게 극복할까

김: 보리달마의 사행관에 대해서 자세히 말씀해 주셨습니다. 그러면 오늘날 현대가 처하고 있는 위기를 어떻게 하면 극복할 수 있겠는지 말씀해 주십시오.

스님: 위기라고 하니 한 가지 생각나는 게 있습니다. 고려대학교에 한 교수가 있는데, 국가의 심부름으로 서양엘 자주 다니는 분이지요. 이 교수와 한번 대담을 하는데, 자기가 서양에 갔다 와 보니 서양의 교수들이 한국에 많이 다녀갔다고 합니다. 우리들은 서양을 동경하기도 하는데, 서양인들은 원자핵이나 다른 물질문명의 발달로 자멸위기에 봉착해 있다고 생각하고 있답니다. 그래서 그 위기를 어디서 어떻게 극복할 것인가 하고 동양의 정신문화를 연구하기 위해 많이 나왔다고 합니다. 그 사람들 중의 한 사람을 만나서 얘기했는데, 스님 같은 사람[탄허 스님을 말함]을 만나서 대담했어야 좋았을 거라고 아쉬워했다더군요.

그러니까 위기라고 하면 어떤 위기를 말하는지 구체적인 핵심을 말해주십시오.

김: 서양인들의 양단론(兩斷論), 즉 유(有)면 유이고 무(無)면 무일 뿐이라 하여 서로 조화할 수 없다고 하며, 인간과 자연도 모순이므로 서로 조화할 수 없다고 하는, 아무튼 대립과 투쟁으로써만 극복될 수 있다는 이론이 오늘과 같은 문명을 낳고 인간과 자연의 대립을 일으켜서 결국 그 자연으로부터 보복을 받고 있는 셈이죠. 이렇게 극단적으로 대립을 하게 되니까 생

(生)에 위협을 받고 위기의식 속에서 살아가고 있는 게 아닌가 생각됩니다만, 이러한 문제를 어떻게 하면 근본적으로 해결할 수 있는가 말씀해 주십시오.

스님: 세계에서의 이 복잡함을 피해서 어떤 안정을 구하려 한다면 불가능하겠지요. 세계가 아무리 복잡해도 이것을 허공에 앉아서 생각해 봐요. 삼라만상이 괴로울 것이 하나도 없지요. 전부가 내 것이니까. 백천중유(百千衆流)가 천만년을 흘러도 쉬는 법이 없습니다. 바다에 앉아서 보면 백천중유가 하나도 버릴 것이 없습니다. 우리가 모든 위기를 극복하려면 아까 말한 달마스님의 사행론 중 칭법행을 여실히 행하면 다 극복되는 것입니다. 고통될 것이 하나도 없죠.

김: 달인(達人)의 분상(分上)에서는 물론 위기가 있더라도 위기가 되지 않고, 본래 빈자리라는 것을 확연히 봤거나, 믿거나, 체득한 사람에게는 문제가 될 것이 없다고 하겠습니다. 그리고 본연의 자리에서 말씀하셨으니까 그 자리에서는 위기다, 불안이다 하는 것도 본래 불안이 없으니까 해소할 것 없고

본래 위기가 없으니까 안심할 것도 없겠습니다만, 분명히 꿈속에서 보는 물건이라도 꿈속에 있는 사람에게는 찬 것은 차고 뜨거운 것은 뜨거운 것이 중생의 실상이니 꿈속에 있는 사람에게 꿈속의 사실이 헛되다 해도 모르는 것이 아닙니까. 그러니 꿈속에 있는 사람의 입장에서 우리가 설명할 수 있는 길은 어떤 것인가 말씀해 주십시오.

스님: 그것은 그 꿈을 깨는 방법을 가르쳐 주는 길밖에 없는데, 꿈꾸는 사람에게 아무리 꿈을 깨라 해도 깨지 않는 것입니다.

그러니 잠꼬대하는 사람에겐 잠꼬대하는 것으로 가르쳐야지요. 그런데 그것이 문제지요. 요즈음 학생들 교과서에 불경속의 글을 한자도 넣지 않았으니, 전혀 모르는 사람에게 어떻게 가르쳐야 한단 말입니까. 옛날 일제 때만 해도 이렇게 난감하지만은 않았어요. 그땐 중학교 책에만 해도 유교의 논어(論語), 불교학설 등 성인의 말씀을 필수과목으로 넣었고, 전문학교에서는 역학, 노장사상(老莊思想), 불교 등을 필수로 가르쳤습니다. 그런데 지금은 하나도 없잖아요. 그러한 상태에서 잠꼬대하는 사람에게 꿈이라고 아무리 가르쳐도 먹혀 들어가지 않지요. 그러므로 교육상의 문제를 고쳐야 합니다. [스님이 번역하신 화엄경을 가리키시며] 이것이 오대산에서 수도하면서 했다고 하지만 사실은 삼천만의 교재로 집필한 것입니다. 이걸 대학원 교재로 한다면 고등학교에서나 중학교에서 좀 더 기초적인 것을 안 다룰 수가 없지요. 모르면 대학원에서도 이해를 못할 테니까요.

기도와 염불의 뜻

김: 지금까지 원리적인 면과 실천적인 면, 그리고 교육의 문제가 시급하다고 말씀해 주셨습니다. 그런데 역시 불교도 하나의 종교니까, 물론 모두 교육 속에 포함되어 있겠습니다만, 세분하면 학문을 통해서 또는 기도해서 들어가는 방법도 있겠지요. 현대인이 안심하고 다 잘 살 수 있기 위해서는 기도도 해야 하고 염불도 해야 하니까, 우선 스님께서 기도하는 뜻은 무엇이며 염불하는 뜻은 무엇인가 하는 것을 말씀해 주시고, 다음에 그것을 생활 속에서 어떻게 실천하는 것이 좋은가를 말씀해 주시는 것이 실질적으로 불자들에게 도움이 되고 또 밖에서 불교를 보는 사람에게 이것은 공론이 아니고 구체적인 삶을 설명해 주는 것이라는 생각이 들게 되겠습니다.

스님: 기도하는 것이 잘못하면 마(魔)가 붙기 쉬운 것입니다. 특히 여자들에게 마가 붙은 예가 많아요. 물론 기도도 마음 밖에 법이 없다[心外無法]는 생각으로 철두철미하게 하면 참선하는 것이나 경 보는 것이나 다름없지요. 그러나 그렇게 되지 못하고 마음 밖에 어떤 것을 추구하면 마가 붙게 되지요. 이런 틈을 타서 마가 붙게 되면 무슨 칠성(七星)이 붙었다 혹은 산신이 붙었다고 하는데, 이런 상태를 기독교에서는 신의 계시를 받은 상태라고 하여 크게 보지만 불교에서는 대수롭게 보지 않지요. 그런 상태를 얻기 위해 사람들에게 기도하라고 권할 수는 없습니다. 그렇게 되면 올바른 정견(正見)이 설 수 없으니까요. 그렇다고 해서 기도하는데 복이 오지 않는

것은 아니지요. 하지만 기도하는 초점이 문제입니다. 초점이 어느 정도 뚜렷하냐에 달려 있긴 하지만, 아까도 말했듯이 대중에게 권하고 싶지는 않고 첫째 학문적으로 알아야 된다는 것을 말하고 싶습니다. 선방(禪房)에서는 불립문자라 하여 문자를 내세우지 않지만, 절대로 필요한 것입니다. 무엇을 배우고 알아야 기도하는 법도 알고 참선하는 법도 알게 되는 것이지요.

김: 세계 종교의 성격이 다 그렇듯이, 합리적으로 말할 수 있는 데까지는 다 말하고 올바른 이치로써 바로 터득해야 올바른 종교적 실행이 되지, 그렇지 않으면 모두 삿된 길로 떨어지게 되니까 우선 올바로 배우라는 말씀이셨습니다. 그러나 올바로 알아야 하겠다는 마음이 없으면 아무것도 안되니까 알아야 하겠다는 그 마음이 중요하겠습니다만, 그러면 그 발심(發心)은 어떻게 해야 되는 것인지 말씀해 주십시오.

스님: 첫째 발심(發心), 이 우주가 고(苦)의 덩어리라는 것을 알아야 됩니다. 우주가 고의 덩어리라는 것을 철저히 알지 못하면 발심이 안 되지요. 그런데 학문적으로 불교의 입문도 모르는 사람에게 불교가 어떤 것이라는 것을 얘기해도, 어느 정도라도 되어 있어야 전문가가 이야기하면 잘 납득이 되지 않겠습니까? 우리는 그런 점을 아쉽게 생각하고 요구하는 것입니다.

중생의 현실 문제 해결을 위하여

김: 사실 우리 불교계에는 큰 결함이 있습니다. 생활과 불교가 일치하지 못하다는 점입니다. 불교는 생활 위에 덤으로 있다는 것이지요. 신도들이 절에 와서 기도한다는 것이 자신의 조그만 이익만을 바라는 소극적인 바람뿐이지 불교를 알기 위해 오는 것이 아닙니다. 절이라는 무대를 잠시 사용하기 위해서 오지, 스님들을 찾아 불교를 배우고 실천하기 위해서 오는 사람은 극히 드물다는 것입니다. 이런 현실 속에서 모든 정신적인 고뇌를 해결하는 방안이 실질적으로 불교에서 찾아져야 됩니다. 그러려면 그러한 뜻이 부처님 말씀에도 있고 옛 성현의 말씀에도 있으니, 현실을 제대로 봐야 요리할 수 있는 힘이 나오지 않겠습니까. 그러니 스님께 부탁드리는 것은 원리도 중요하지만 현실에서 고해중생(苦海衆生)을 보시고 그들이 고해를 벗어나서 세상을 살아갈 수 있는 지혜를 구체적으로 제시해 주셔야 합니다.

스님: 내게 무슨 힘이 있어야지 …….

김: 아닙니다. 오늘날 목탁을 들지 않고 요령을 흔들지 아니하고 먹물 옷을 입지 아니하고도 불교를 가르칠 수 있는 분은 스님뿐이라고 생각합니다. 스님 면전이라 이런 말씀을 드리는 것이 아니라, 요즈음 신도들이 스님들의 덕화(德化)나 역량을 보고 절을 찾는 것이 아니고 하나의 우상적인 부처님에게 복을 빌기 위해 부처님의 영험을 보고 찾아온다는 것입니다. 가령 스님들이 먹물 옷을 입지 않고 복색을 달리하면 스님이라는 말

조차 안 하려니와, 굶어 죽어도 거들떠보지도 않는 실정입니다. 부처의 영험이라든가 스님들의 밖으로 나타나는 형상이 아니면 중생을 구할 수조차 없다는 것이 오늘날의 문제점이라 할 수 있습니다. 이런 점에 구애받지 않고 어떤 환경에서 어떤 형태로든 중생을 구할 수 있는 분이라야 바로 부처님의 대행자라 할 것입니다. 그런 의미에서 오늘 스님을 찾아뵙게 되었는데, 물론 원리도 중요하지만 좀 더 중생이 요구하는 현실적인 문제에 대해서 말씀해 주셨으면 합니다.

스님: 오늘날 급선무는 민생고 문제인데, 사실 요즈음 국민소득이 얼마다 하지만 그 자체가 애매한 숫자지요. 왜냐하면 한사람이 가진 소득액을 국민 숫자로 나누어 평균치를 낸다는 것이 사실 고르지 않다는 것입니다.

옛날 노나라 정승이 공자에서 걱정하여 말하기를 "우리나라에는 먹을 게 적어 걱정입니다" 하니 공자가 답하기를 "적은 것은 걱정말고 공평하게 분배 못하는 것을 걱정하시오" 라 했습니다. 이 말이 곧 한 사람만 소득이 높아서는 되지 않고 모두가 평등하게 춥고 배고픈 사람이 없어야 한다는 것이지요. 노나라 정승이 또 물었어요. "우리나라에 도둑이 많아서 정치를 못 하겠습니다." 공자가 답하기를 "자네가 욕심을 안 두면 백성은 상금을 주고 도둑질하래도 하지 않는다" 라고 했습니다. 그러니 민생고가 해결이 되고 나서야 문화니, 예술이니, 종교니 하는 것들이 존재할 수 있는 것이지요.

김: 스님 말씀도 옳습니다만, 요즈음 와서는 그래도 생활수준이 많

이 높아진 셈이지요. 이젠 굶어 죽었다는 말은 없지 않습니까. 물질적으로는 과다해졌지만 상대적으로 남들이 더 잘 사니까 내가 과거보다 나아졌으면서도 못 산다고 느끼는 것이지요. 다시 말해서 물질은 풍부해지고 반면 마음은 더욱 가난해졌다고 할 수 있겠습니다. 그러면 이렇게 가난해지고 각박해지는 마음을 어떻게 하면 타파할 수 있겠는가 말씀해 주시고, 다음에 불교의 입장에서 보면 어떤 것이 사람으로서 정말 잘 사는 일인가를 말씀해 주십시오.

스님: 각박한 마음을 없애주는 길은 첫째 민생고를 해결해 주는 문제인데 그것은 정치가가 할 일이고, 다음으로 정신적, 문화적으로 잘 살 수 있는 길을 모색하는 것이 우리들의 문제지만 그것 역시 집권자와 일치되어야 원만히 해결할 수가 있지요. 지금 도의교육이라 하지만 도의교육을 원만히 실행하려면 우선 학술적으로 필수과목으로 넣어야 한다는 것입니다.

김: 스님, 오늘 정치 · 경제 문제에 대해서, 또 민생고 문제에 대해서 잘 말씀해 주셨는데, 그 문제는 말씀과 같이 분야가 다른 그분들이 해주실 문제들이고, 가령 똑같이 가난한 사람이라도 마음 여하에 따라 소인은 살이 빠지는 수도 있고 군자는 그래도 살이 찔 수가 있는 것이니, 인간의 욕망은 한이 없습니다. 부자는 더욱 부자 되고 가난한 자는 더욱 가난해지는 빈부의 차이를 없애려고 현 정부는 부단히 노력하지만 그래도 완전히 해소되지 않은 실정이 아닙니까. 이런 때를 당하여 중생이 어떻게, 무슨 힘으로 살아가야 합니까?

스님: 좋은 말이지. 그것이 골자인데, 그래서 내가 요구하는 것이

비구승 열 명보다 불교인 정치가 한 사람을 더 요구하는 것입니다. 불교인으로서 정치가가 나와야 우리가 바라는 일이 추진될 수 있을 겁니다.

김: 앞으로는 종단의 원로 대덕 스님들께서 모두 합심해서 잘 하시리라 생각됩니다. 그러면 끝으로 근본적인 면에서 볼 때 잘 산다는 것은 이런 것이다 하는 점을 말씀해 주십시오.

스님: 글쎄올시다. 사회적으로 전 대중이 잘 산다는 것은 정치적 해결이 아니면 안 되고, 종교적인 면에서 잘 산다고 하는 것은 소극적인 면이지요. 그건 몇 사람에게 국한되는 말이지 전 국민에게 통하는 말이 아니지요. 가령 불교인 한 사람이 앉아서 이렇게 하자고 해도 여러 종교가 있으니 말을 들을 리가 없고, 또 한 종파라 하더라도 모두가 다 들어주지는 못할 것 아닙니까. 그러니 어떻게 보편적으로 두루 통할 수 있겠어요. 따라서 사회인 모두가 잘 산다는 문제는 아무래도 정치가의 문제이지 일부 종교인의 문제가 아니라고 생각합니다. 종교인의 문제로 보면 어느 시대, 어느 국토든 국한이 없는 것입니다. 그래서 옛 성인이 말했죠. "자취를 아주 산에 들어가서 끊어 버리기는 쉽지만, 사회에 머물러 있으면서 행하는 자취가 없기는 어렵다. 인간으로 부려지는 것은 거짓되기 쉽지만, 천지로 부려지는 것은 거짓됨이 없다……" 라고 했습니다. 그렇게 사는 것이 종교인의 삶입니다.

김: 좋은 말씀들 많이 해 주셨습니다. 시간이 있으면 더 듣고 싶지만 오늘은 이만 하시지요. 감사합니다.

1975년

석가탄지 룸비니

— '혜초(慧超)의 길' 따라 4성지(聖地)를 다녀와서 —

끝없이 드넓은 룸비니 평원. 스님은 보리수를 그늘 삼아 염천의 더위를 달랜다. 몇 안 되는 유적이 2천 5백여 년의 해묵은 때를 안고 말없이 서 있다. 성역에 들어선 스님은 말할 수 없는 숙연함을 느낀다. 영겁의 시공이 한꺼번에 머무는 듯한 경외감 때문일까.

석가모니가 탄생한 이곳, 세계 1억 7천만 불교도들의 신앙의 고향. 1천3백 년 전 신라의 고승 혜초가 구도의 천축국 고행길에 찾았던 바로 이 자리를 "오늘" 한국 스님이 또다시 밟은 것이다.

김탄허 스님. 불교문화의 원류를 찾아 불적순례에 나섰던 탄허 스님이 석가탄지 룸비니에 들른 것이다.

"평생의 소원을 실현시켰습니다. 불자면 누구나 한번쯤 가보고 싶은 마음의 고향이 아닙니까. 우연한 기회로 얻어진 여행길이었지만 무척 보람 있는 순례의 길로 마쳤습니다."

한가을에 우리나라를 떠났던 탄허 스님은 추위가 기승을 부리는 최근에야 돌아왔다. 그러나 그 옛날 혜초에 비하면 짧고 빠른 여행길이었다. 혜초가 4년이나 걸렸던 길을 2개월여 만에 밟고 돌아온 것이다. 혜초는 선편과 도보로 다녔는데, 탄허 스님은 비행기와 자동차로 달렸기 때문이다.

"오늘"의 우리나라 승려 중 탄허 스님이 최초로 불적지를 찾은 이는 아니다. 그동안 몇몇 승려가 다녀왔다. 그러나 탄허 스님의 이번 성지순례가 특별한 관심을 모으는 것은 최근의 그곳 소식을 국내 불교계에 소상히 전해준다는 점과 함께 그의 순례 모습 모두가 하나의 작품으로 꾸며져 KBS TV망을 통해 공개된다는 데 있다.

탄허 스님의 천축불적 순례길은 룸비니에만 한한 것이 아니다. 룸비니를 비롯하여 4성지를 중심으로 이루어졌다. 4성지는 룸비니와 석가가 6년 고행 끝에 성도한 곳 보디가야, 49년간 설법을 행한 베나레스, 열반의 땅 쿠시나가 등 네 곳을 말한다.

> "4성지를 중심으로 골고루 보고 왔지만, 역시 룸비니는 세존이 이 세상에 온 곳이고, 세계적인 관심을 모아 개발을 서두르고 있는 곳이어서 더 감명이 깊었습니다."

그러나 룸비니 동산은 생각했던 것보다는 아직도 허허벌판으로 남아 있다고 탄허 스님은 전했다. 석가의 탄생지를 입증하는 아쇼카탑(필라)과 석가의 어머니 마야부인을 기념하기 위해 축조한 석굴사 아쇼카탑과 석굴을 중심으로 왼쪽 30m 지점에 마인다왕의 성지순례를 기념하는 순례비가 고분처럼 버티고 있고, 그 건너편에 석가의 목욕성지 연못이 희뿌연 물을 담은 채 적막하기만 하다. 남은 유적은 이 세 가지뿐.

> "황량한 벌판의 한 포기 풀처럼 버려진 채 고색창연하게 남아 있는 유적이지만, 거기에는 많은 신도들이 고행과 참선과 미래

의 경지를 찾아 헤매온 해탈의 철학이 담겨 있어 금방 현신 할 것 같은 착각이 들었습니다."

이런 룸비니지만, 현재 개발의 꿈이 한창 부풀어, 하나하나 계획이 진행되고 있다고 탄허 스님은 말했다. 룸비니 개발계획은 전 유엔 사무총장 우탄트씨가 중심이 되어 짜여져 실현되고 있다. 유엔에 룸비니 개발위원회를 두어 세계 50여 개국이 참여하여 추진하고 있는 이 개발계획은 모두 2천 2백만 달러를 투입, 85년에 끝낼 예정이다. 현재는 네팔과 티베트가 지은 사원 두 채만 있지만, 이 계획이 완전 실현되면 한국을 포함하여 각국 사원이 들어서게 된다. 이를 위해 한국불교계도 5만 달러를 모금, 1차로 전달했지만 아직 부지가 확정되지 않아 서운했다고 했다.

"이밖에 불타가 도를 이룬 보디가야, 49년이나 설법을 펴 불교를 정착시키고 전파의 주춧돌로 삼았던 베나레스, 80평생을 마치고 열반의 길에 올랐던 자리 쿠시나가를 방문했는데, 가장 유적이 많이 남아 있고 화려한 곳이 보디가야였습니다."

아쇼카왕이 세운 각종 탑과 사원이 조화를 이루고 있었으며, 성도한 자리에 보리수를 계속 심어 아직도 보존하고 있다고 밝 혔다.

혜초가 입학을 꾀했다가 실패한 나란타 대학 자리도 찾았지만 터만 앙상하게 남아 있었다고 탄허 스님은 전했다. 나란타 대학은 혜초 당시 8천의 대중을 수용했던 세계 제1의 배움터였으며, 오늘의 각국 불교 경전이 이곳의 경전을 밑본으로 했으나, 불교를 탄압하는 세력이 들어와 거의 모두 태워버렸다고 하였다.

"한마디로 성지를 포용하고 있는 인도의 인상은, 불적(佛跡)은 남아 있으나 불교는 없는 불탄지인 것 같았습니다."

이슬람교의 팽창으로 불교는 인도에서 내밀려 네팔, 스리랑카, 미얀마, 태국, 파키스탄, 중국 ,한국, 일본에서 성행해 왔다. "오랜 세월 종교사상이 국민의 의식 속에 깔려 와 민족성 순화에 크게 기여한 것 같으며, 문화재의 오랜 보존이 잘 되어 있어 감명을 받았다" 고 밝힌 탄허 스님은 이런 것은 우리가 깊이 배워야 할 점이라고 했다. 그러나 너무나 종교적 의식에 집착하여 폐습으로 화하고 있는 것은 그들이 고쳐야할 일이라고 말했다.

"자리(自利)를 앞세우는 남방불교, 이타(利他)를 먼저 내거는 북방 불교의 장점이 조화롭게 승화될 때 세계의 불교는 발전할 수 있는 것이라는 것을 이번 성지 순례를 통해 느꼈습니다."

1978년

부처님은 오고 가는 것이 없다

대담자: 김지견 (동국대 교수, 전통불교연구위원장)

※ "스님" = 탄허 스님, "김" = 김지견 교수

김: 오랜만에 큰스님 모시고 귀한 말씀을 나누게 되어 반갑습니다. 불탄절을 맞아 모든 불도들이 살아나갈 바른 지침을 듣고 싶습니다. 속가에서도 아버지나 할아버지 생신날이 되면 일가권속이 모여 지나간 날을 반성도 하고 새 출발하는 계기를 마련하는 수가 있는데, 우리도 부처님 오신 날을 맞이해서 큰스님께서 지침이 될 수 있는 말씀을 해 주셨으면 합니다. 우선 어떻게 하면 부처님의 꾸중을 듣지 않는 불교도가 될 수 있느냐 하는 말씀을 좀 해 주십시오.

스님: 부처님께서 부처님 열반 후 시대 조류를 5백년씩 다섯 단계로 구분해서 말씀하신 것이 있는데, 첫 5백년은 해탈(解脫), 둘째 5백년은 선정(禪定), 다음 5백년은 다문(多聞), 그 다음 5백년은 탑사(塔寺), 그 다음 5백년은 투쟁(鬪爭)이 온다고 하셨지. 다 그렇다는 것이 아니고, 시대의 흐름이 이렇게 다섯 단계로 나뉘어 변해 간다는 뜻이지.

성인의 발자취는 점점 멀어지고 중생의 마음은 점점 거칠어지는 것을 미리 알고 말씀해 놓으셨어. 이것은 마치 유교의 소강절 선생이 황(皇)·제(帝)·왕(王)·패(覇)·이적(夷狄)·금수(禽獸)로 구분하여 기록한 것과 흡사한데, 억세지사업(億世之事業)·만세지사업(萬世之事業)·천세지사업(千世之事業)·백세지사업(百世之事業) 다음에 '이적'이 오는데, 이는 중국 청나라 3백년을 말한 것으로 그 이후는 '금수'가 온다고 했어요. 금(禽)은 '금수운(禽獸運)'에 해당되는데, 기독교의 말세론도 대강 일치하거든. 그런데 원각경(圓覺經)에는,

"말세제중생(末世諸衆生)이
심불생허망(心不生虛妄)하면
불설여시인(佛說如是人)은
현세즉보살(現世卽菩薩)이라"
말세의 모든 중생이 마음에 허망을 내지 않으면 부처님이 말씀하시기를 이와 같은 사람은 현세에 곧 보살이라 한다.

라고 기록했어요. 말세에 나서 부처님 당시와 같은 안목을 가지기가 매우 희귀한 일이나, 부처님께서 말씀하시기를 "신구의(身口意)가 청정하면 부처님이 나심이라"고 하셨거든. 그러니까 부처님은 가고 오는 것이 없고, 누구든지 그 사람의 몸과 입과 뜻이 깨끗하면 부처님이 거기 계시고 그렇지 못하면 안 계신다고 했어요. 부처님 오신 날이 따로 없어. 언제든지 그 뜻과 행실이 청정하면 부처님이 오신 거고 그 뜻과 행실이 청정치 못하면 부처님은 이미 가신 것이라고 봐요.

김: 그러니까 스님 말씀은 부처님이 열반 후 되어질 세태의 변화에 따라 예언해 놓으신 대로 지금 우리가 살고 있는 이 시대는 말법시대 즉 투쟁의 시대로 불법을 지키기가 어려우나, 그런 중에도 우리의 뜻을 청정하게 지키면 부처님이 계시는 거나 다름없다는 말씀이시죠. 아까 말씀 중에 신구의(身口意)가 청정해야 된다고 하셨는데, 중생이 신(身)과 구(口)와 의(意)를 청정하게 가지려면 그것으로 인한 악업이 어떤 것인가를 구체적으로 아는 것이 중요한 것 같습니다.

스님: 중생의 악업을 신삼(身三)·구사(口四)·의삼(意三) 즉 몸으로 죄가 셋, 입으로 짓는 죄가 넷, 뜻으로 짓는 죄가 셋, 모두 합해서 십악업(十惡業)이라고 해요. 그것을 구체적으로 설명하면 몸으로 짓는 죄는 살생(殺生)·도행(盜行)·음행(淫行)이 있고 입으로 짓는 죄는 기어(綺語)·망어(妄語)·양설(兩舌)·악어(惡語)가 있으며 뜻으로 짓는 죄는 탐(貪)·진(瞋)·치(痴) 세 가지가 있어요. 이 열 가지 악업은 각기 상품·중품·하품이 있어서, 상품 악업을 지은 사람은 아귀가 되고 하품 악업을 지은 사람은 축생(畜生)이 됩니다.

김: 그러면 십악(十惡)을 십선(十善)으로 바꾸어 놓으면 되겠는데요. 그냥 십악을 행하지 않으면 그것은 소극적인 것이고 십악을 행하지 않는 반면에 십선을 행해야 될 게 아니겠습니까? 십악을 십선으로 바꾸어놓기만 하면 중생의 모든 문제는 저절로 해결되는데요.

요즈음 새마음 운동도 막연하게 마음을 새롭게 갖자는 것만 가지고는 안 되고 무언가 근본적으로 우리가 행해야 되는 목표를 체계적으로 설명해야 될 것입니다. 그런 뜻에서 큰스님께서 십악을 십선으로 전환시키는 것에 대해서 좀 설명해 주십시오. 불자들도 마음속으로 막연하게 알고 있습니다만 그것을 확연하게 알고 있지는 못하거든요.

스님: 맞는 말입니다. 악을 행하지 않으면 곧 선이 아니고, 반드시 적극적으로 선을 행해야 됩니다. 그러면 십악을 어떻게 십선으로 바꾸느냐.

살생을 안 하는 것으로 그치지 않고 죽어가는 목숨을 살려야 합니다[放生]. 그런데 불자들은 방생한다고 미꾸라지만 사다가 물에 놓아주고는 좋아하는데, 좀 큰 생명을 살려야지요. 부처님이 말씀하시기를 어떤 중생이든지 죽어가는 목숨을 보거든 제 목숨을 팔아서라도 반드시 살려주라고 경에 기록되었거든. 그러니까 고기가 죽어갈 때 비구승이 그냥 지나가면 원망을 해요. 그 다음에 도적질을 안 하는 것이 문제가 아니고 보시(布施)를 해야 돼요. 자기 가진 것을 가난한 이웃을 위해서 아낌없이 주는 마음이라야 선이지. 남의 것 훔치면 안 되는 것이야 너무나 당연한 이야기이고, 자기 것을 남을 위해 줄 줄 알아야 합니다. 그 다음에 음행도 그것을 억제하는 것은 물론 범행(梵行)을 해야 합니다.

그러면 몸으로 짓는 악은 됐는데, 입으로 짓는 악은 어떻게 해야 선이 되느냐. 기어를 정직어로, 망어를 진실어로, 양설 대신 화합어로, 악어를 유연어로 바꾸어야 됩니다.

그 다음에 의로 짓는 악 탐심(貪心)·진심(瞋心)·치심(痴心)에 대해서는 부처님께서

"**다탐중생**(多貪衆生)은 **부정관**(不淨觀)하고,
다진중생(多嗔衆生)은 **자비관**(慈悲觀)하고,
다치중생(多癡衆生)은 **분별관**(分別觀)하라"

고 말씀하셨어요. 여기서 탐심에 대해서는 부정관하라는 말은 무언고 하면, 탐의 골자는 이성(異性)이거든. 사람은 잘난 사람이나 못난 사람이나 한 꺼풀 벗기고 나면 그 속에는 오물로 가득 찼어요. 그래서 천하의 양귀비가 와도 그 뱃속에 들어있는 오물을 생각하면 마음이 홀리지 않아요. 이것을 '백골관(白骨觀)' 이라고도 하는데, 사람의 해골은 하나같이 보기 흉하거든. 그래서 아무리 미인이라도 그 사람의 겉만 보지말고 백골을 보면 탐심이 동하지 않아요. 그리고 진심은 자비의 마음으로 고쳐먹어야 합니다. 자(慈)는 중생에게 즐거움을 주는 것이고 비(悲)는 자기를 희생해서 중생을 돕는다는 뜻인데, 화를 안 내는 데서 그치지 말고 자비로운 마음 갖는 것을 강조하신 것입니다.

그 다음에 치(癡)심은 인연관(因緣觀)하라고 하셨어요. 원래 치는 탐과 진에 따라다니는 것으로, 어리석으니까 탐심이 생기고 성을 내게 되는 이치지요. 그러면 우리가 어떻게 하면 이 어리석은 집착을 끊을 수 있느냐? 그것은 인연의 이치를 터득해야 됩니다. 인(因)은 씨앗이고 연(緣)은 조건인데, 인과 연이 닿아야 만나게 되고 매사가 성립되는 것인데 어리석은 중생들이 이것을 모르고 자꾸 집착하니까 만(萬) 가지

고통이 생기지요. 만상이 인연이 닿으면 생하고 인연이 다하면 없어지는데, 좋은 것을 억지로 잡아 두려고 할 짓 못할 짓 가리지 않고 범하는가 하면, 사랑하는 사람이 평생 자기 곁에 있을 줄 알았다가 떠나면 통곡하고 그렇지요. 인연법(因緣法)을 모르고 속아 사는 것이 중생입니다.

자다가 꿈을 꾸었는데 큰 다이아몬드를 하나 얻었거든. 그것을 분명히 장롱 속에 넣었는데, 꿈을 깨고 장롱을 아무리 뒤져도 안 나와요. 어느 것이 진짜입니까? 꿈이 진짜입니까, 꿈을 깬 상태가 진짜입니까? 인생은 대몽(大夢)입니다. 중생은 꿈을 진짜로 보는 것입니다. 부처님은 이 대몽을 깬 분이기 때문에 중생에게 너희들이 느끼는 희로애락 모든 것이 꿈이라고 가르쳐 주시는 분입니다. 아무튼 만상은 실(實)이 없어요. 전부 공허한 것입니다. 어느 한 순간도 고정되어 있지 않고 부단히 변화하다가 결국 멸하고 말지요. 십악을 십선으로 바꾸는 것을 '인천교(人天敎)'라고 합니다. 이것은 팔만대장경의 입문도 못됩니다. 부처님 교리가 그렇게 길어요. 그래서 부처님께서는 모든 중생이 각자 제가 갖고 있는 보물을 모르고 허덕이는 것을 깨우쳐 주려고 왔어요. 결국 최후 결론은 신·심·의(身心意) 청정하면 부처님 출현하신 것, 이것 하나예요.

김: 가장 기본적이면서도 가장 궁극적인 말씀이십니다. 가치관의 전향, 미(迷)에 있을 때와 각(覺)에 있을 때의 차이, 다시 말해서 몸과 마음과 뜻이 청정해졌을 때는 부처님과 함께 있는 것이고 그렇지 못하면 부처님 당시라도 같이 있지 못한 것이

라는 말씀으로 알아들었습니다. 스님께 더 듣고 싶은 것은 십선, 즉 인천교(人天敎)를 좀 더 구체적으로 다른 경과 연결해서 설명해 주셨으면 좋겠습니다.

스님: 불교의 경은 아주 체계적으로 되어 있어요. 인천교(人天敎)는 불교에서 학문으로 알아주지도 않는 유치원 학설에 해당되는 것이고, 인천교 다음에는 초등학교에 해당되는 소승성문승(小乘聲聞乘)이 있고, 중학교에 해당하는 소승연각승(小乘緣覺乘)이, 고등학교에 해당하는 대승보살교(大乘菩薩敎)가 있으며, 대학에 해당하는 대승실교(大乘實敎)가 있는데, 법화경이 대승실교가 되지요. 그러나 법 자체가 차이가 있는 것이 아니라 사람이 차이가 있는 것이지요. 즉 인천교를 화엄경 보살이 닦으면 상상십선법(上上十善法)이 되요. 그래서 십악 자체가 그대로 도(道)가 되지요. 예를 들면, 부처님 당시에 두 비구가 있었는데 하나는 살계(殺戒)를 범했고, 하나는 음계(婬戒)를 범했어요. 그래서 반드시 법의 선배를 찾아가서 참회를 해야 되는데, 당시에 우바리 존자가 지계(持戒) 제일로 유명하므로 그 사람 앞에 가서 참회를 구했어요. "우리가 살계와 음계를 범했으니 잘못했습니다. 참회를 허락해 주십시오" 했거든요. 그런데 우바리 존자가 뭐라고 했느냐. "삼세제불(三世諸佛)이 출현해도 불통(不通) 참회" 라고 호통을 쳤어요. 이렇게 되니까 두 비구는 영원히 매장되는 거 아닙니까? 구원받을 길이 없어요. 할 수 없이 그들은 유마거사를 찾아갔어요. 유마거사한테 가서 사실을 털어놓고 참회를 구했더니, 죄상을 가져오라고 했어요. 그러면

참회시켜 주마고 했지요. 그런데 죄의 모양이 어디 있습니까? 죄의 모양이 본래 없는데 어디다 갔다 바치고 어디다 대고 참회를 합니까? 참회를 할 사람은 누구고 받을 사람은 누굽니까? 이렇게 되니까 밝은 태양에 눈이 녹은 것과 같이, 그러니까 한 법 가지고 우바리 존자가 닦은 것은 십선법이 되고, 유마거사가 닦은 것은 상상십선법이 되었어요. 그래서 소승성문승이 닦을 때는 고집멸도(苦集滅道) 사제법(四諦法)이 있어서, 고(苦)만 해도 수천 가지가 있고 집(集)도 수천 가지, 멸(滅)의 법도 수천 가지, 도(道)의 법도 수천 가지가 있어요. 이 수천 가지가 되는 것은, 소승은

"포고단집 망멸수도(怖苦斷集 妄滅修道)"
고가 무서워서 고를 만드는 집착을 끊고 망상을 멸하는 도를 닦는다.

이 말이거든요. 그런데 화엄경 보살은 같은 십선법을 닦는데 사성계(四聖戒)라고 해서,

"고즉시도(苦卽是道) 라,
집즉시무상(集卽是無常)" 이라,
고가 곧 도라는 거지요.
망상은 본래 마음이 없는데 누가 끊어?

이렇게 같은 법 가지고 닦는 법이 달라요. 고로 모든 법은

제 안목대로 닦는 거예요. 말하자면 각자 안목대로 닦는 법이 달라요.

김: 지금 스님께서 말씀하신 십선법, 상상십선법을 오늘의 불교지도자, 특히 우리 조계종 지도자들이 명심해서 들었으면 좋을 것 같습니다. 그러나 세상 사람들이 우리 종단을 볼 때 총무원 행정이나 분규 문제만 가지고 보니까 그렇지, 지리산이나 오대산에서 생명을 걸고 십선관법(十善觀法)을 행하고 있다는 것은 모르는 것 같아요. 실제로 이 사람들 때문에 우리의 정신문화가 지탱되고 있는 것 아닙니까? 승려는 공부만 하는 승려가 있고 행정을 하는 승려가 있는데, 행정 분야는 사회에서 많은 관심을 가지고 지켜보고 있고 특히 언론에서도 잘못된 것을 지적해 주는데, 스님들의 수도에 대해서는 일체 관심이 없어요. 우선 눈에 안 뜨이니까 그렇겠지만 …….

앞으로 우리 불교가 국민 대중을 이끌고 나가야 할 텐데, 그런 점에서 우선 불교지도자들이 어떻게 되었으면, 또 앞으로 어떻게 해야 대중의 신망을 받을 수 있을까요?

스님: 오늘의 불교지도자 문제에 대해서는, 애초부터 출가하는 사람들의 질에서부터, 44년 전 우리들이 출가할 당시 그때 30개 본사 주지를 볼 때 우리들보다 훨씬 낫구나 하는 것을 느꼈어요. 그런데 약 15년 후인 해방 직후에 보니까 승려들의 수준이 좀 떨어졌다 하는 것을 느낄 수 있었어요. 그 후 정화 직후에는 또 승려들의 질적 저하가 눈에 완연히 보이더군요. 이것이 문제입니다. 날이 갈수록 산으로 들어오는 승려들의 질이 떨어지고 있어요. 공부하기 위해서 오는 것이

아니라 이익을 따라 오는 것 같아요. 특히 정화 직후에 무식한 놈들을 싸운 공로만 가지고 공부도 제대로 시킬 틈도 없이 주지로 내보냈어요. 그러니 그 주지가 다시 상좌를 두고 자꾸 새끼를 치니까, 애초에 무식한 놈이 상좌를 가르칠 수 없으니 계속 질이 떨어질 수밖에 …….

정화 후 청담 스님하고 같이 앉아서 의논하기를, 대처승하고 싸움은 일단 끝내고 자체정화를 해야 한다, 그러기 위해서는 전국의 교구 본사 단위로 총림(叢林)을 만들어 승려를 재교육시켜서 내보내야 한다고 했어요. 그런데 그만 그것이 안 되었어요. 그래가지고 갑자기 종단 질서가 무너지고, 미처 중물이 안 든 놈이 내가 주지다 하고 전국 중요 절을 차지하고 앉게 되어 큰 혼란이 생겼습니다.

요즈음 가만히 보면 총무원 감투를 중들이 대단하게 생각하는 것 같아요. 높은 눈으로 보면 정부기관도 달팽이 뿔의 뿔 같은 총무원 기구를 대단하게 보고 그것 때문에 이렇다 저렇다 시비가 많은데, 처음부터 잘못된 거지요.

"주지하지 말라" 고 강제로 말해봤자 소용없어요. 주지보다는 공부가 중하다는 것을 저절로 깨닫게 해야지요.

1978

생사를 자유로이

"도(道)의 근본이란 바른 것이겠지. 도란 진리의 대명사가 아니겠어? 한마디로 길을 가리킨 거야. 길을 걷되 길 밖으로 빠져나가는 것을 경계해야 돼. 왜냐하면 길이란 오름 길이던 오솔길이던 외진 길이던, 길은 길 아니겠어? 그런데 길 밖으로 빠져나가면 필경(畢竟)엔 진흙구덩이와 가시밭과 어둠 속으로 갈팡질팡하게 되는 게지. 그럼 얼마나 괴롭겠어. 탈선(脫線)이란 어떤 의미에서든 괴로운 결과를 가져옴을 잊어서는 안돼요. 걷는 강인(强忍)한 인내심이 필요한 거야. 그렇게 되면 필경엔 구경(究竟)의 목적지인 안심입명처(安心立命處)에 이르게 되는 게지."

스님의 말씀은 평범한 일상 주변의 용어이면서도 어쩜 그리도 어머님의 말씀보다도 깊숙이 기자의 아린 종기의 아픔을 빨아 주었는지 모른다.

상당히 둔하고 더딘 지각생 인생을 살고 있는 기자였지만, 이 기회에 영원히 꺼지지 않고 타오를 수 있는 생명의 진한 불꽃을 당기고 싶어 휑하니 구멍 뚫린 쓰린 가슴을 몇 번이고 흔들어 보며, 큰스님 가까이 다가서 본다.

"옛 말씀에 도를 잃으면 덕(德)이라도 갖추어야 하고, 덕을 잃으면 인(仁)이라도 베풀 줄 알아야 하며, 인을 잃으면 의(義)라도 지킬 줄 알아야 하고, 만일 의를 잃으면 예(禮)라도 차릴 줄 알아야 한다는 말씀이 있지. 그런데 요즘 예도 잊으니 끝내는 법률학(法律學)이 나오지 않겠어. 자의(自意)에 의한 길을 걷는 나그네가 아니라 요즘 사람은 타의(他意)에 의한 방랑자가 되고 있음을 명심해야 돼."

니체의 『짜라투스투라는 이렇게 말했다』를 읽게 되면, 신과 대화를 나누는 구절이 있습니다. 짜라투스투라가 산상에 올라 신과 만나기를 원하고 기도를 드리나 신의 모습은 물론 음성마저도 들려오질 않아 신은 이미 죽은 걸로 생각하고 하산합니다. 하산 도중 칠흑같은 어둠 속에서 누가 구슬피 울기에, 우는 자는 누구이며 왜 우느냐고 물었습니다. 우는 자는 신이며, 배가 고파 운다는 대답이었습니다. 신이 왜 배가 고프냐니까 옛사람은 많은 음식을 신에게 올려 구원을 바랬으나 요즘 사람은 전자계산기만큼이나 두뇌가 활발하여, 요즘 그 흔한 새우깡에 뽀빠이 한 봉지도 올리지 않아 허기에 찬 빈혈증을 앓고 있다는 신의 대답이었습니다. 제가 만일 신을 만났으면 용돈을 아껴 헤모구론A라도 한 병 사서 헌납할 걸 그랬어요.

신의 수명을 묻는 짜라투스트라에게 신이 대답하길, 인간이 이 세상에 존재할 때 신의 무리도 무수히 존재할 것이요, 인간이 완전히 멸할 때 신도 멸망할 것이라고 답하였습니다. 스님께서는 니체의 신관(神觀)을 어떻게 꾸짖을 수 있었을는지요.

"어지간하군. 신은 육도윤회(六度輪回)하는 중생류의 하나야. 집착하면 분명하고 방하착(放下着)하면 생사윤회(生死輪回)도 없는 거예요. 신안(神眼)으로는 신이 보이고, 영력(靈力)으로는 영(靈)이 보이는 게야. 엇비슷이 맞춘 게로군."

저는 요즘 젊은이들이 앓기를 즐겨하는 전염병 비슷한 걸 앓고 있습니다. 신도 없고, 내생도 없고, 부처님 말씀마저도 사탕발림 같은 느낌이 짙습니다. 마치 우는 아이 달래기 위한 달콤한 선의의 거짓말 같기도 하고, 부처님의 말씀 전체를 한갓 중생을 건지기 위한 묘한 방편으로만 받아들이고 있습니다. 저의 이 굳어진 병의 껍질을 깨는 아픔을 내려주십시오.

스님께서는 대답치 않으시고 껄껄껄 웃으신다. 고놈의 자식, 눈병을 앓는 게로군 하고 웃으시는지도 모를 일이다. 순간 엷은 식은땀이 등줄기에 번진다. 큰스님의 웃음이 그만 불사문중(佛事門中)에 불사일법(不捨一法)의 방망이가 흐릿한 기자의 안계(眼界)에 화살처럼 내리꽂히고 있었음을 느꼈기 때문이다.

"옛 이야기를 하나 해줄까? 남전(南泉) 스님[中國 조주(趙州)의 스님 스승]이 뜰에서 풀을 매고 있는데, 도학자 한사람이 다가와 법을 묻더라는 거야. 마침 뱀 한 마리가 뜰을 지나가더래. 남전 스님께서 뱀을 가리키며,

"도득즉생(道得卽生)하고
도부득즉사(道不得卽死)다."
한 마디 이르면 살리고 한 마디 이르지 못하면 죽이겠다.

고 했거든. 이 시원찮은 도학자가 그만 쩔쩔매자 남전 스님께서는 망설임 없이 그만 들고 있던 호미로 뱀을 죽이고 말았다는 거야. 알겠어? 이 도리를!"

외람된 말씀이오나, 스님께서는 요즘도 밤에 꿈을 꾸시는지요? 성인이나 현인은 꿈이 없다더군요. 낮에 여자를 봐선 동하지 않던 사람도 밤에는 종종 여자 만나는 꿈을 꾼다는데요. 스님께서는요?

"꿈을 꾸지. 삼계(三界)가 몽땅 꿈 안에 젖어드는 그런 꿈을 꾸지. 나는 성인도 현인도 아닌 범부(凡夫). 하하하!"

기자의 지나친 질문에도 스님께서는 웃음으로 용서하시며 활짝 웃어 주신다. 이쯤 되면 질문드릴 때 조이던 가슴도 활짝 펴질 수밖에 없는 거다. 이래서 큰스님이란 마냥 어버이처럼 좋기만 하다. 변명 없는 긍정은 어떤 의미에서는 부정일 수밖에 없는 거다.

후학을 위하여 한 말씀 해 주시지요. 그리고 일천 육백년 한국불교사의 오랜 숙원이었던 화엄경의 완전번역과 출간을 몸소 담당하신 스님께서 소감이랄지, 아니면 화엄사상의 정의를 한마디로 요약하여 말씀해 주셨으면 합니다.

"대인군자는 숨 한번 내고 쉼에 전체가 경인 게야. 후학들에게 꼭 하고픈 말이 있지. 천재란 따로 있는 게 아니야요. 끈질긴 집념과 쉬임 없는 노력이 모든 결과를 안겨 줄 뿐이야. 이것저것을 넘겨볼 게 아니라 한가지로 꾸준히 나가야 돼요. 집념과 젊음과 용기는 커다란 재산이요, 보배거든. 부처님의 가르치심을 생활화하는 정신이 가장 필요해. 항시 누군가를 위해 기도하고 감사드리는 마음을 가져야 해요. 불자라면 누구나!"

1975년

시공(時空)이 끊어진 곳

이른 새벽에 스님의 시간을 깨뜨려 죄송합니다. 매일 이렇게 기침하십니까?

"9시에 자리를 들어 꼭 한숨 자고 깨면 2시나 3시가 되지. 그 이후에는 주로 침묵하지. 사색도 하면서. 때로는 소일도 하고."

10조 9만 5천 4십 8자에 이르는 방대한 양의 화엄경에 관한 연구와 번역을 17년을 두고 한결같이 지속해 오시다가 지난 1974년에 그 완간(完刊)을 보셨는데, 거기에는 무엇보다도 체력이 문제되지 않았을까 합니다. 지금 뵈도 역시 강건하셔서 젊은 사람 못지않으신데, 평소에 어떻게 섭생을 하시는지.

"별다른 섭생은 하지 않지. 꼭 한 가지 뿐이야, 내 건강을 유지하는 길이라곤. 즉 생명의 본처(本處) 자리로 항상 나를 귀경(歸竟)시키고자 하는 노력 말이야. 그건 사방에 신경을 안 쓰는 법이지. 신경을 쓰면서도 안 쓰는 도리, 그게 잘 납득이 안 갈 거야. 난 아직 운동부족을 모르고, 허기 모르고, 피로 몰라."

우주만물이 존재하는 근원은 생명이라는 것이 있기 때문인데, 그 생명의 근본은 무엇일까요?

"생명의 본체는 무형(無形)이지. 시공이 끊긴 자리야. 생명의 본체는 무형인데, 그 본질인 씨가 4대(地·水·火·風)의 연(緣)을 만나 운행하게 되는 게 생명이야."

그렇다면 생명의 구체적 표상은 곧 이 육체를 집으로 하여 아(我=小我)로 나타나는 것일 텐데요. 이것의 올바른 운행은 어떻게 될까요?

"그건 무아(無我)여야 해. 무아가 되지 못하고 유아(有我)일 때 본명(本命)의 본처 자리에서 이탈하게 되는 게야. 이렇게 되니까 고(苦)가 생기고 아픔이 일고 그렇지. 도란 무아를 이루어 나가는 길이야. 무아가 되면 연을 마음대로 자유자재 요리할 수가 있지. 어떤 생명이나 일을 착수한 것은 한번은 끝나게 되어 있는 게야. 조그만 세사(世事)도 착수한 일은 끝을 보게 되어 있거든. 그런데 일대사(一大事)인 무아가 되는 일을 착수해 놓고 끝을 맺지 못한다는 것은 말도 아니지."

그렇다면 육체를 쓰고 세상에 온 생명이 무수할 텐데요. 과연 이 많은 생명 가운데 무아를 이루어 본처로 귀환한 개체가 과연 얼마나 될까요?

"고작 성인 몇 사람일뿐이지."

그렇게 된 까닭이 어디에 있을까요?

"모두 유아로 있다 끝나기 때문이야. 유아는 집착해서 꿈속에 빠져 지내므로 범부로 돌아. 그러니까 윤회에 떨어지고 업(業)

을 지어 본체를 매(昧)하게 하는 것이지. 중생이라는 말은 사실 무서운 말이라는 걸 알아야 될 거야. 유아로서는 연을 만나야 조금이라도 운행할 수 있는 것이지만, 무아가 되면 연 그것 자체를 마음대로 요리할 수 있음에도 중생인 까닭에 무아의 길에서 항상 이탈하고 말지."

노사(老師)는 한 점 흐트러짐 없는 단좌(端坐)의 모습처럼 막힘없는 직언을 한다.

전북 김제 만경에서 태어난 노사는 한문학 전 과정을 이수하고 22세에 오대산 상원사에 입산, 방한암 스님의 문하(門下)에서 선수(禪修)에 정진하기 19년, 이후 오늘 65세이기까지 한결같은 동로(同路)에 계신다. 한때(1964년) 동국대학교 선원장(禪院長)으로 계신 일 외에는 다른 자리에 임하지 않은 노사는 17년 각고 끝에 이룬 화엄경 출간으로 제3회 인촌문화상을 받기도 하였다.

노사는 종단의 내일을 위해 17여 년의 각고 끝에 얻은 대방광불신화엄경합론(大方廣佛新華嚴經合論)을 교재로 지난 11월 25일부터 하루 8시간씩의 속강으로 80여 수강생을 위해 논을 전개, 차가운 오대산의 분위기를 녹이고 있다. 이 열강에는 교구 본사의 강사를 지냈거나 혹은 지금 지내고 있는 스님이 15명이나 참여하고 있어, 이 강론의 수준을 충분히 밝히고 있다. 월정사가 생긴 이래 최대의 불사로 회자되고 있는 이번 강의를 노사로서는 평생을 두고 이룬 연구의 총결산이라 느끼시는지도 모른다.

중생의 일생은 그럼 도로(徒勞)에 그치고 마는 것일까요?

"도로(徒勞)가 아니지, 무아(無我)이고자 하는 노력은 설사 도(道)를 이루지 못했다 해도 내생에 껑충 뛰어서 일어나는 게지. 어찌 도로일 수가 있나."

인생이 임종 연습이 된다거나 열반 연습이 되는 경우가 많을 텐데요. 결국 그렇게 살아버린 인생, 즉 자아의 확충이나 출세 혹은 물질의 축적에 매료되어 살고 있는 인생은 그럼 허무한 것일까요?

"공부를 해야지. 공부를 한다는 것은 분명히 밝히지만 연습이 아니야. 당대에 무아가 되자는 발심(發心)을 해야지. 무아의 경지를 볼 수 있으면 더욱 좋고, 보지 못한다고 해도 공부를 한다는 것은 결코 연습이 아니야. 공부는 분명히 내생에 가 훨씬 뛰어난 것을 만드는 인(因)이 되고 있으니까 말야."

도의 자리는 그럼 모두 동일한 모습일까요?

"아니지. 도의 자리만큼 계급이 세밀한 것도 없지. 무아의 경지를 보았대서 행동이 투철하지는 못하지. 힘이 있어야지. 그래서 무아를 보았대도 그 힘이 있어서 현인을 당하지 못하거든."

현인이나 성인도 시운(時運)을 따라 움직인다는 말이 있는데요. 그것은 다른 말로 표현하면 현실적인 시류에 영합해 간다는 의미인가요?

"절대 그건 틀린 말이야. 현인이나 성인은 어느 때나 무아이지.

오늘날 그 풀이가 잘못되고 있음이 분명해. 무아는 시공의 본처인데 가당치 않은 말이야."

오늘 우리의 주변이 다소 번잡하고 소란함을 타개하자면 어떻게 해야 될까요?

"이때에 처해서는 개인 개인이 타개할 수가 없어. 어떤 혁명이 오지 않고서는."

무아가 되지 않고서는 생명의 본체에 이르지 못한다는 말씀 잘 들었습니다. 끝으로 화엄경 강의를 마치시고는 금년에 어떤 일을 하실 계획을 세우셨는지.

"사집(四集)에 이어 사교(四敎)를 완간하고 싶어. 교재용으로 쓰자는 이야기가 많아서."

밖에는 어둠이 걷히고 찬연한 아침 햇살이 빛났다. 노사는 월정사 강의에 시간을 맞춰 가기 위해 행장을 분주히 꾸렸다. 기자는 머리를 깊이 조아리고 스님의 처소에서 물러났다.

1977년

한국불교는 세계의 중심이다

— 인도·동남아 등 불교성지 순례를 마치고 —

대담자: 박재원(세계불교도협의회 수석부회장)

※ "스님" = 탄허 스님, "박" = 박재원

박: 항상 스님을 가까이서 뵙고 가르침을 받고 있습니다만, 이번처럼 지면을 통해 여쭙기는 처음입니다. 좋은 말씀 주시기 바랍니다. 스님께선 지난번 불교성지순례를 마치고 오신 후, 한국이 세계불교의 종주국이 되어야 한다고 말씀하셨습니다. 그 말씀은 저희 협의회가 추진해 가는 사업 취지와도 일치하므로 큰 의미를 줍니다. 상당한 연유가 있어서 말씀하셨을 것으로 보는데, 어떤 것인지 알고 싶습니다.

스님: 인도를 가보니, 불교 모국(母國)인 곳이 중이란 볼 수 없고 불교는 모두 황무지가 되어 있었습니다. 부처님 나신 부다가야에 가서야 겨우 인도 중 한 사람을 만났으며, 하루 저녁 대담을 해 봤지만, 불교 지식이 너무나 단편적인 데 놀랐어요. 이슬람교와 힌두교의 집정을 거치면서 인도의 불교는 사멸했고, 불적(佛蹟)도 거의 파괴된 때문이라고 보았습니다. 사실 인도의 불교관은 이미 변질된 지 오래입니다. 대학의 철학교수 한 분을 만났을 때 하는 말이, 불타의 정신은 힌두교의 일부분이 아니겠느냐고 반문할 정도이니까요. 그럴 만도 한 것이, 중국의 현장(玄奘) 법사가 17년간 수학했고, 신라의 혜초(慧超) 스님이 입학을 시도했다가 실패했던 나

란타 대학이 당시 8천명을 수용할 수 있는 세계최대의 것이었는데, 불에 타 없어지고 지금은 폐허만 남아 있습니다. 이때 6개월을 계속하여 불에 타 버렸기 때문에 지금 현존하는 장경(藏經)은 우리의 한문 장경인 팔만대장경에 비하면 만분지일밖에 남아 있지를 않다고 합니다. 그러니 자연 지금처럼 쇠퇴해질 수밖에 더 있겠습니까?

인도의 산스크리트어 다음에 좀 나은 것이 서장어(西藏語)인데, 이것 또한 한문 장경의 백분의 일밖에 안된다고 합니다. 그러니 이제는 세계에서 우리의 한문 장경이 최상의 불경원전(佛經原典)으로 되어버린 셈이지요. 게다가 한문 장경을 제대로 볼 수 있는 사람도 한국뿐입니다. 중국은 중공(中共)이 되어 이야기할 필요도 없는 처지가 되었고, 일본은 서구적 사고방식으로 동양사상을 연구하는 폐단이 있어 한문원전을 보는 데 미흡한 점이 많습니다. 동양식 사고방식을 갖고 온전히 한문 원전을 풀이하는 사람은 한국뿐이란 말입니다.

또한 우리나라는 어느 다른 나라보다도 불교의 진수에 있어서, 교리 면으로나 선(禪) 사상 면으로나 다 앞서 갖추고 있습니다. 이미 인도에는 불교가 없어진 형편지경인 바, 말하자면 장손이 끊기면 지손(支孫)이 대신 가업을 이끌어야 하는 법인데, 과연 대를 이을만한 곳이 어디겠습니까? 일본, 중공 다 아닙니다. 불교장경의 보유가 으뜸인 한국뿐입니다. 그래서 우리나라가 세계 불교의 새로운 종주국이 되어야 한다고 한 것이지요.

박: 말씀을 듣고 보니 국제불교도협의회의 한 임원으로서, 또 한 불제자로서 새로운 사명감을 갖게 됩니다. 스님께서는 인도뿐만 아니라 동남아 각국을 돌아보셨는데, 이 나라들은 거의가 다 불교 숭상국 아닙니까? 이곳에서 느끼신 바는 없으신지요.

스님: 박 부회장 말씀처럼 인도, 동남아 문화권은 거의가 다 불교 숭상국(崇尙國)이었습니다. 그러나 거의가 다 후진국이었습니다. 그래서 아마 불교 숭상국은 후진국이다 하는 소리가 나왔는가봅니다.

그렇지만 같은 불교 숭상국이면서도 일본만은 다릅니다. 일본은 어떻게 해서 부흥했겠습니까? 나라도 작고 자원도 없는 섬나라이면서도 태평양전쟁 때 세계 3대 강국에 들었고, 패망 후지만 지금도 역시 4대 강국에 들고 있습니다. 그러면 일본은 대체 무슨 정신을 갖고 발전할 수 있었느냐? 즉 다름 아닌 불교정신을 잘 이용한 덕택입니다. 태평양 전쟁시 그들은 선검일여(禪劍一如)라 했습니다. 즉 참선하는 정신과 칼 쓰는 정신을 하나로 훈련시켰던 것입니다. 선(禪)이란, 잡념이 하나라도 붙으면 안 됩니다. 그것은 망상일 뿐입니다. 도를 열 번 통했다 해도 통했다는 생각이 붙으면 이미 도가 아닌 것입니다. 군대가 칼을 쓸 때에도 앞뒤에 이럴까 저럴까 주저하는 생각이 있으면 칼을 쓸 수가 없습니다. 일본사람들은 불교의 선(禪) 정신을 칼 쓰는 데 주입시킨 것입니다. 때문에 그들의 군대가 강할 수 있었고, 경제발전도 해갈 수 있었던 것입니다.

우리나라도 불교정신을 잘 이용했던 때는 신라시대로서, 당시 불국사에선 4천여 명의 사대부중을 함께 모여 지내게 하고, 의상대사를 모셔다가 화엄경으로 국민정신을 지도했으며, 원효대사는 천성산[양산 통도사 내원암]에서 매년 1천여 명씩 제자를 길러냈던 것입니다. 그렇게 신라는 불교정신으로 신라 국민을 지도하여 마침내는 삼국통일을 이룩한 것입니다. 그러면 도대체 불교정신에 무엇이 있기에 그럴 수 있겠습니까? 그것은 바로 불교의 생사일여관(生死一如觀)의 정신을 갖고 삼국을 통일하게 했던 것입니다. 죽고 사는 것이 하나이다, 즉 생사가 둘이 아니라는 정신만큼 강한 것이 없습니다. 이 몸뚱이를 버릴 수 있다면 그것보다 더 강한 것이 없는 것입니다. 그런 망상을 끊고 도(道) 자리에 든 거나 다를 게 없는 경지이니까요. 그러니까 결론을 내린다면, 불교국(佛教國)일지라도 불교의 정신을 알맞게 잘 응용할 줄 아는 나라는 흥(興)하고, 이를 응용하지 못한 나라는 후진국일 수밖에 없다는 말입니다.

박: 이제 한국불교도 내부 파쟁은 없어지고, 대내적으로는 새로운 국민정신의 구심점으로서의 역할을 회복해야 되겠고, 대외적으로는 국력신장을 위한 한국불교의 세계화에도 노력할 때라고 생각됩니다. 근래 정부는 충효사상을 우리 국민정신으로 진작시키고 있는데, 이에 대해 좀 말씀하여 주시지요.

스님: 조선은 5백년 동안 유교의 충효일치 사상으로 국민을 지도했습니다. 충효라면 나라에 충성하고 부모에게 효도하는 것으로만 알고 있는데, 그게 아닙니다. 충도 효로써 근본을 삼습니다. 부모에게만 효하는 것은 소극적이 효로서 대효(大

孝)는 못됩니다.

공자의 3천여 제자 가운데 제일가는 효자를 증자(曾子)로 칩니다. 증자는 부모를 잘 공대하였을 뿐만 아니라 항상 부모의 마음과 뜻을 잘 받들었기 때문입니다. 증자는 자기 아버지가 좋아하는 음식을 늘 준비했다가 드렸는데[養口體之孝], 자기 아버지가 친구와 같이 와서 "음식이 있느냐? 하면 "예, 있습니다" 하고는 남은 음식을 몽땅 갖다 드리곤 했지요. 즉 아버지의 뜻을 끝까지 받든 것이지요[養心志之孝]. 그러나 증자의 아들 증원은 좋은 음식을 남겨 두었다가 아버지가 친구들을 데려와서 "그 음식이 남았느냐?" 하면 "아니, 없습니다" 고 하였지요. 즉 감춰 두었다가 아버지의 친구가 돌아가면 아버지에게만 드리려고 했기 때문입니다. 아버지의 입과 몸뚱이만 받들지 뜻을 받들 줄을 몰랐던 것입니다. 심지(心志), 곧 마음과 뜻까지 받들 줄 알아야 참다운 효라 할 수 있는 거지요. 양구체지효(養口體之孝), 양심지지효(養心志之孝) 이 둘을 합해야 완전한 효가 되는 것이며, 증자를 그 표본으로 삼게 된 겁니다.

그런데 맹자는 증자를 가리켜, 증자의 효는 "어지간하다" 고만 평했지 "굉장하다" 고는 안했던 것입니다. 왜냐하면 증자의 효는 자식이 당연히 할 일을 했기 때문이란 거지요. 즉 충을 겸하지 못한 효는 소극적인 효라는 것입니다. 따라서 대효(大孝)·달효(達孝)·지효(至孝)가 못된다는 것입니다. 국가사업을 겸한 효라야 비로소 대효·달효·지효가 된다는 것이지요. 안중근, 윤봉길 의사 같은 분이 바로 대효·

달효 · 지효라 할 수 있습니다.

그러면 그분들은 국가사업을 위하여 자기를 희생하였는데, 부모, 처자식이 없어서 그럴 수 있었느냐 하면, 그게 아닙니다. 다 있었습니다. 부모에 대한 그런 불효가 어디 있겠느냐고 반문할지 모르지만, 모름지기 큰 것은 작은 것을 버리는 법입니다. 그래서 국가사업에 대한 자기희생을 "큰 효" 라 하는 것입니다.

이것입니다. 이것이 바로 유교의 충효일치 사상인 것입니다. 온 국민의 국가관이 "삼천리강토가 내 집이다. 3천만, 5천만 동포가 다 내 가족이다", 이처럼 생각이 들도록 되어야겠지요. 그러니 역시 이것도 나라의 지도 여하에 달린 것입니다. 종교정신이 아무리 좋다 해도 이용에 따라 가치척도가 달라지는 것이니까요. 인도에 가 보니 불교 때문에 망했다고 그러더군요. 망하고 흥함은 그 종교로 인한 국민정신과 정치지도에 있는 것이지, 종교 자체에 있는 것이 아닙니다. 그러니 부처님도 최후의 유언을 "내가 국왕 대신에게 내 법을 위촉한다" 고 하셨던 것입니다. 지금 우리의 중요한 일은 조국통일을 성취하여 만대의 자손에게 유감없이 물려줘야 할 입장에서 국민적 자각을 어떻게 세우느냐에 있다고 봅니다.

박: 우리나라는 그동안 꾸준한 경제성장으로 중진국 대열에 섰고, 선진국 대열에 설 날도 그리 멀지 않았다고 봅니다. 그러나 급속한 경제성장만큼 국민정신의 계발이 뒤따르지 못하고 있는 것 같습니다. 따라서 배금사상, 낭비, 사치풍조 또는 청소년 문제 등등의 사회문제가 일어나고 있습니다. 스님께서 좋은 처

방을 주신다면 어떤 것일까요?

스님: 정신을 제일의(第一義)로 삼고 물질을 제이의(第二義)로 삼아 정신과 물질을 조화시키는 데서 인간은 좀 더 인간다워지고 사회는 정화될 것입니다. 요즘 사람들이 서양의 물질문명을 쫓아가다 보니 사고방식마저 그들의 것을 답습하려는 데서 오는 폐단이라고 봅니다.

서양인은 아이를 키울 때 "너는 장차 커서 일류 기술자가 되어라. 그럴 수 없으면 일류 예술가가 되어라. 아니면 일류 종교가가 되어라"고 한답니다. 그러나 동양에선

"태상(太上)은 **입덕**(立德)하고,
기차(其次)는 **입언**(立言)하고,
기차(其次)는 **입공**(立功)이라." 합니다.

가장 훌륭한 사람은 종교인, 도덕가가 되는 것이고, 그 다음이 예술가, 그리고 과학자나 기술자가 되는 것이라고 말하고 있습니다.

동·서양 사람이 바라는 것은 같지만 그 순서는 정반대입니다. 서양인의 사고방식은 외본내말(外本內末), 근본을 밖으로 내버리고 지말(枝末)을 안에 두는 것이지요. 그러나 동양은,

"일본만수 만수일본(一本萬殊 萬殊一本)"
한 근본이 우주만유요, 우주만유가 한 근본이다.

는 사상입니다.

그러니까 현실적 조화를 위해선 어릴 때부터 도덕뿐만 아니라 종교를 가르침이 필요합니다. 도덕을 가르치는 것만으로는 소용이 없습니다. 실천할 줄 알아야지요. 그 실천의 방법이 종교입니다. 공자도 국민을 지도하는 중추가 바로 도덕과 예법이라고 했습니다. 그러니 초등학교에서부터 대학교까지 종교 과목을 두어 온 국민이 종교를 생활화해야 됩니다. 말하자면 국민들에게 어릴 때부터 불교의 화엄학, 기독교의 산상수훈, 유교의 충효일치사상을 가르쳐야 하는 것입니다.

박: 한국불교는 앞으로 본연의 대승 교리로 나가야 된다고 믿습니다. 그러나 현실은 그렇지를 못하고 소승적인 기복(祈福)에만 치우쳐 있는데, 스님께서는 어떻게 보시는지 말씀해주십시오.

스님: 기복(祈福)으로만 흐른다는 것은 대개 약한 사람들이 종교를 믿을 때 나오게 되는 현상입니다. 이러한 면은 어느 종교에서나 비슷하다고 봅니다.

기독교에선 예수가 부활해서 구원할 때에 하느님을 믿지 않는 자는 하늘에 올라갈 사다리가 없다고 합니다. 그러니 우선은 이래야 믿게 될 게 아닙니까? 그래야 약한 중생들이 아이구, 내가 믿어야 되겠구나 하는 마음이 생길 게 아닙니까?

예수의 근본정신은 허심자수복(虛心者受福), 마음을 비우는 자가 복을 받는다는 것입니다. 또 "네가 돌이켜서 동자가 되지 않으면 천국에 갈 수 없다" 고도 했습니다. 그럼 여기서 동자가 된다는 말은 무엇이겠습니까? 동자란 천진난만한 어린애를 말하는데, 어린애의 마음은 바로 성인의 마음과 같기 때문입니다. 성인의 마음은 곧 그 순간의 마음, 즉 앞뒤가 다 끊어진 마음을 갖고 사는 사람입니다. 도를 통한 사람도 그런 것입니다. 그래서 "네가 돌이켜서 동자가 되지 않으면 천국에 갈 수 없다" 고 한 것은 바로 "도(道) 통한 자가 아니면 천국에 못 간다", 이 소리입니다. 그런데 이러한 예수님 말씀의 근본정신을 모르고, 예수가 구원해 준다니까 자기 스스로 구원할 생각은 않고 예수만 부르고 의지하려고만 드니, 이것도 또한 바로 기복적인 경향인 것입니다.

불교에서도 마찬가지로 칠성각에 기도나 드리고 아들 낳게 해 달라, 남편 출세시켜 달라 하는 것 등이 기복입니다. 그러나 몽매한 중생을 하루아침에 도의 자리에까지 끌어올릴 수가 없으니, 신심을 증장(增長)키 위한 방편으로 기복은 어느 종교에서나 의도되는 것입니다. 다만 문제는, 기복에만 치우치는 경향은 마땅히 탈피해야 합니다. 참다운 것은 청정한 자기 마음의 본체를 밝혀 의타(依他)를 정화하여 자기해탈과 이타행(利他行)을 이루는 것이 올바른 깨달음의 길입니다. 그리고 이것이 바로 대승적 입장인 것입니다.

박: 대체적으로 어느 종교치고 내부적으로 분규가 없는 데가 드문 것 같습니다만, 특히 대중들에게는 불교가 마치 싸우는 종교로 인식되고 있는 것 같아 한 불자의 입장에서도 부끄럽기 짝이 없습니다. 현재 한국 불교계는 19개의 여러 종단으로 나누어져 있고, 또 몇몇 종단은 분규가 끊이질 않고 있습니다. 스님께서는 이러한 현상을 어떻게 보고 계신지 말씀하여 주십시오.

스님: 본래 조상은 하나인데 거기서 몇 십대가 지나고 나면 그 후손들이 자기 조상을 망각하게 되는 것 아닙니까? 시대의 조류를 따라서 종단도 어쩔 수 없이 분파(分派)되는 것이 아니겠어요?

그러나 바다를 볼 것 같으면, 육지로부터 모든 냇물이 내려와서는 어떤 물이든지 짠 맛으로 바뀌는 것입니다. 바다는 원래 자체가 크고 한량없기 때문에 육지의 백천중류(百千衆流)가 바다 맛이 되는 것입니다. 이처럼 우주의 삼라만상은 허공에 이르면 하나가 됩니다. 그러므로 진정한 입장에서 보면 아무리 분파될래야 분파될 수가 없는 것입니다. 그러므로 근본적인 종지는 부처님이 다시 출현하신다 해도 하나일 수밖에 없는 것입니다.

박: 아주 본원적인 말씀만 주시는군요. 하지만 불교혁신의 긴박성을 논하는 여론도 들리고 있습니다.

스님: 무엇이든지 혼자는 어려운 것입니다. 둘이 손을 맞잡아야 할 수 있는 것입니다. 그래서야 국가, 사회, 종교도 다 발전합니다.

박: 고대에 있어서의 교정일치(敎政一致)와 흡사한 말씀이시군요.

스님: 그렇지요. 그러니까 교정일치지요. 교정일치가 되어서 서로 손을 맞잡고 나가야 혁신이 가능합니다. 둘이 손을 맞잡는다는 것은 어느 한쪽만을 위해서가 아니라 둘이 다 발전하기 위해서 서로 필요하다는 것입니다.

박: 병이 그만큼 깊어졌다는 말씀으로 이해됩니다.

스님: 그렇지요.

박: 참, 인사가 늦었습니다만, 스님께서는 인도·동남아 불교성지 순례 후 잠시 편찮으셨다는 것으로 알고 있는데, 요즘 건강은 어떠신지요.

스님: 아주 좋습니다.

"**병종하래**(病從何來)오? **병종업생**(病從業生)이니라.
업종하래(業從何來)오? **업종망생**(業從妄生)이니라.
망종하래(妄從何來)오? **망종심생**(妄從心生)이니라.
심종하래(心從何來)오? **심본무생**(心本無生)이니라.
심본무생(心本無生)이어니, **병종하래**(病從何來)오!"

병은 어디로부터 나왔는? 병은 전생의 업으로부터 나왔다. 전생의 업은 어디로부터 나왔나? 전생의 업은 망상으로부터 쫒아 나왔다. 그럼 망상은 어디로부터 나왔나? 마음으로부터 나왔다. 마음은 어디로부터 나왔나? 마음은 나온 곳이 없다. 그럼 마음이 나온 곳이 없는데, 병은 어디로부터 나왔는고

하고는 훌쩍 병을 던졌다는 말이 있습니다. 그러니 병이 오고 가는 게 다 마음 쓰기에 달려 있는 것이 아닐까요.

박: 아, 예. 스님, 현대를 흔히 위기의 시대라고도 하고 혹자는 지구의 종말이 올 것이다 라고도 말하고 있는데, 스님께선 어떻게 생각하고 계신지 말씀해 주시지요.

스님: 380여년 전의 예언가 불란서의 노스트라다무스의 예언은 그동안 98%의 적중률을 보였다는데, 그에 따르면 지구는 파멸적인 전쟁, 지진, 그리고 홍수로써 1999년 7월에 멸망할

것이라고 되어 있습니다. 기독교에서는 현대를 말세라고 해서 최후의 심판을 받게 된다고 합니다.

그러나 동양 정역(正易)의 원리는 후천세계의 자연계와 인류의 상태에 대해 빈틈없는 이치로 설명을 주고 있습니다. 서양의 예언들은 인류종말을 말하지만, 실은 오히려 온갖 인류의 부조리가 사라지고 낙원이 이룩되는 신세계입니다. 역(易)의 원리를 다 이야기하자면 너무 깁니다. 결론적으로 말한다면, 지구의 종말이 아니라 지구의 성숙이라고 보아야 옳습니다.

"**제일오백세**(第一五百世)는 **해탈**(解脫)이 **뇌고**(牢固)요,
제이오백세(第二五百世)는 **선정**(禪定)이 **뇌고**(牢固)요,
제삼오백세(第三五百世)는 **다문**(多聞)이 **뇌고**(牢固)요,
제사오백세(第四五百世)는 **탑사**(塔寺)가 **뇌고**(牢固)요,
제오오백세(第五五百世)는 **투쟁**(鬪爭)이 **뇌고**(牢固)라."

즉 2천 5백년이죠. 부처님께서 이 세상을 떠나신 후에 제1오백년 동안에는 입산수도하는 사람이든지 불교를 믿는 사람이면 대개 해탈경지에 이르게 되고, 제2오백년, 즉 천년 동안에는 낱낱이 해탈은 못하지만 선정(禪定), 즉 도를 닦을 줄 아는 사람이 많고, 제3오백년 동안은 해탈도 선정도 없이 다만 많이 들어서 팔만장경의 교리를 통달하여 박문강기(博聞强記)하는 지식 면으로만 발달하고, 제4오백년 동안에는 해탈도 선정도 다문(多聞)도 없이 절이나 짓고 탑이나 쌓는 사업만을 숭상하고, 제5오백년 동안은, 즉 2천 5백년

이 되죠. 이 때는 해탈도 선정도 다문도 탑사도 없이 다만 명예나 재리(財利)를 가지고 싸움만을 일삼는다고 하셨습니다.

부처님께서 이 오오백세, 즉 2500년을 가지고 말씀하신 것은 세강속말(世降俗末)이 될수록 도 닦기가 어려워지게 됨을 지적하신 것입니다. 우리는 인지가 발달된다고 하지만, 성인이 볼 때에는 인지가 발달되는 것이 아닙니다. 그렇기 때문에 시대가 지나갈수록, 물질이 발달될수록 망상이 더 많아지고 도 닦기는 어려워지는 거죠.

그러나 부처님께서 능엄경(楞嚴經)에 말씀하시기를 "한 사람이라도 진리를 발견해서 근원으로 돌아가면 시방 허공이 다 녹아 떨어진다.

"**일인**(一人)이 **발진귀원**(發眞歸源)하면
시방허공(十方虛空)이 **실개쇄운**(悉皆鎖殞)이라" 고 했어요.

한 사람의 마음 광명이 세상을 구원할 수 있다는 말씀입니다.

박: 스님의 말씀은 새로운 성인 또는 선각자가 나와서 다시금 인류를 구원한다는 말씀이신가요?

스님: 그런 게 아닙니다. 원각경(圓覺經)에 부처님이 말씀하시기를

"말세제중생(末世諸衆生)이
심불생허망(心不生虛妄)하면
불설여시인(佛說如是人)은

현세즉보살(現世卽菩薩)이라"

"말세의 모든 중생이 허망심을 내지 않으면 부처님께서 말씀하시기를 이와 같은 사람은 현세에 곧 보살이라 한다.

라고 했습니다. 또 말씀하시기를 신구의(身口意) 청정하면 부처님이 나심이라고 했습니다. 그러니까 부처님은 가고 오는 것이 없고, 누구든지 그 사람의 몸과 입과 뜻이 깨끗하면 부처님이 거기 계시고, 그렇지 못하면 안 계신다고 한 말씀이지요. 그러니 새로운 성인이 따로 있겠습니까? 닦아 깨달으면 부처이고, 성인입니다. 인류 구원은 새로 어떤 성인이 나타나야만 되는 게 아닙니다. 누구에게 의지할 게 아니라 우리 중생이 스스로 깨달아 청정한 본마음으로 되돌아가야 되는 겁니다.

박: 그러나 부처님께서도 중생을 상근기(上根機) · 중근기(中根機) · 하근기(下根機)로 나누었으며, 인연 없는 중생은 부처님도 구제할 수 없다고 말씀하신 것으로 아는데, 우리 인간이 그렇게 각자가 깨달을 수가 있겠습니까?

스님: 그래서 현실적으로는 중근기 · 하근기를 위해 사회적, 정치적 지도가 필요한 것이지요.

박: 좀 더 구체적으로 말씀하여 주시죠.

스님: 상근기의 삶이란 대인군자(大仁君子), 즉 우주와 자신을 함께 잊고[物我兩忘] 예로써 사는 성인적 경지를 말하는 것이니, 이들에게는 별다른 지도가 필요할 리가 없습니다. 중근기의 인간은 물아양망(物我兩忘)의 경지에는 이르지 못했지만 세속 법규에 조금도 어긋나지 않게 사는 사람을 말하고,

하근기의 인간은 예도 법도 모르고 오직 정에만 이끌려 사는 '천치' 같은 사람들을 말합니다.

그런데 여기서 중요한 것은 중근기와 하근기를 지도하는 지도자가 성인이냐 소인이냐에 따라 그 결과가 크게 달라진다는 점입니다. 인류 전체의 10%가 극선질(極善質)이라면 그 다음 10%는 극악질(極惡質)이며 80%는 보통 평민입니다. 요·순(堯舜) 때라고 백성 모두가 다 선질은 아니었고, 걸·주(桀朱) 때라고 백성 모두가 다 악질은 아니었습니다. 정치 지도자가 성인일 때엔 10%의 극선질이 등용되기 때문에 10%의 극악질이 머리를 들지 못하는 것이고, 지도자가 소인일 때엔 10%의 극악질이 등용되기 때문에 10%의 극선질은 모두 숨고 마는 것입니다. 나머지 80%의 평민은 어느 시대건 따라갈 뿐입니다.

그러므로 지도자가 도덕으로써 위민덕화(爲民德化) 정치를 하면 자연 중근기, 하근기의 국민 모두가 바른 인간이 되는 것입니다. 그래서 공자님 말씀이,

"**도지이정**(道之而政)하고
제지이형(齊之以刑)하면
민면이무치(民免而無恥)니라
도지이덕(道之以德)하고
제지이예(齊之以禮)하면
유치차격(有恥且格)이니라."

"형벌과 법령으로써만 다스린다면 백성이 죄짓는 것은 막을 수 있지만 양심적 교정은 할 수 없다. 그러나 덕으로써 이끌고 예로써 다스린다면 백성이 잘못했을 때 양심의 가책을 받아 바른 길로 나갈 것이다." 라고 했던 것입니다.

박: 스님의 말씀을 듣고 보니 새삼 느껴지는 바가 많습니다. 그런데 한 나라 정치와는 달리 국제정치는 강대국의 이해관계에 따라 약소국의 운명이 좌우되는 게 엄연한 현실입니다. 인류의 장래도 어떤 면에서는 핵강대국의 태도 여하에 따라 낙관과 비관을 예측할 수 없는 시대상황이라고 볼 수 있습니다. 여기에 대해서는 어떻게 생각하시고 계신지 말씀하여 주십시오.

스님: 알겠습니다. 돌이켜 보면 세계사가 강대국의 지배사였다 해도 부정할 수 없습니다. 그러나 우주의 원리를 알아야 합니다. 만일 강폭한 원자탄, 수소탄만으로 이 세상을 지배할 수 있다면 우주의 원리는 부정될 것입니다. 우리가 금세기를 살아오면서 똑똑히 보지 않았습니까? 제1차, 2차 세계대전을 다 독일이 일으켰습니다. 만일 이 강폭한 세력이 세계를 지배했다면 세계는 독일의 것이 됐겠지만, 독일은 두 번 다 실패했습니다. 역사를 보면 알 수 있습니다. 우주 개벽 이래로 원시시대의 전쟁은 맨주먹으로 하는 싸움이었지만, 그 뒤로 시대가 발전하면서 나무로 창을 만들었지요. 그런데 주먹이 나무를 이기지 못합니다. 이 원리가 '목극토(木克土)' 하는 원리입니다. 그 후엔 쇠로 창을 만들어 나무창을 이겼는데, 이게 바로 '금극목(金克木)' 하는 원리이지요. 그 다음엔 불총을 만들어 쇠창을 이기는 것은 '화극금(火克金)' 의

원리인데, 불의 사용은 원자탄으로 종결을 지은 것입니다. 그 후 원자탄보다 더 무서운 수소탄이 나온 것은 '수극화(水克火)' 하는 원리입니다. 그러면 수소탄을 능가할 수 있는 것은 무엇이겠습니까? 바로 맨주먹입니다. 맨주먹은 무슨 뜻입니까? 바로 도덕군자를 말하는 것입니다. 도덕군자 앞에는 총칼도 수소탄도 다 쓸데없는 것이지요.

서양에서는 독일을 예로 들었습니다만, 동양에서는 일본을 예로 들 수 있습니다. 일본은 우리나라가 문화를 전달시켜 주었지만, 우리나라와의 관계를 역사적으로 보면 지난 5백년 동안 무려 49차에 달하는 침략행위를 일삼았습니다. 그 침략근성의 결과는 태평양전쟁으로 가장 쓰라린 참패를 맛보아야만 했습니다. 반면 우리 선조(先祖)들은 타민족에게 늘 침략을 당하고만 살았지 남을 해칠 줄 모르고, 동양의 전통적 가치관을 그대로 지키면서 살아 왔습니다. 이 점이 우리나라의 장래를 밝게 만들어 주는 중요한 관건이 된다고 볼 수 있습니다.

박: 우리민족은 도의민족이지요. 세계 어느 민족보다도 오랜 5천여년의 역사를 살아오면서도 침략, 정복민족이 한 번도 되지 않았다는 것은 참으로 놀라운 일입니다. 때문에 반대로 우리 역사는 수난의 장장(章場)으로 점철되었다고도 볼 수 있습니다. 그런데 오늘날 남북이 분단된 현실을 볼 때에 우리 민족에겐 아직도 이토록 큰 시련이 필요하나 하는 안타까움이 있게 마련입니다.

스님: 주역(周易)의 원리로 보면 우리나라는 '간방(艮方)' 이 됩

니다. '간(艮)' 이란 것은 사람으로 말하면 앞으로 크게 자랄 수 있는 '소남(少男)' 이요, 나무로 말하면 '결실' 이요, 덕으로 말하면 '그치는 것' 입니다. 즉 그치는 것은 도덕을 의미합니다. 우주만물이 도덕으로부터 시작하고 도덕에서 종결짓는다 했습니다. 위에서 얘기했지만, 우리 선조들은 대대로 도덕분야에서 살아왔기 때문에 그 음덕(蔭德)이 자손에게 미치게 되어 있습니다. 곧 우리나라가 도덕적으로 제일가는 나라임을 뜻합니다.

우리나라는 이미 새로운 역사의 장정에 들어섰습니다. 오래지 않아 우리나라는 훌륭한 인물들이 나와서 국가원수를 중심으로 단결하여 통일하고 평화적인 국가를 건설할 것이며, 모든 국내의 문제를 해결하고 우리의 국위를 크게 선양할 것입니다.

그리고 우리의 새로운 도의문화는 다른 모든 국가들의 귀감이 될 것입니다. 그러나 훌륭한 인물이 나온다 하여도 그 과정에서 우리는 인재의 부족을 심각하게 느끼게 될 것입니다. 인재가 부족하다는 뜻은 학사·석사·박사 등 전문적인 인재가 없다는 것이 아니라 도의적인 인재가 없다는 말입니다. 따라서 이제 우리는 미래의 문제를 걱정하기에 앞서 어떻게 하면 도덕적 인격을 함양하여 도의적 인간이 되느냐 하는 걱정을 더 필요로 하는 시점에 서 있는 것입니다.

박: 과연 무엇을 갖고 가르쳐야 올바른 자기 마음을 찾는 도의적 인간이 되겠습니까?

스님: 그건 동양사상의 진수인 화엄사상(華嚴思想)뿐입니다. 그러

나 아쉬운 건 화엄사상을 펼쳐 나갈 오늘의 원효나 의상대사가 없다는 점입니다.

박: 스님께서는 이미 원효나 의상대사와 마찬가지로 도덕적인 인재 양성에도 힘써 오신 것으로 알고 있습니다. 스님의 동양사상과 화엄사상의 설법은 다시 누구에게서도 들을 수 없는 명 설법으로 정평이 나 있습니다.

특히 지난 10여년의 각고 끝에 총 120권의 신화엄경합론(新華嚴經合論)을 우리말로 번역, 해석하여 이미 출판하신 바 있습니다. 그 업적으로 인촌문화상까지 받으셨습니다만, 실로 그 가치는 말로 다 표현할 수 없다고 하겠습니다. 신라시대의 원효대사께서도 다 이루지 못하신 염원을 1천 6백여년 후인 지금 스님께서 이루셨으니, 저희 불제자들로서는 다시없는 크나큰 환희일 뿐만 아니라, 가장 난해한 화엄경을 우리 역사상 최초로 완역하셨다는 데에 국가적으로도 큰 업적이라 생각됩니다. 이 기회에 화엄학(華嚴學)에 대해서 잠시 말씀하여 주시죠.

스님: 부처님께서 성도하신 후 최초의 21일 동안 화엄학을 설했으나 알아듣는 이가 없으므로, 화엄학까지 끌고 올라가기 위한 방법론으로 49년 설법이 벌어졌다는 얘기지요. 즉, 아함부(阿含部)를 12년 · 방등부(方等部)를 8년 · 반야부(般若部)를 21년 · 법화부(法華部)를 8년, 해서 49년 설법이 됩니다. 비유컨대 아함부를 유치원[人天教]으로부터 초등학교까지의 학설이라면 방등부는 중학교 학설이며, 반야부는 고등학교 학설이요, 법화부는 대학교 학설이라면 화엄학은 대학원 학설에 해당합니다.

그래서 부처님께서는 최후에 네가지 의지하는 법(法)을 말씀하셨습니다. 첫째는 대의(大義)를 의지하고 문자를 의지하지 말라. 둘째는 지혜에 의지하고 식(識)에는 의지하지 말라. 여기서 지혜는 망상이 붙은 세간(世間) 지혜가 아니고 분별이 끊어진 반야(般若) 지혜를 말합니다. 셋째는 법(法)만 의지하고 사람은 의지하지 말라. 넷째는 요의경(了義經)만 의지하며 불요의경(不了義經)은 의지하지 말라는 것입니다. 즉, 요의경이라면 화엄경 80권뿐이므로 이 화엄학 하나만 의지하지, 다른 경은 불요의경이므로 의지하지 말라는 것입니다. 왜냐하면 다른 경은 모두 화엄학에 끌고 올라가기 위한 방편적인 학설이기 때문입니다. 그러니까 화엄학의 결론은, 화엄학 이하에서는 말세중생(末世衆生)은 성불 못한다는 말이 나오지만 최고학설인 화엄학에 가서는 다 성불할 수 있다는 것입니다. 그리고 본체의 진리를 깨닫고 이를 행동으로 실천하는 것을 교시한 경이 바로 화엄경인 것입니다.

박: 끝으로 국제불교회보가 불교의 생활화, 불교사상으로 호국, 세계 불교화를 위하여 종파를 초월하여 범포교지로서의 사명을 갖고 창간된 데 대하여 도움의 말씀을 주시면 고맙겠습니다.

스님: 아주 훌륭한 일을 하셨습니다. 그런데 흔히 용두사미란 말을 씁니다만, 유두무미(有頭無尾), 유시무종(有始無終)이 되기 쉬운 법입니다. 시작한 오늘의 기점에서 잘하고 못하고는 둘째치고, 끝으로 창간 목적을 위하여 밀고 나갈 수 있는 힘이 있어야 합니다. 바로 이 점을 당부하고자 합니다.

박: 오랜 시간 정말 감사합니다. 1978

불교와의 인연

우리나라 현존 인물 가운데 유·불·선 3교에 관해 가장 해박한 지식을 갖고 있는 것으로 알려진 김탄허 스님은 일찍이 "불일(佛日)의 재휘(再輝)"란 칭송을 받았던 도승 방한암(方漢岩) 스님의 고제(高弟)로서, 선교양종(禪敎兩宗)에 많은 정신과 업적을 쌓아 왔고, 한결같은 인욕(忍辱)의 정진으로 60평생을 살아 온 스님이다.

10여년에 걸친 줄기찬 집념으로 불교 최고의 경전인 화엄경을 자상한 주석을 곁들여 우리말로 옮겨 놓음으로써 "원효, 의상대사 이래의 최대의 불사"를 이룩해 놓은 스님은 그 겸허한 자세와 해박한 학식은 말할 것도 없지만 비구 본래의 몸가짐을 간직하기 위해 자기 자신의 내부모순과 갈등을 승화시키는 데 남다른 고생과 노력을 해 온 큰스님이다.

탄허 스님은 1913년 신유(臣儒) 최면암(崔勉庵) 선생의 학문적 전통을 이어받은 독립운동가 율재(栗齋) 김홍규(金洪奎)씨를 부친으로 전북 김제에서 출생했다. 속명은 택성(鐸聲), 신식학교 교육이 시작된 시절이었으나 엄격한 가통(家統)에 묶여 엄두도 못 내고 집에서 수학했다. 20세까지 유학을 공부했고 다시 3년간 도교에 심취, 지금 '노장철학의 대가'로 손꼽히는 그의 도교 지식도 이때에 흡수한 것이다.

그가 입산한 것은 22세 때의 일. 17세에 성혼하여 이미 아들까지 두고 있었다. 모실 만한 스승을 찾아 동서남북으로 구도의 편지를 띄우기 수 년. 당시 오대산 상원사에 있던 방한암 스님의 성화(聖華; 훌륭한 이름)를 듣고 편지를 낸 데서 불교와의 인연은 시작된다.

"나이 20에 사람이 못나고 학문이 짧아, 도를 들음에 믿지 못하고 눈은 빛에 현란되고 귀는 소리에 현란되어 …… "

물론 한문 글귀였지만, 이미 40여년이 지난 지금도 생생하게 외우는 그 구도의 편지는 듣는 이의 가슴을 숙연케 한다.

첫 답장이 오고 다시 편지 왕래를 하기 3년, 갓 쓰고 도포 입은 유생은 "3년, 길어야 10년" 을 기약하고 오대산을 찾아들었으나, 한암 스님의 인품에 매료되어 이것이 영영 탈속의 길이 되고 말았다.

탄허 스님의 인생에 절대적 영향을 준 스승인 한암 스님은 덕으로나 학문으로나 행지로나 근래의 독보적 고승이었고, 앉은 자세로 입적[座脫]하여 세상을 놀라게 했던 분. 그 한암 스님은 생전에 화엄경론의 집필을 기구했었으며, 수제자 탄허 스님의 10년에 걸친 대불사도 그의 유촉에 의한 것이다.

[注: 좌탈(座脫)은 '앉아서 입적'. 입망(立亡)은 '서서 입적'. 좌탈입망(座脫立亡)은 맞지 않음. 혹은 좌탈하고 혹은 입망한다.]

스승이 입적하기까지 21년 동안 줄곧 상원사에 머물렀던 탄허 스님은 6 · 25 이후 동래 범어사, 통영 용화사, 삼척 영은사 등지에 잠시 몸을 담았다가 격화하는 비구 · 대처 싸움을 피해 다시 상원사로 갔었다. 이 동안을 빼면, 그의 전 승려생활은 오대산 상원사에서 보낸 것이다.

그러니까 1955년, 한국대학(지금은 폐쇄됐음)의 요청으로 맡았던 그의 노장철학(老莊哲學) 강의는 유명했다. 처음 1주일 예정이었던 것이 수강생들의 열띤 요청으로 두 번에 걸쳐 연장, 두 달간을 끌었다. 탄허 스님이 말하는 수강생 명단 속에는 현재의 쟁쟁한 학자들도 적잖게 끼어 있어, 그의 명망을 엿보게 한다.

61년, 탄허 스님은 스승 한암 스님의 유촉을 받들어 방대한 규모의 화엄합론 번역에 손을 댔다. "자구(字句) 하나하나에 피가 맺히는" 난해한 연의(演義) 작업에 매달려 발원한 지 10년만인 71년 봄, 원문 10조 9만 5천 48자에 달하는 화엄경 80권과 당나라 통현논(通玄論) 40권을 우리말로 옮기고, 당나라 청량(淸凉)이 간추려 해설한 소초(疏鈔) 1백 50권을 연의(演義), 주석(註釋)을 붙였다.

불타가 행한 49년의 설법 중에서 가장 심오, 위대하며 광대무변하다는 화엄경은 이미 일본에서는 번역, 출판되었으나 논(論)을 번역, 주석한 학자는 아직까지 없다. 그만큼 난해하기 이를 데 없으며, 유·불·선으로 집약하는 동양사상에 대한 정통한 지식 없이는 이해할 수조차 없는 것이기 때문이다.

화엄학 뿐만 아니라 동양사상의 집대성이라고나 할 이 집필은 원고지로 6만 2천 5백여 장이나 되는 대불사이며, 출판경비가 무려 수 천 만원으로 견적되고 있으나, 탈고 2년 반이 지난 현재 출판기금이나 독지가의 후원이 없어 빛을 보지 못하고 있다. 부끄럽게도 일본불교신도회에서 3천만 원에 원고를 사겠다고 나섰지만, 스님은 이를 뿌리쳤다. 후대에라도 좋으니 한국민들의 손에 이 원고를 꼭 넘겨주고 싶은 염원에서였다.

스님은 삶의 지표를 못 찾아 자아를 상실한 현대인류에게, 화엄사상은 더 없는 희망의 철학을 안겨 준다고 강조한다. 우주에 대한 관념은 우주 본체의 진리는 영원불변 하다는 것. 이 우주철학을 바탕으로 한 화엄사상은 우주시대가 열리려는 오늘에 살고 있는 인류에게 삶의 길을 가장 올바르게 일깨워 준다. 이 무한대의 우주 안에 티끌이 존재하며, 그 티끌 속에서도 우주가 존재하는가 하면, 영겁의 시간 안에 한 순간이 존재하면서 그 순간 속에서도 영겁이 존재한다는 게 화엄학 사상이다.

이러한 사상은, 오늘날 우주시대의 서막을 장식한 아인슈타인의 상대성 이론에서도 입증된다고 스님은 설명한다. 무한히 빠른 속도로 운동하는 물체의 자체운동 속도는 제로에 가까워진다는 사실, 에너지와 질량의 가변성, 빛의 입자성과 파동성의 2중성 등 아인슈타인의 이론은 화엄사상과 일치하는 것이다. 아인슈타인은 앞으로 우주종교가 필요함을 역설하면서 그가 생각하는 우주 종교적 요소는 거의 전부 불교에서 찾아볼 수 있다고 술회한 사실을 스님은 특히 강조한다.

삼국통일을 이룩한 신라의 정신적 지도이념이 불교사상이었음을 상기시키는 스님은 '생사일여' 의 불교정신은 신라와 고려를 통해 민중지도의 이념이었고, 이조 오백년의 지도이념은 '충효일여' 의 유교사상이었다면서 사회정화의 밑바탕은 윤리요, 윤리의 바탕은 철학, 그 철학의 밑바탕은 종교라고 강조한다. 때문에 나라를 이끌 도덕적 인재를 양성하기 위해 국민들에게 어릴 때부터 화엄학과 산상수훈과 충효사상을 가르쳐야 한다고 스님은 제의한다.

일찍이 월정사에서 수도원을 차려 학부 출신을 모아 "도덕적 인재" 육성에도 힘써 온 스님은 이제 하고 싶은 것이 있다면 청년들을 모아 동양정신, 화엄정신을 넣어 주는 인재양성이라고 털어놓으면서, 화엄경론의 출판에서 겪고 있는 좌절감에도 굴하지 않고 다시 주역과 노장학(老莊學)에 관한 연구와 집필도 쉬지 않겠다고 다짐한다.

1973년

20년간 써 내린 원고 6만 2천 장

(200자 원고지에 한 칸에 두줄로 주를 쓴 것을 계산하면 10여만매)

"평소 피로나 허기, 운동부족을 모르고 지내 왔는데, 원고 교정 작업을 끝내고 부터 팔이 아파 맥을 못춰요. 생전 처음으로 아이들을 시켜 팔을 주무르고 있어요."

자그마한 키에 다부진 몸매인 탄허 스님은 속세의 나이로 진갑을 지난해에 맞았지만, 건강한 장년 혈색 그대로의 모습이다.

그가 불가에 몸을 담게 된 것은 도학에 밝은 스승을 찾아 집을 떠난 22세 때부터였다. 전북 김제에서 태어나 한학서당에서 20세까지 유교학문을 깨친 뒤 더 할 만한 학문을 찾아 오대산 상원사의 방한암(方漢岩) 스님의 불제자로 들어간 게 그 인연이 되었다고 한다.

"처음에는 승려가 되리라는 뜻은 없었어요. 허나 거기에 물이 들게 되었어요. 원체 불교의 학문에 깊이 빠지게 되었고, 또 여기서 찾을 것이 없었다면 저는 벌써 이곳을 떠났을 겁니다."

그는 17살 때 시골에서 결혼, 올해 41세 되는 아들까지 뒀으나 한암 스님 제자로 들어가면서 가정마저 연을 끊고 말았다. 20세 전의 유교학문과 그 뒤에 몰두한 도학에 관해 지금도 칠판이 있으면 외워 내려가며 쓸 수 있다는 그는, 가끔 불교학을 얼마나 연구해야 알 수 있느냐는 질문을 받는다고 한다.

"그럴 때면 나는 이렇게 대답한답니다. 학술적으로 연구하려면 수재는 30년이 걸리고, 둔재라면 3백년은 걸린다고요. 사실 그래요. 거기에 비교할 때 도교는 20년, 유교는 10년이면 충분해요. 기독교는 나 같은 둔재라도 3년이면 다 터득할 수 있습니다. 그러나 만약 재주꾼이라면 3개월이면 신·구약을 다 외울 수 있죠."

그는 학문에 대해 자만심을 가져서 하는 말이 아니라, 그만큼 불교의 사상과 깊이가 크고 심오한 면을 가리키는 뜻이다.

오랫동안 불교 아카데미즘에 몸담아 학문과 선을 신조로 지내고 있는 그는 3년간 강원도 책임을 맡은 월정사에서 수도승 양성직에 있었던 게 행정적 경력의 전부이다. 이 당시 그는 수도생들의 교재로 화엄학을 가르치려고 화엄경의 번역을 시작했던 것이다.

화엄경이란 부처님이 우주관·인생관의 문제를 타파한 대로 21일간 다 털어놓은 경전의 최고 학설로, 대학원의 학설격이다. 유치원격은 아함부, 중학격은 방등부, 6백부 반야는 고등격, 법화부는 대학격이라 할 수 있다. 이것을 합쳐 만든 것이 팔만대장경 8만 4천여 권[부(部)·질(帙)로는 5천여 부]이라 하는 것이다. 탄허 스님이 이번 번역판을 내놓은 원전은 신화엄경 80여 권과 논(論) 40권 등이 합부된 신화엄합론(新華嚴合論) 1백 20여 권, 청량국사(淸凉國師)의 소초(疏鈔) 1백 50권 등 도합 2백 80권이었다.

경전 번역이 활발한 일본에서는 화엄론 40권이 어려워 이를 번역하지 못하고 있는데, 유·불·도에 고루 정통한 학자가 아니고는 이 번역은 불가능하다는 것이다.

1969년부터 고대 뒤 대원암에 머무르고 있는 스님은 비용 때문에 출판을 출판사에 의뢰하지 않고 사식기(寫植機)를 대원암에 설치, 한권한권 책을 만들어 가고 있다. 책의 이름은 대방광불신화엄경합론(大方廣佛新華嚴經合論)으로 전47권, 한 장본(韓裝本) 원문을 싣고 뒤에 논해(論解)를 달았다.

하루 일과를 어떻게 보내느냐 묻자 스님은

"아무것도 하는 일 없는 게 나의 일과" 라며, 하루 종일 다녀도다닌 게 없고 하루 종일 사색해도 사색한 게 없다고 말한다.

"나의 도를 닦는 정신은 유교에서 가져와서 절에서 더 커진 겁니다"

고 했다. 41세 된 아들과는 10년 전에 몇 번 만난 적이 있다고 한다. "모든 것을 운명이나 숙명처럼 인연 따라 제 갈 길이 따로 있어, 버린 것도 버림받은 것도 아닌데 속가에 처자를 두고 출가를 한 것이라 한다. 결과적으로 좋은 선근(善根)이 될 것이라면서" 스님은 출가로 부인을 결과적으로 버린 셈이 되었으니 미안한 생각이 없느냐고 묻자 "제 못나서 다른 데로 시집도 못 간다" 며, 그래도 자기보다 팔자가 좋은 사람이라고 말한다. 한암 스님의 불제자로 들어갈 때만 해도 부인은 공부를 끝내고 돌아올 것으로 믿고 있었다고 한다.

"속인 것은 아니지만 운명학적으로 보면 나 같은 남편을 안 만났다면 고생를 면할 수 없는 팔자지요. 이렇게 생이별로 떨어져 사니 혼자라는 소리는 안 듣고, 그러니 팔자가 좋은 사람이라 이런 말입니다."

그는 농담처럼 가정 얘기를 털어놓으면서 취미로 역학을 응용, 미래를 품고 투시하는 미래학 공부를 하고 있다고,

"멀지 않은 장래에 기필코 크나큰 만주 땅이 우리 손에 들어오는 것을 보아야 할 텐데!"

그는 신문을 안보고도 대국의 동향을 역학으로 관찰할 수 있다면서, 월남전에 미국이 개입하던 때 오늘과 같은 결과를 거둘 것이라는 예지을 했다고 들려준다. 그러고는 앞으로 우리 강토엔 낙관만이 있을 뿐이라고 말한다.

남달리 젊은 모습을 하고 있는 스님의 건강 비결은

"생각하는 것을 마음대로 조절하는 것이 그 첫걸음이다" 라고.

— 생각이 없는 데로 돌아가는 것 — 부처님은 그래서 늙지 않았고 — 외감(外感) 내상(內傷)으로 — 사람은 늙는다고 말한다. 외감이란 풍한서습(風寒暑濕), 내상이란 의학의 칠정(七情)으로 희·노·비·사·우·경·공(喜·怒·悲·邪·憂·驚·恐)이라 한다.

"속인은 생각을 마음대로 하고 안하고의 조절을 못하지요."

요즈음 시대풍조와 젊은이들에 대한 도의교육에 대해 그는

"도의교육의 학설조차 없이 도의교육만 한다면 우스운 일"

이라면서 도의교육의 체계를 위해 화엄학을 교재로 쓴다든지 해서, 알아야만 행할 수 있는 도의교육의 뿌리를 만들어 줘야 한다고 말한다.

그는 승려들의 승복제도와 음식 등에 대해서도 사회적 비난의 대상이 안 되는 어떤 테두리 안에서 혁신돼야겠다고 주장해 왔다.

"승려들이 입고 있는 이런 옷은 거지들이 마구잡이로 걸쳐 입고 협잡질하기 알맞은 의제(衣制)지요. 신부들이나 수녀들의 옷을 가장하고 협잡질하는 것 보았습니까? 그들의 옷이 고상하니까 거지들이나 사기꾼이 차려입고 다니지 못하거든요."

산에서 입산수도 할 때는 지금의 승려복을 입더라도 그밖에는 복제를 다른 것으로 바꿔야한다는 그의 주장이다.

음식도 남방계의 불교에선 가리는 게 없어서 음식 가지고 사회적 비난의 대상이 되는 경우가 없는데, 우리네는 승려들이 음식점 출입하는 것을 심히 금기처럼 여긴다는 것이다.

"음식점에 금기된 음식 외의 것이 있지 않습니까. 음식점 출입

만으로 지탄을 받을 수는 없습니다."

그런 형식적인 문제에 급급하지 말고 당연히 비난받을 것과 그렇지 않은 것과를 가려내고 고쳐 나가야겠다고 믿고 있다고 말한다.

"불교가 어떤 면에서는 쇠퇴일로입니다. 그것은 수도가 근본이 되어야 한다는 뜻이에요. 비구 · 대처승간의 싸움은 부끄럽고 불교 중흥을 해칠 뿐입니다."

금리(金利)를 따지고 파벌을 만들어 내분을 일으키는 등 불교뿐만 아니라 다른 종교도 마찬가지로, 종교의 중흥은 내분으로 '참길'을 망쳐 가고 있다고 꼬집었다.

"적어도 불교의 승려라면 30년 내지 50년을 각오한 철저한 비구승의 정신을 가져야만 하는 것" 이라고 말한다.

스님은 매일 새벽 3시쯤이면 일어나 정좌하고 사색하거나 책을 읽고 원고를 쓰는 등 새벽부터 아침까지의 시간을 크게 활용한다고 했다.

"공자가,

"일일지계(一日之計)는 **재어인**(在於寅)"

이라고 했지 않아요. 새벽에서 아침까지의 시간이 하루종일 중보다 더 많은 일과 사색을 할 수 있는 겁니다."

스님은 이번에 내는 책 3백질 한정판만 찍어낸 다음 산으로 들어가겠다고 했다. 1978년

스님의 법시(法施)로…
- 탄허 스님께

김구산(전 중앙대 교수)

존경하는 스님에게.

눈이 오고 세상이 추위에 얼어붙었던가 싶더니, 이제 봄이 되어 비가 촉촉이 내리고 꽃이 활짝 피었습니다. 사계(四季)는 회전(回轉)과 같이 순환하고 있군요. 스님의 정신적 경지와 높은 덕은 사량(思量)할 길 없습니다만, 평소 스님이 나타내 보여주시는 깊고 해박한 학식을 저는 학인(學人)의 한 사람으로서 부러워하는 터입니다.

저는 영문학이 전공분야이긴 합니다만, 불교에 귀의하여 나의 생활 한순간 한순간을 모조리 수행이라 여기고 어느 정도 지혜롭게 살려고 노력하고 있습니다. 또 1975년에는 불타의 사상을 사모한 나머지 약 1년간 인도의 뻰쟈비 대학에서 불타 당시의 인도사상을 연구하고 돌아오기도 했습니다. 그리고 우리 불교가 내포하고 있는 이질성도 많이 발견했습니다.

특히 한문 문화권에서 가해진 수식적 요소는 뚜렷한 것임을 알았습니다. 그러나 우리 민족의 의식구조를 이루고 있는 문화형태로서 한국적 변형도 존중될 수 있을 것으로 생각됩니다. 왜냐하면 종교는 시대 및 사회적 관계에서 그 실존적 가치가 인정되기 때문입니다. 이러한 가정 밑에서 스님들의 사회적 책임이 크신 것으로 믿고 있습니다.

탄허 스님께서는 중생의 교화에 앞장서시고 후학을 가르치는 데 힘을 기울이고 계신다고 듣고 있습니다. 특히 대학생들은 스님의 설득력 있는 법문을 듣고 많은 감화를 받고 있는 것으로 전해지고 있습니다. 그것은 타학문에 대한 스님의 깊은 조예와 현대인에 대한 예리한 이해를 증명하는 것으로 생각됩니다.

요즘 많은 사암(寺庵)에서 법회가 열리고 있는 것을 알고 있습니다. 그러나 법사와 일반 신도 사이에 언어의 장애가 발견됩니다. 언어는 의사를 전달하는 매체이기 때문에, 그것이 객관성을 잃어버리면 기호로서의 그 가치를 상실하여 교화의 목적에 도달할 수 없을 것입니다. 이러한 현상은 특히 스님들의 훌륭한 말씀을 접할 때 느끼는 아쉬움이었습니다. 그러나 불교의 활발한 교화 사업은 더할 나위 없이 반가운 일입니다.

고독한 양상을 하시고, 세계와 더불어 고독하시지 않은 스님의 정신의 고향이 부럽기만 합니다. 새소리와 물소리, 풀잎과 모래 한 알에서도 울려 퍼지는 법음(法音) 속에 사시며 이목(耳目)을 청정하게 하시니, 욕심에 마음이 어두워진 속인들이 그 말씀 속에서 마음을 씻고자 할 것입니다. 더욱이 스님의 지혜를 통해 걸러진 해박한 지식이 모두 중생을 제도하는 그물이 될 것으로 기대됩니다.

저는 오랫동안 대학생들의 불교 활동을 지도해 오면서 늘 선지식(善知識)에 대한 동경과 존경을 바치고 있습니다. 원래 교육은 종교적 교화의 일부분이었습니다. 그리고 지금도 그와 비슷한 종교적 이상을 갖지 못하면, 지식은 욕망의 도구로 타락할 것이라고 생각하고 있습니다. 기회가 있는 대로 스님의 법문에 잠겨 은혜를 입고 싶습니다. 아무쪼록 스님의 끊임없는 법시(法施)를 기대하겠습니다.

1977년

물이 곧 물결이요 물결이 곧 물이다

— 김구산 교수에게

성화(聖華)는 일찍부터 많이 들었습니다. 그러나 일면지친(一面之親)도 없이 이처럼 간곡한 서신을 주셔서, 감사보다는 죄송함을 금할 수 없습니다.

고인(古人)이 말하기를 평상심(平常心)이 도라 했으니, 선생의 생활 한순간 한순간을 여의고 따로 수행을 찾는다면 도리어 옳지 못할 것입니다. 다시 말하면, 물이 곧 물결이요, 물결이 곧 물이니, 물결을 여의고 물을 따로 찾을 수 없는 것과 같습니다. 맑은 물이 성인의 마음이라면, 탁한 물은 범부의 마음이겠지요. 풍랑이 일어남에 따라 청탁의 구분이 있지만 젖는 자체[濕性] 변함이 없는 것과 같이, 육도윤회(六途輪廻)에 따라 성(聖)·범(凡)의 차이도 있지만 그 마음의 본체는 변함이 없는 것입니다.

불타의 사상이 인도에서 중원으로, 중원에서 한국으로 오니까 공간적으로 수 만리의 격차가 있고, 시간적으로 3천년의 역사를 지녔으니 어찌 이질성이 없겠습니까. 그러나 이질로 보면, 오늘 아침에 뜬 해가 어제 아침해는 아니며, 어제 아침 흘러간 물이 오늘 아침 흐르는 물은 아닙니다. 형상은 같은 듯하지만 질은 바뀐 것입니다. 그러므로 필경 마멸하고야 마는 것이 우주의 법칙이 아니겠습니까? 그러나 천만년 해가 가고 물이 흐르고 흘러도 가지 않는 그것, 흐르지 않는 그것은 변함이 없겠지요. 이것이 바로 팔만대장경 교리에 설파한 내용이 아니겠습니까?

그리고 범서(梵書)를 한문으로 옮김에 있어서도 물론 변화가 있겠지요. 그러나 그 변화는 잘된 변화라고 봅니다. 왜냐하면 중원에서 탄생된 유교·도교의 사상도 불교의 영향을 많이 받은 것이 사실이지만, 불교도 또한 유·도 이교(二敎)의 영향을 받지 않을 수 없었던 것입니다. 그렇기 때문에 범서(梵書)로 된 반야심경을 놓고 어느 일구(一句)가 골자냐 물으면 전문가들도 시원한 답을 못하는데 반하여, 한역(漢譯)으로 된 심경(心經)을 놓고, 어느 일구(一句)가 골자냐 물으면 한학자(漢學者)로서는 누구나 서슴지 않고 지적할 수 있는 것입니다.

그리고 설법하는 법사와 청중인 신도 사이에 언어의 장벽이 있다는 말씀은 사실이라고 봅니다. 물론, 심오한 진리를 표현하다 보니 표현이 다 될 수 없을 뿐 아니라, 자기의 다소간 자득처(自得處)가 없이는 수박 겉 핥는 식과 같아서 청중에게 깊은 자극을 주기가 곤란하겠지요. 그리고 종통(宗通) 설불통(說不通)도 있고 설통(說通) 종불통(宗不通)도 있어서 아무리 종지가 밝아도 해박한 지식이 없으면 설통이 될 수 없고, 아무리 설통이 훌륭해도 종지가 투명치 못하면 그것도 한도가 있는 것입니다. 그러므로 종설구통(宗說俱通)하고 선행겸비(禪行兼備)를 조사라는 것입니다.

저는 다소의 지식을 가지고 말은 하지만 설식기부(說食飢夫)와 같아서 참괴심을 금치 못합니다.

지면에 한도가 있어서 두서 없이 이렇게 생각나는 대로 실례하오니, 선불간(善不間) 잘 취사(取捨)하시기 바랍니다. 1977년

제 3 부 종교의 본질과 성격

현대의 고뇌를 종교에 묻는다.

대담자: 김탄허(월정사 조실, 동국대학교선원장)
윤성범(신학, 감리교 신학대 교수)
이을호(유학, 전 전남대 교수)
윤태림(철학, 경남대 학장)

※ "선사" = 탄허 스님

현대의 고뇌

보편적으로 내재한 종교심(宗教心)

윤태림: 제가 사회를 맡아서 얘기의 실마리를 풀어야 될 것 같습니다. 어떠한 문제이든 간에 얘기를 시작하면 반드시 정의(定義)부터 내리게 됩니다. 종교라는 것은 어떤 초자연적인, 초인간적인 것에 대한 생각이라고 일단 정리를 내릴 수 있겠지요. 그런대 종교라고 하면 으레 어떤 조직이나 시설 혹은 의식이 있지만, 그런 것을 떠나서 인간에게 어떤 종교심(宗教心)이 있다는 것을 부인 못할 것입니다. 저 개인적으로 생각한다면 유교(儒教)라는 것이 종교적인 범주에 들어가는지 의문이고, 이것은 하나의 실천도덕에 관

한 것이 아닌가 생각합니다. 만일 종교를 초자연적인, 초인간적인 하나의 신앙이라고 생각한다면 그 범주는 들어가지 않겠지요. 그러나 여기서는 그런 문제보다도 적어도 어떤 종교를 믿건 간에 인간에게는 인류가 생기면서부터 보편적으로 어떤 종교심이라는 것이 내재한 것이 아닌가 생각됩니다.

물론 유물론자들, 맑스주의자들은 "종교는 아편" 이라 하고 프로이트같은 사람은 어떤 공포심에서 나온 것이라고 정의하지만, 그러나 먼저 말씀드린 것처럼 인간의 어떤 종교심은 부인할 수 없는, 하나의 보편적인 것이 아닌가 생각합니다.

그래서 불교나 기독교, 또는 유교의 종파를 떠나서 종교심이라는 것이 인간의 인간성과는 별개 문제의 것, 성스러운 것, 신성(神性)이라고 볼 때에 인간에게는 인간적인 것, 동물적인 것이 존재하는 동시에 반드시 신성이 공존하고 있다고 저는 보고 싶습니다. 그래서 불교, 기독교, 유교에서 종교심을 어떻게 의식하고 있는지에 대해서 좀 더 소상하게 말씀해 주시면 앞으로의 얘기가 진전할 수 있는 하나의 실마리가 되지 않을까 생각합니다. 먼저 탄허 스님께서 말씀을 해 주시면 좋겠습니다.

윤성범: 제가 전에 청담(淸潭) 스님한테서 들은 얘긴데, 불교나 기독교나 무엇이든 간에 종교는 내 마음이며, 내 마음에 있는 것이라고 해요. 부처님 형상 앞에 예불을 올리고 절을 한다고 해서 구원을 받는 것은 아니고, 그것은 하나의 형식에 지

나지 않는 것이며, 내가 이렇게 부처님을 믿음으로 해서 내가 가령 병을 고칠 수 있고 영생을 얻을 수 있다고 믿으면 되는 것이지, 그렇게 어렵게 생각할 것 없다는 말씀을 해서 저희 같은 문외한(門外漢)도 납득이 갔습니다.

이을호: 제가 한마디 거들렵니다. 인간의 종교적 심성에 대해서는 불교의 입장에서 말씀해야 되겠고, 초인간적인 어떠한 신이라는 면에서는 기독교의 입장에서 말해 주셔야 되겠고, 유교는 중간에서 어느 곳에 넣을지 모르기 때문에, 순서로 봐서는 불교의 입장에서부터 말씀을 꺼내 주셔야 될 것 같습니다.

선사: 송곳은 끝부터 들어가고, 쌀을 까불면 겨가 먼저 나갑니다. 지금 인간의 종교적인 심성의 문제, 즉 기독교로서는 신성과 인간성에 대한 것, 불교로서는 불성(佛性)과 인간성에 대한 것이 이야기되는 것 같습니다. 심(心)이라고 하면 성(性)과 정(情)을 합한 명사입니다. 성이라는 것은 나의 한 생각이 일어나기 전, 즉 우주가 미분(未分)된 전을 말합니다. 우리의 한 생각이 일어나기 전이나 몸이 나기 전이나 우주가 생기지 전이나 똑 같은 것입니다. 마음의 본체를 성이라고 할 때, 중생이나 부처님이나 성인이나 범부나 똑같다는 말은 성자리를 가지고 하는 말이지, 그냥 덮어놓고 똑같다고 하는 것은 아닙니다.

성이 마음의 본체라면 정은 같은 마음에서 일어나는 작용입니다. 마음에서 일어나는 작용으로 말하자면 한이 없지만, 철학적으로 그것을 구별하자면 희·노·애·락·애·오·욕

(喜怒哀樂愛惡慾)의 칠정(七情)이 됩니다. 그러나 성은 칠정이 일어나기 전 면목이며 본래 언어, 문자로 표현할 수 없는 것이지만, 굳이 말한다면 강령(綱領)의 큰 것으로 불교에서는 사덕(四德)이라고 합니다. 부처님 마음자리에 갖춘 사덕, 즉 진상(眞常)·진락(眞樂)·진아(眞我)·진정(眞淨), 유교에서는 그것을 인의예지(仁義禮智)라고 하는데, 범부와 소승(小乘)은 이 사덕을 거꾸로 봅니다. 어떻게 거꾸로 보느냐하면, 범부는 이 세상이라는 것은 다 무상(無常)한 것인데 그것을 상(常)으로, 즉 한결 같은 것으로 봅니다. 백년 미만의 몸뚱이를 가지고서도 천년이나 만년을 살고 갈 것같이 생각하는 것이 범부입니다. 무상을 상으로 보는 것입니다. 또 세상이라는 것이 전체가 고(苦) 덩어리인데 이것을 낙(樂)으로 보며, 이 세상 전체가 무아(無我)인데 그것을 아(我), 곧 실체(實體)가 있는 것으로 보는 것입니다. 또 이 세상은 전체가 부정(不淨)인데 깨끗한 것으로 집착하고 있습니다. 이것을 범부의 네 가지 그릇된 견해, 즉 범부의 사도(四倒)라고 하지요.

사덕(四德)과 사전도(四顚倒)

또 소승네는 어떻게 보느냐 하면, 진상·진락·진아·진정을 전체가 무상이고 전체가 무락(無樂)이고 전체가 무아고 전체가 부정한 것으로 보는 것이 소위 소승(小乘)네의 사전도(四顚倒)입니다. 다시 말하면 범부는 현실에 집착해서 사덕을 전도한다면, 소승은 현실을 부정함으로써 사전도가 되는 것입니다. 그런데 부처님의 사덕은 범부의 사도(四倒)와 소승의 사도를 떠나서 완전한 진상·진락·진아·진정인 것입니다.

진상(眞常) 진리는 참으로 변함이 없으며, 진락(眞樂) 진리는 고(苦)가 없어 참으로 즐겁고, 진아(眞我) 진리는 참으로 멸(滅)하지 않는 자체 나라는 것이 있고, 진정(眞淨) 진리는 참으로 깨끗한 것이 있습니다. 이것을 부처님의 사덕이라고 하지요. 그런데 범부는 성체(性體)가 혼연한 우주의 진면목, 시간·공간이 끊어진 이 마음의 본체를 알지 못하고서 밤낮 희·노·애·락·애·오·욕(喜怒哀樂愛惡慾)의 칠정에 끌려 다니다 마니까 범부지요. 칠정으로써 일생을 보내는 것이 범부라면 성(性) 자리에 앉아 있는 것이 성인입니다.

그런데 마음이라 하면 성과 정(情)을 합한 명사, 즉 체용(體用)을 합해 갖고 있는 것입니다. 성은 본체고 정은 거기에 일어나는 작용이지요. 정 자리에 앉아서 보니까 온갖 차이가 있어서 선한 것도 있고 악한 것도 있고 잘난 놈도 있고 못난 놈도 있고 긴 것도 있고 짧은 것도 있고 흰 것도 있고 검은 것도 있습니다. 그러나 성 자리에서 보면 정에서 일어나는 것과 같은 모든 분별, 득실, 시비가 다 끊어집니다. 마음은 총체적인 명사인데, 마음자리에서 보면 마음은 성인의 마음, 범부의 마음, 악한 마음, 착한 마음 등의 온갖 마음이 다 있지만, 즉 온갖 것이 다 붙을 수 있지만, 성 자리에는 선악, 시비의 분별이 붙지 않습니다. 굳이 말을 붙인다면 유교에서는 "지극히 착하다[지선(至善)]" 로, 또 불교에서는 선악이 끊어지고, 시간·공간이 끊어진 허령불매(虛靈不昧)한 자리라고 붙일 수 있습니다.

그러면 마음을 총체적인 명사로 바다에 비유한다면, 마음에서 일어나는 작용인 희·노·애·락·애·오·욕의 칠정은 바다의 파도와 같은 것입니다. 파도가 일어나는 데서 청탁(淸濁)이 갈라집니다. 맑은 물은 사람에게 이익을 주는 것이고, 탁한 물은 배를 엎어서 사람을 죽이는 못된 작용을 합니다. 그렇지만 젖[濕]는 자체는 불변입니다. 성인의 마음을 맑은 물이라 한다면, 범부의 마음은 탁한 물입니다. 그러나 물이 맑다고 더 젖고 흐리다고 해서 덜 젖는 것이 아니고, 물의 "젖는" 성(性)은 물의 청탁을 떠나서 물이 본래 갖고 있는 것입니다. 그렇기 때문에 성인의 마음이나 범부의 마음이 똑같다는 것은 그 성 자리의 똑같은 원리를 깨달아서 범부가 성인이 된다는 것입니다. 즉 물의 젖는 자체에 앉아서 본다면 하루 종일 바다에 바람이 불어 흙탕물이 쳐도 하나도 손해가 없다 이 말이에요. 밤낮 젖는 것인데 거기에 청탁이 어디에 붙습니까? 젖는 자체에는 청탁이 붙지 않습니다.

불성(佛性)이라 할 때에 '불(佛)' 이라는 말은 '각(覺)' 이라는 뜻입니다. '각' 은 '미(迷)' 의 반대말로서 한 생각이 일어난 것이 '미' 라면 한 생각 일어나는 곳이 없는 줄 확연히 본 것을 '각' 이라 합니다. 예를 들면 바다에 바람이 일어난 것을 '미' 라 할 수 있는데, 바닷바람이 일어났다는 것은 바다 자체를 '미(迷)했다' 는 것입니다. 본래 맑고 깨끗한 물인데 바람이 일어남으로써 물결이 일어나니까 바다가 미했다, 바다 본체를 잃었다는 겁니다. 그러니까 미했다는 말은 한 생각이 일어났다는 말로, 한 생각이 일어났기 때문에 미했다, 미했기 때문에 한 생각이 일어나는 것입니다. 그러면 부처님의 '각' 이라는 말은 한 생각 일어나는 당체가 본래 없는 것으로 타파해 버린 것입니다. 일어나는 자체는 동서남북 상하고금으로 아무리 찾아보아야 일어나는 자체가 없는데, 망상 일어나는 곳이 어디에 있습니까? 부처님의 각을 '상각(常覺)' 이라 하는데 항상 각(覺)해 가지고 있기 때문에 백 년 동안을 한 생각도 안 일으키려면 안 일으키고 하루 종일 생각을 일으키려면 일으키고 마음대로 한다 이것이에요. 생각이 일어나고 안 일어남을 자유자재로 하니까 부처님을 각한 왕, '각왕(覺王)' 이라고 합니다. 그렇기 때문에 부처님이,

“자종녹야원(自從鹿野苑)으로
종지발제하(終至跋提河)히
어시이중간(於是二中間)에
미증설일자(未曾說一字)라”

“녹야원(鹿野苑)으로부터 발제하(跋提河)에 이르기까지 49년 동안을 설법했어도 한 글자도 설하지 않았다.”
고 한 것이지요.

시공(時空)이 끊어진 자리가 하나님

그러니까 49년 동안 그렇게 횡야설수야설(橫也說竪也說), 혀가 닳도록 설법해 놓고서 한 글자도 얘기한 것이 없다고 한 것은 성(性) 자리에 앉아서 하는 얘기입니다. 그 성 자리의 대명사가 굉장히 많이 나옵니다. 유교에서는 ‘중(中)’이라고 합니다. 중이라는 것은 복판이 중이 아닙니다. 여기에 앉아서 보면 서쪽이 되고 그쪽에 앉아서 보면 동쪽이 되고 이쪽에서 앉아서 보면 북쪽이 되고 저쪽에 앉아서 보면 남쪽이 되는데 어떻게 중이 됩니까? 중앙의 중이 진중(眞中)이 될 수 없습니다. 또 우리나라의 서울이 한국의 중앙이 아닙니다. 충청도에서 보면 동쪽이고 함경도에서 보면 남쪽이고 강원도에서 보면 서쪽인데 어떻게 중이냐 이것입니다. 그러면 중이 무엇이냐 하면, 시간·공간이 끊어진 자리입니다. 그러므로 중용(中庸)에 “한 생각 일어나기 전을 중이라. [희노애락지미발(喜怒哀樂之未發)을 위지중(謂之中)이

라]” 함과 동시에 “중이란 것은 천하의 근본, 우주의 핵심체,
[중야자(中也者)는 천하지대본야(天下之大本也)]” 라 한 것입니다. 또 기독교에서의 하나님이라는 것도 또한 시공이 끊어진 자리가 아니겠습니까? 우주는 시간(時間)·공간(空間)을 의미하는 것인데, 시간·공간이 나기 전, 우주가 생기기 전에 앉으신 분이 누구이겠어요. 그분이 우주창조주인 하나님인데, 그 분이 시간·공간을 만들었어요.

그러니까 성(性) 자리에서 본다면 전부가 다 그 본체를 가지고 있으므로 누구나 양보할 것이 하나도 없습니다. 우리가 성인에게, 즉 예수님이나 부처님이나 공자님한테 양보할 것이 하나도 없는 것이에요. 왜냐하면 성은 성인이나 범부나 똑같이 갖고 있으니까요. 그런데 범부는 성 자리를 ‘미(迷)’ 해 가지고 있기 때문에 못난 놈 노릇하는 거지, 성은 다 똑 같은 존재라고 성인들이 말씀한 것 아닙니까. 그렇기 때문에 기독교의 ‘산상수훈편’ 에도 마음을 비우는 자리가 복을 받는다고 하지 않았습니까? 마음을 비우는 자가 바로 성 자리를 각파(覺破)하여 시공이 끊어진 자리 아니겠습니까? 또 「마태복음」인가에도 “네가 돌이켜서 동자가 되지 않으면 천국에 날 수 없으리라” 고 분명히 말씀했습니다. 동자가 된다는 것은 성 자리 즉 분별 없는 자리로 돌아가는 것입니다. 그렇다고 해서 어린아이가 성 자리를 타파한 도통군자라는 말이 아니고, 동자의 천진한 것을 비유로 든 것입니다. 즉 노자(老子)의 도덕경(道德經)에,

"골약근유이악고(骨弱筋柔而握固)하며,

미지빈모지합최작(未知牝牡之合而朘作)은,

정지지야(精之至也)요, (최.어린아이 자지최)

종일호이익불사(終日號而嗌不嗄)는,

화지지야(和之至也)."

뼈는 약하고 힘줄은 부드럽고 주먹을 꼭 쥐고 음양(陰陽)의 교합(交合)을 모르되 생식기가 빳빳해 있는 것은 정기(精氣)가 지극한 것이요, 하루 종일 울어도 목이 쉬지 않음은 화기(和氣)가 지극한 것이라.

하였습니다. 우리는 한 시간만 울어도 목이 잠깁니다. 왜냐하면 우리는 유심(有心)이고 어린애들은 무심(無心)이기 때문입니다. 그러기에 유교에서 화(和)라는 것은 천하(天下)의 달도(達道)라

중용(中庸)에

"화야자(和也者)는 천하지달도야 (天下之達道也)라"

했습니다. 즉 '화(和)' 라는 것은 하루 종일 희·노·애·락·애·오·욕의 칠정을 써도 쓴 자리가 없는 것입니다. 그것이 중 자리를 깨닫지 못하고는 그렇게 안 되거든요. 도통(道通)한 사람이 아니고는 진정한 '화(和)' 가 되지 않는 것입니다. 또

중용(中庸)에

"치중화(致中和)면 **천지위언**(天地位焉)하며

만물(萬物)이 **육언**(育焉)이라"

중화(中和)의 도를 자기 마음 가운데 성취하면 천지가 나에게 있고 만물이 저절로 길러진다.

고 한 것입니다.

성인(聖人)과 범부(凡夫)

그러면 인간성(人間性)이나 불성(佛性)이나 다 똑같은 자리인데 어째서 인간성이다, 불성이다, 신성(神聖)이다를 구별하느냐 하면, 성인은 알고 쓰기 때문에 불성, 신성이라 하고 우리 범부는 성 자리를 모르고 쓰기 때문에 인간성이 됩니다. 결과적인 면에서는 인간성과 불성이 둘이 아닙니다. 단, 쓰는데 있어서 성인은 성(性) 자리에 앉아서 쓰는 것이고 범부는 정(情) 자리에 앉아서 쓰는 것이지요.

그러기에 대명사가 '중(中)'이라고도 나오고 '도(道)'라고도 나오는데, '도'라는 것은 사람이 당연히 갈 길이라는 말입니다. 또 그것을 '덕(德)'이라고도 하는데, '덕'이라는 것은 "마음에 닦아 얻은 진리[得於心之謂德]" 아닙니까? 또 그것을 진리라고도 하는데, 진리라는 것은 모양이 끊어졌다는 말입니다. 온갖 대명사가 다 나오지만 대명사는 달을 가리키는 손가락과 같은 것입니다. 어리석은 사람은 달을

가리키면 달은 안 보고 손가락만 봅니다. 결국 대명사란 표현하기 위한 방법이기 때문에 때에 따라서 다른 술어로 표현하는 것입니다. 그러면 하나님이라는 대명사, 도라는 대명사, 진리라는 대명사 등 온갖 대명사가 많이 나오지만 때에 따라서 그 대명사가 나오는 것이고, 다만 그 물건, 즉 성 자리하나를 지적하기 위해서 이렇게 많은 대명사가 나온 것입니다. 예컨대 "김탄허"라고 할 때 "김탄허"는 대명사이지 김탄허의 실물은 아닙니다. "김탄허"라고 할 때 못 알아들으니까 "동국대학교 선원장(禪院長)"이라고 하면 그것도 대명사가 아닙니까? 그래도 못 알아들으니까 "오대산 주인"이라 하는데, 그래도 못 알아들으니까 우리 아버지 이름을 빌어 가지고 "아무개 아들"이라 하고, 또 못 말아들으니까 우리 형님 이름을 빌어 가지고 "아무개 아우"라고 합니다. 이런 김탄허다, 동국대 선원장이다, 오대산 주인이다, 누구 아들이다, 아무개 아우다 하는 것이 모두 대명사이지 실물은 아닙니다. 김탄허의 실물은 이렇게 생긴 것이에요.(본인을 가르키며) 그 자리엔 명사가 끊어진 것입니다. 이처럼 성 자리는 본래 명자(名字)로 얘기할 수가 없는 자리입니다.

결론적으로 말하자면, 인간성이나 불성이나 둘이 없는 것인데, 성인은 성 자리를 알고 쓰니까 하루 종일 희·노·애·락·애·오·욕의 칠정을 써도 칠정이 도로 없는 데로 돌아갑니다. 우리 범부는 시공이 끊어진 이 성 자리를 모르고 쓰니까 항상 망상에 허덕이면서 고해(苦海)에 났다 빠졌다 하는 것입니다.

윤태림: 보통 저희 같은 사람은 범부로서 여러 가지 떳떳하지 못한 것을 떳떳한 것으로 알고 고락(苦樂)에 헤매는데, 소승의 입장에서 본다면 그것을 어느 정도 초월했다고 보는데, 범부도 성인 자리에 올라갈 수 있습니까?

선사: 그렇지요. 성 자리 타파하는 것, 즉 견성(見性)이라는 말 아닙니까. 그러니까 유교 학설 수천 권을 종합해 놓고 볼 때 '존심양성(存心養性)' 혹은 '진심지성(眞心知性)' 입니다.

맹자 진심장(孟子 眞心章)에,

"**진기심자**(盡其心者)는 **지기성야**(知其性也)니

지기성즉지천의(知其性則知天矣)니라"

즉 "그 마음을 극진히 연구하는 자는 그 성리(性理)를 아나니, 그 성리를 알면 천리(天理)를 안다."

하였습니다. 또 불교학 수천 권을 종합해 놓고 보면 '명심견성(明心見性)', 즉 마음을 밝혀 성을 본다는 것이고, 도교(道敎)의 학설 수천 권을 종합해서 볼 것 같으면 '수심연성(修心練性)', 곧 마음을 닦아서 성을 단련하라는 거예요.

그러니까 도교의 수련이나 유교의 존양(存養)이나 불교의 명견(明見)이나 다 심성(心性)을 가지고 얘기한 것은 똑같아요. 다만 밝혀서 본다, 두어 기른다, 닦아 단련한다는 그

것이 학술적으로 조금 차이점이 있겠지요. 그러므로 고조사(古祖師)의 말씀에 "유교는 뿌리를 심는 것이라면 도교는 뿌리를 북돋워 주는 것이요, 불교는 뿌리를 뽑는 것 [유식근(儒植根), 도배근(道培根), 석발근(釋拔根)]"이라 했습니다. 심고 북돋우는 것은 점진적이려니와, 뿌리를 뽑고 보면 심고 북돋울 여지가 없지 않겠습니까?

윤태림: 유교의 입장에서는 신성(神性)과 인간성을 어떻게 보시는지 말씀해 주세요.

성(性)은 하늘의 명령

이을호: 유교의 입장에서 성(性)을 어떻게 보고 있는가를 잠깐 상식적으로 한번 살펴보겠습니다. 그런데 선진시대(先秦時代)로 올라가서 공자와 맹자 두 분이 성을 어떻게 보았느냐하는 것부터 먼저 얘기하고, 그 다음에 성리학적인 입장에서는 성을 어떻게 보았는가를 말씀드리는 것이 좋지 않을까 생각합니다.

아시는 바와 같이 논어(論語) 중에서는 공자께서 오히려 성이니 천(天)이니 도(道)니 하는 말씀을 잘 안했어요. 그렇기 때문에 아마 유교의 근원적인 면에서 볼 때는 성의 문제는 애초에 공자 자신은 다루지를 않았어요. 그런데 논어 가운데 한 군데 나오는 데가 있지 않습니까? "성은 서로 가깝고[性相近], 습관은 서로 멀다[習相遠]"라고 한 것이 그것입니다. 여기에서 성과 습을 둘로 나누어서 얘기했는데, 그 때에 말한 성이라는 것은 굳이 얘기하자면 천성이라고 할까요. 사람이 공통으로 가지고 있는 선천적인 것이 되겠지요. 이러한 입장에서 성이라는 글자를 썼는데 그 성이 선하냐, 악하냐 하는 윤리적 설명을 공자는 하지 않았어요. 단, 논어 가운데에

"사람은 본래 세상에 태어날 때부터 곧다(人之生也直)"

고 말했습니다. 곧다는 것은 바르다는 것인데, 그 개념이 맹자에 와서 선이라는 것으로 풀이되고 우리의 덕성(德性)의 근원이 되는 것이라고 풀이됩니다만, 대체로 공자께서 그런 정도로 얘기한 성이 공자께서 돌아가신 뒤로는 완전히 맹자와 순자(荀子)가 서로 둘로 갈라진 것입니다. 유교라 할 때에 맹자만 유교가 아니냐 하면, 선진시대에는 그렇지 않습니다. 지금은 순자가 비유(非儒)로 되었습니다만, 아마 공자께서 돌아가신 후 선진 전후시대는 십이유(十二儒)가 있었기 때문에 유(儒)도 여러 가지 넓은 개념으로 썼던 것입니다. 그러므로 순자라 해서 유가 아닌 것은 아닙니다. 그렇게 되면 결국 유라는 개념 밑에서 성이라는 것이 성악설과 성선설의 둘로 갈라지는데 후대에 와서 성선설만이 유교의 정통으로 굳어졌고 성악설은 정통에서 벗어난 것이 되어 버렸기 때문에 마치 유가 아닌 비유의 설같이 되었다고 볼 수 있겠습니다.

그래서 그 후에 이 성에 대한 문제는 중용이라는 책 가운데에서 1차 철학적으로 정리가 되지 않았나 생각됩니다. 그런데 중용이라는 책에 나오는 말 가운데 지금 탄허 스

님께서도 그의 첫 귀절을 인용해 주셨습니다만, 저는 첫 구절 뒤에 나오는,

"중자천하지대본야(中者天下之大本也)
천명자위성(天命之謂性)
솔성지위도(率性之謂道)
수도지위교(修道之謂敎)"

중이란 천하의 큰 근본이다.
하늘의 명령을 일러 성이라 하고, 성대로 따름을 일러 도라 하고, 도를 닦음을 가르침이라 이른다.
는 이 구절을 성의 입장에서 주목해야 할 구절이 아닌가 생각합니다. 그래서 그 중에서 "천명지위성"의 성을 어떻게 보아야 하느냐 하는 것은 뒤에 말씀드리겠습니다만, 천명지위성 가운데 나오는 성이 단순한 성이 아니라 천명과 관련된 성이라는 것은 분명히 해석해 두어야 할 것으로 생각합니다. 그래서 성은 물론 거기에서는 인성(人性)입니다. 이 인성이라는 입장이 아까 말씀드린 바와 같이 보고 싶어요. 그 뒤에 송나라 학자들은 또 다르게 보았습니다만, 천명과 관련된 성으로 중용에서는 그렇게 얘기하고 있다는 점을 주목해야 할 것입니다. 1차 선진시대의 성은 그렇게 되었던 것인데, 그 뒤에 한나라로 내려오면서 선악혼설(善惡渾說)도 나오고 성백지설(性白紙說)도 나오고 해서 여러 가지 성에 대한 설이 나왔습니다만, 그것들

은 유교적인 입장에서 보아야 할는지 일반론적인 입장에서 보아야 할는지 모르지만 아마 일반론적인 입장에서 보아야겠지요. 유교에 관련지어서 보기는 어렵지 않느냐 생각합니다.

그러면 중용을 얘기하기 전에 공자의 설을 잠깐 얘기해야 되겠습니다. 맹자는 주로 '성(性)' 자를 얘기하면서도 성선(性善)을 얘기할 때에 "그의 정은 선할 수 있다[乃若其情則可以爲善矣]"고 했어요. 그러므로 맹자에 와서는 '성(性)' 자와 '정(情)' 자가 확연히 개념적으로 구별되지 않은 것으로 저는 보고 있습니다. '성' 자를 놓을 자리에다가 '정' 자를 썼어요. 그러면 후세 사람들은 정을 성의 움직임[性之動]이라 하였으니, 성이 움직일 때는 정이라고 합니다. 그러므로 인성이 근원적인 입장에서는 성이 되지만, 그것이 움직여서 희·로·애·락으로 나타날 때는 정이 되는 것입니다. 이런 입장이 되기 때문에 아까 말씀하신 것과 비교해서 얘기하면 성과 정이 하나지, 성은 순전히 선한 것이고 정은 불교에서처럼 범부만이 가질 수 있는 후천적인 것이라는 개념이 아닌 것 같아요. 성인이나 범인이 다 같이 성·정을 가지고 있는 것이 아니냐 싶어요. 희·로·애·락으로 될 때에는 정이라고 표현하고 그 외에 그것이 아닐 때에는 성이라고 하는 것이기 때문에 맹자에 있어서는 성정(性情)이나 성범(性凡)을 갈라서 붙이지 않은 것같이 보고 싶습니다. 그러한 개념이 선진시대에는 하나의 개념이 되지 않나 생각합니다.

인심과 도덕

그런데 그 후에 뚝 떨어져서 송나라 때에 주자학파에 의하여 성을 천리(天理)로 보았는데, 이것은 유교에 있어서는 중요한 한 계기가 되었고, 성론(性論)에 있어서도 새로운 계기를 마련한 것이지요. 그러한 의미에서 아까 중용에서의 성은 인성이던 것이 천리의 성이 될 때에 객관적인 하나의 존재로서의 성이 됩니다. 그러한 입장으로 바꾸어진 유교의 성은 불교에서 말하고 있는 불성과 오히려 더 가까운 의미를 가지는 우주의 근원적인 어떤 존재로서의 성이 되었다고 볼 수 있습니다. 그것이 주자에 와서 본연지성(本然之性)과 기질지성(氣質之性)으로 크게 나누어지는 것으로 보겠습니다. 이 때문에 유교가 성리학이라는 이름으로써 유교의 개념이 굳어질 정도로, 성리학이 곧 유교냐, 유교의 하나의 대명사로서 성리학이냐 할 정도로 성리학이 유교에 있어서 철학적으로 중요한 의미를 가지게 되지 않았나 보여집니다. 그래서 우리나라에 성리학이 들어온 뒤로 성정론(性情論)에 있어서도 이퇴계, 이율곡, 기고봉 등 여러분들의 해석이 구구하게 달라집니다.

여기에서 정리하는 입장에서 제가 정다산을 사숙하고 있기 때문에 그런 입장에서 성론을 정리해본다면, 유교의 성론에는 두 가지 입장이 있습니다. 하나는 성리학적인 입장인데, 주자학파에서는 이것을 성리학이라고 했습니다. 성은 곧 천리라고 했는데, 중용에서는 "천명지위성"이라고 했습니다. 이 글귀는 분명히 천명이 성이라는 것입니다. 그러면 성을 천명과 관련해서 이해해야 하느냐, 천리와 관련해서 얘기해야 하느냐에 따라서 그 근본적인 입장이 달라집니다. 왜냐하면 천리는 이법(理法)입니다. 거기에서 어떤 인격적인 것은 생각할 수가 없습니다. 그런데 천명이라면, 논어나 맹자나 선진시대에 쓰인 천명은 분명히 상제(上帝)와 관련된 천명임에는 틀림이 없지 않느냐 생각돼요. 그러면 상제와 관련시켜서 천명을 얘기한다면, 상제는 인격적인 개념이 거기에 깃들여 있는 것입니다. 저는 최근에 그것을 성리학 대신에 성명학(性命學)이라고 이름 붙이고 있습니다. 이렇게 되면 인간내존재자(人間內存在者)로서의 천명이 바로 중용에 나오는 천명이라고 할 때, 주자학자 입장에서 본다면 완전히 다른 하나의 입장이 되겠습니다. 그래서 만일 유가에서 기독교와 접근할 수 있는 하나의 길이 있다고 한다면, 이 천명을 통해서 기독교의 신 개념과 접근시킬 수 있는 길이 열린다고 보고 있습니다. 그래서 성리학이라고 할 때에는 기독교와 접근할 수 있는 길이 열리지 않습니다.

그러면 여기서 유교적인 입장을 얘기한다면, 그 천명은 결국은 인간적 존재인 것입니다. 절대적인 존재는 아닙니다. 인간 밖에서 인간을 어떻게 좌우하는 존재가 아니라 인간이 있고, 그 다음에 인간내존재로서의 천명을 중용에서 규정한 것이지, 인간 밖에는 한 걸음도 나갈 수 없는 것입니다. 그래서 그 천명이 중용에서 구체적으로 또 나누어집니다만, 지금 얘기가 길어지기 때문에 다른 얘기는 줄여야 할까 생각합니다. 그것을 유교에서는 무엇이라고 하느냐 하면 도심(道心)이라고 합니다. 인심과 도심을 둘로 구별하는데 그 중에서 인심은 중을 잃은 부중(不中)이지요. 그리고 도심은 희로애락 모든 것이 기꺼워할 만한 때는 기꺼워하는 것이고 슬퍼할 때는 슬퍼하는 것이고 노할 때는 노하는 것이어서 희로애락 그 자체가 악이 아니라 희로애락이 중에 맞으면 성(聖)이요, 중에 맞지 않으면 불성(不聖), 곧 범인이라고 봅니다. 그렇기 때문에 칠정은 성인이나 범인이나 다 같이 가지고 있지만 그것이 중할 때는 성(聖)이요, 부중할 때는 범부이고, 그 중한 심을 도심이라고 보고 부중한 심을 인심이라고 합니다.

하나님의 형상에 대한 해석

윤성범: 기독교에서는 조금 견해를 달리해서, 신성과 인간성을 구분하는 것이 기독교의 특성이라고 볼 수가 있습니다. 하나님과 인간으로 나누어 하나님은 창조주라 할 수 있고, 우리 인간은 피조물이라는 관계를 가지고 있습니다. 그래서 양자의 관계를 생각할 때 거기에 어떤 연속성이 있느냐하면, 연속성을 인정하지 않으려는 것이 기독교의 특성입니다. 물론 이것도 카톨릭과 프로테스탄트의 차이가 또 나오게 됩니다. 그래서 카톨릭에서는 어느 정도 연속성을 인정

하려는 경향이 있는 데 반해서 개신교에서는 하나의 비연속적인 것으로 해서 신성과 인간성의 무한한 질적 차이가 존재한다고 보는 점에서 기독교가 가지고 있는 특이한 면을 우리가 찾아볼 수 있습니다.

그럼에도 불구하고 「창세기」에서 보면 하나님께서 인간을 지으실 때는 자기의 형상대로 지었다고 해서 그것을 하나님의 형상, 즉 이마고 데이(Imago Dei)라고 말합니다. 이마고 데이에 대한 해석도 가지각색으로 나타나 있습니다만, 이 선생님께서 말씀하신 것과 마찬가지로 이것이 바로 유교에서 말하는 천명과 비슷한 것입니다. 다른 동물은 그저 하나님의 말씀대로 다 지었는데 인간만은 유달리 하나님의 형상대로 지었다는 것입니다. 하나님의 형상이라는 문제는 굉장히 논란이 되어 와서, 현대 신학에 있어서도 아직까지 이 문제에 대한 확실한 대답이 없습니다. 중세기에서부터 근세에 내려오기까지 이마고 데이라는 것이 일종의 신성의 일부분이 아닌가 하는 생각을 기독교에서는 하고 있는 것이 사실입니다. 서양철학에 있어서도 인간을 3분법으로 생각해서, 영(靈)과 혼(魂)과 몸으로 구분해서 인간적인 것은 혼과 몸에 국한되는 것이고 보다 높은 차원의 신성과의 관계를 가진 인간성을 영이라고 구분합니다만, 이것이 오늘에 와서는 절대로 적용이 되지 않는 것이 사실입니다.

어쨌든 하나님의 형상이라는 것이 무엇이냐 해서 개신교적인 입장에서 본다면, 하나님이 인간을 만들었다는 사실이 과연 하나님의 형상대로 지음을 받았으니까 인간도 어떤 신성을 가지고 있느냐고 물어보았을 때에, 엄밀한 의미에 있어서는 이마고 데이로 지으셨다는 전제에도 불구하고 인간은 신성을 가지고 있지를 못한다고 보는 것이 정당한 것입니다. 이것이 기독교의 특성이라고 볼 수 있습니다. 그래서 이마고 데이가 무엇이냐 하면, 신학적인 이해로 본다면 하나님이 인간을 지으실 때에 자기와의 관계에다 두고 지으셨다고 하는 그런 정도의 의미밖에는 안 된다고 보겠습니다. 이것이 천명사상과 밀접한 관계가 있다고 봅니다. 그럼에도 불구하고 역시 인간은 신은 아니다라는 대전제 밑에서 출발이 되어 내려오는 것이 기독교의 특성이라고 볼 수 있습니다. 또 프로테스탄트도 굉장히 조류가 많아서 독일신학 같은 데에서는 인간의 신성을 주장하는 학자들도 많이 있었습니다만, 현대에 와서는 다시 그것이 부정되고, 그래서 종교개혁 시대 때의 근본적인 사상으로 다시 돌아가는 그런 것이 있습니다.

그래서 인간성의 특이성을 보통 생각할 때에 이마고 데이를 가지고서 생각하게 되는데, 그것은 중세기라든지 혹은 현대 신학자들 가운데서 하나님의 형상이라는 것은 이성이 아니겠느냐, 도덕적인 어떤 가치의식이 아니겠는가 하고 생각해서 하나님의 형상을 윤리적인 혹은 가치론적인 입장에서 해석하려는 사람들도 있습니다.

그러나 기독교 교리 입장에서 본다면 하나님이 태초에 사람을 지으셨는데 인간이 교만한 마음을 가지게 됨으로써 아담과 이브가 따먹지 말라는 선악과를 따먹고서 타락했다고 성서에는 기록되어 있습니다. 그것도 알레고리칼하게 해석을 할 수도 있습니다. 또 여러 가지로 신학적으로 우리가 풀이할 수가 있겠습니다만, 그렇게 해서 인간이 타락 이전과 낙원 시대와 낙원 후로 갈라지게 됩니다. 여기에 하나님의 형상이라는 것은 일종의 어떤 인간의 결단의 작용 같은 것과도 밀접히 관계된다고 볼 수가 있겠습니다. 그런데 인간은 결국 하나님을 순종하지 아니하고 거역함으로써 타락했고, 그래서 타락 전에는 유교에서 말하는 성선설적인 입장을 견지하다가 타락 후에는 성악설적인 이해를 하게 된 것으로 볼 수도 있습니다.

예수의 계시에 의한 인간성 회복

사도 바울이 인간은 다 죄인이며 한 사람도 의로운 사람은 없다고 하는 주장을 내린 것도 타락 후 아담이라고 하는 인간, 그 아담은 우리의 시조라고도 봅니다만, 아담이란 고유명사이며 동시에 모든 인간성을 순자가 본 것과 같은 성악설적으로 보고 있습니다. 그래서 인간이 도저히 인간 자신의 노력으로써 회복할 수 없는 절망적인 것으로 바울이 정의를 내리게 된 것입니다. 그런데 여기에서 우리가 인간이라는 것은 아까도 말씀드린 바와 같이 하나님의 형상대로 지음을 받았기 때문에 다른 동물과는 달리 본능대로 산다든지 종교적으로 부여된 어떤 질서대로 사는 것만이 아니라 질서를 파괴할 수도 있고 질서를 지킬 수도 있는 자유분방한 인간성, 그 인간성은 어느 의미에서 악한 방향으로 흘러가도록 되어 있다고 보아서 칸트 같은 철학자도 인간의 본성을 근본악(根本惡)이라고 본 것으로 압니다. 인간이 하나님을 거역하려는 마음의 성향이 있다고 철학자 칸트도 그의 종교론에서 지적한 바 있습니다. 칸트에 의하면 이러한 사실을 고대 시인들이나 사상가들이 부인할 수 없는 사실로 인정할 수밖에 없었다는 점을 감안해서 근본악에 대한 문제를 전제하게 된 것도 우리가 잘 아는 사실입니다. 그래서 결국은 신성과 인간과의 사이에 도저히 인간성으로써 인간의 본연의 상태 혹은 회복의 상태가 불가능한 인간이 하나님의 능력에 의해서, 즉 하나님의 독생자 예수 그리스도를 이 세상에 보내심으로 인류가 구원을 받게 되었다는 것입니다.

그렇다면 종교의 본질이란 무엇이겠습니까? 종교의 존재 의의는 상실했던 인간성을 다시 회복할 수 있는 구원의 길을 갈구하는 나머지 종교의 필요성이 있는 것이 아닌가 생각합니다. 그런데 이 이마고 데이에 대해서도 두 가지 이론이 있습니다. 타락했을 때에 하나님의 형상이 완전히 파괴됐다는 사람도 있고, 그것이 부분적으로 해서 실질적인 이마고 데이는 파괴됐으나 형식적인 것은 남아 있는데, 그 형식적인 것을 이성이라 볼 수도 있고, 가치나 법칙으로 볼 수도 있으며, 사람에게는 아직도 양심이 있어서 우리가 타락했어도 아직은 사탄이나 마귀는 되지 않았다는 입장에서 역시 인간은 여전히 인간이라는 그런 학설을 주장하는 사람도 있습니다. 그러나 종교 개혁자들의 근본정신에 있어서는 이마고 데이가 완전히 파괴됐고 이제는 하나님과 우리와의 인격적인 관계는 완전히 파괴되어 버리고 말았으며, 이 파괴된 것을 다시 회복하는 길은 하나님 자신의 행동을 통해서, 즉 예수 그리스도를 통해서 우리가 우리의 인간성을 회복할 수 있다는 것입니다. 여기에서 우리가 프로테스탄트 이론에 입각한다면 인간의 어떤 지혜나 인간의 어떤 행위, 인간의 의(義) 등, 이 모든 것을 아무리 구사할지라도 우리 인간은 자기 본연의 인간성으로 회복될 수 없는 것이고, 이것은 오직 예수 그리스도를 통해서만 가능하다고 주장하고 있습니다. 그 점에 있어서 인간성 회복에 대한 문제를 어떻게 예수 그리스도에게만 집약시킬 수 있느냐는 문제가 나오겠습니다만, 그것은 기독교의 교리로서 우선 그런 전제를 통해서만 가능하다고 해서 기독교의 인간성은 굉장히 비관적인 데다가 두고 그것을 하나의 타력적(他方的)인 힘에 의해서 구원의 가능성을 찾는 것이죠. 이것은 조금 의인적인 그런 소박성도 없지 않습니다만, 기독교가 단순히 이론적인, 철학적인 입장보다는 역시 역사적인 예수 그리스도의 계시라고 하는 중요한 관점에다 두고 인간성을 회복하려는, 그래서 마치 의사가 병자를 구하듯이 하나님의 신적인 어떤 능력을 통해서 인간성이 회복될 수 있고, 인간의 어떠한 행위나 공로에 의해서 인간이 구원을 얻을 수 있는 길, 즉 하나님의 은혜에 의해서만 가능한 것이라는 거죠. 아마 이런 것은 불교의 진리에서도 있을 것 같고, 또 특별히 우리 한국에서도 이런 이론이 있는지 모르겠습니다만, 일본에 있어서는 친란종(親鸞宗) 같은 것을 보면 굉장히 루터적인, 아주 타력적인 것에 대한 절대의존의 신앙 같은 것을 주장하고 있는데, 그것이 기독교 개신교의 근본적인 입장과 일맥상통하지 않는가 생각됩니다. 인간성을 대체로 기독교에 있어서는 하나님과의 관계에 있어서는 절대로 융합될 수 없고, 어떤 신성의 일부분이 인간에게 왔다고 보지도 않고, 따라서 '무(無)로부터의 창조(creatio ex nihilo)' 라고 하는 말을 많이 쓰고 있습니다.

하나님과 인간과의 연속성

즉 하나님은 모든 세계 만물을 무에서부터 창조하셨다고 해서 creatio ex nihilo란 말도 사용하고 있는 것입니다. 따라서 하나님과 인간과의 연속성이라는 것이 기독교에 있어서는 인간으로부터는 없고 오직 하나님 쪽에서만 가능성이 있다고 보고 있습니다. 인간을 하나님 앞에 선 인간으로 볼 때, 하나님 없는 인간의 비참성과 하나님을 보았을 때 인간의 위대성과의 갈림길이 여기서 일어난다고 볼 수가 있습니다.

물론 기독교도 종교이니만큼 역시 불교와 유교와 밀접한 관계가 있는 것 같습니다만, 구원자이신 예수 그리스도의 역사성을 강조한다는 점이 인간 이해에 있어서 다른 종교와 다른 점이 아닌가 생각합니다.

윤태림: 칸트가 우리 인간의 악성(惡性)에 대해 얘기한 적이 있는데, 물론 기독교 바탕에서 자란 서구 사람이니까 그런 생각을 했는지 모르지만 칸트는 이 세상에서 가장 아름다운 것을 '하늘에 빛나는 별빛과 인간의 도덕심' 이라고 말하지 않았어요? 인간은 타고나기를 악한 존재이어서 도저히 신에 따라가지 못할 존재로 칸트가 봤는지 의심이 가는데, 어떻습니까?

윤성범: 윤리사상과 종교사상을 조금 구분하면, 도덕법[良心]이라는 것을 하나님의 명령으로 생각했을 때에는 종교가 되고, 그것을 내 마음에 가지고 있는 절대적인 어떤 도덕적 가치로 의식했을 때에는 윤리가 된다고 칸트는 말했습니다. 칸트의 종교론에서는, 윤리적인 입장에서는 근본악이 나올 수 없지요. 왜냐하면 인간이 이성의 법에 의해서 자기가 도덕적인 생활을 할 수 있다는 그런 하나의 원칙이 있기 때문입니다. 그런데 종교론에 가서는 완전히 근본악을 칸트가 전제하게 되었는데, 이것은 철학적으로는 이해되지 않는 부조리를 칸트는 말하게 된 것으로 비판을 받게 된 것입니다.

윤태림: 그런데 제가 알기에 확실히 기독교는 도저히 하나님의 위치에까지 갈 수가 없다는 전제이고, 불교에서는 진리의 경지에 도달하면 성과 정을 나눌 필요가 없이 완전무결하게 될 수 있다는 견해의 차이인 것 같아요. 그래서 잠깐 생각

해볼 적에, 내가 그런 참된 경지에까지 갈 수 있다고 생각할 때와 내가 아무리 애써도 그런 경지에 못 간다 할 때는 종교에 대한 신앙이 달라질 것 같아요. 내가 이 자리에서 평가하는 것은 아닙니다만, 역시 불교의 경우까지 가는 것이 더 깊이가 있고, 오히려 범부로서는 내가 진아(眞我) · 진정(眞情)의 경우에까지 갈 수 있다고 생각하는 것이 상당히 뜻이 다를 것 같습니다.

이을호: 불교와 유교의 입장이 비슷하다고 하겠는데 맹자의 말에 "사람마다 다 요순이 될 수 있다(人皆可以爲堯舜)" 라는 것이 있습니다. 요순은 이상적인 하나의 인간으로 표상되어 있지만, 신에 가까운 개념으로서 역시 최고 인격신에 가까운 것이니까 유교에서는 인간도 역시 신의 문턱에까지 갈 수 있다는 가능성이 있고, 이것이 유교에서는 상당히 중요한 문제입니다.

윤성범: "요순도 기유병저(堯舜其猶病諸)" 라고 했죠.

이을호: 마음으로서는 그가 그렇게 되지 못함을 가슴 아프게 생각하고 안타까워했는데, 기독교에서 생각하는 인간성 회복이라고 할까, 그 한계점은 결국 내가 없으면 안 된다는 얘기지만, 유교에서 직접 갈 수 있다고 하니 근본적으로 다른 입장이 아니겠느냐 생각합니다.

선사: 기독교에서 우리 인간은 피지배인이고 하나님은 지배인이기 때문에 하나님의 존재는 물론 절대적입니다. 그런데 기독교의 삼위일체, 성부(聖父) · 성신(聖神) · 성자(聖子)의 일체는 예수님 말씀이 아니고 그 제자들이 그 뒤에 진리를 표현하

기 위한 방법론으로 전개한 말이지만, 대단히 좋은 말이거든요. 예수님이 어째서 예수님이냐 냉정하게 규명해 본다면 삼위일체가 되었기 때문 아니겠습니까? 즉 예수님인 성자가 성부 자리, 성신 자리와 일체가 되었기 때문에 예수님을 우리 만인간이 성인이라고 우러르는 것입니다. 불교에는 삼위일체라는 말은 없지만 같은 의미의 술어가 많습니다. 즉 법(法)·보(報)·화(化) 삼신(三身)이 하나라는 거죠. 법신(法身)이 성부 자리이고, 보신(報身)이 성신 자리이고, 화신(化身) 석가모니불이 성자 자리입니다. 비유컨대 천강(千江)에 비치는 그림자 달이 화신이라면 달 광명은 보신이며 하늘에 있는 달은 법신입니다.

화엄학(華嚴學)에서는 누구나 성불(成佛)

그렇기 때문에 49년간 설법한 석가모니는 화신, 즉 그림자 몸이라고 봅니다. 교리로 볼 때 같은 불타이지만 최초에 우주관·인생관을 타파해서 설한 화엄학은 법신의 소설(所說)이라 하고, 대중이 못 알아들으니까 49년 동안 화엄학을 부연한 팔만대장경은 화신의 소설이라고 합니다. 다시 말하자면 부처님께서 최초 21일 동안 화엄학을 설했으나 알아듣는 이가 없으므로 화엄학까지 끌고 올라가기 위한 방법론으로 49년 설법이 벌어졌다는 얘기지요. 즉 아함부(阿含部)를 12년, 방등부(方等部)를 9년, 반야부(般若部)를 21년, 법화부(法華部)를 8년, 해서 49년 설법이 됩니다.

비유컨대 아함부는 유치원[人天敎]으로부터 초등학교 학설이라면 방등부는 중학교 학설이며, 반야부는 고등학교 학설이요, 법화부가 대학교 학설이라면 화엄학은 대학원 학설에 해당합니다. 그렇기 때문에 부처님께서 최후에 '네가지 의지하는 법'을 말씀했습니다. '사의(四依)'란 첫째는 대의(大義)를 의지하고 문자를 의지하지 말라. 문자에 집착하다 보면 대의를 잊어버린다는 거예요. 둘째는 지혜에 의지하고 알음알이, 즉 식(識)에는 의지하지 말라는 것입니다. 여기에서의 지혜는 망상이 붙은 세간지혜가 아니고 분별이 끊어진 반야지혜를 말합니다. 그러니까 망상이 끊어진 성인의 지혜를 의지하지 망상, 분별이 붙은 식은 의지하지 말라는 거예요. 셋째는 법만 의지하고 사람은 의지하지 말라 하는 것이고, 넷째는 요의경(了義經)만 의지하지 불요의경(不了義經)은 의지하지 말라는 것입니다. 즉 요의경이라면 화엄경(華嚴經) 80권뿐이므로 이 화엄학 하나만 의지하지, 다른 경은 불요의경이므로 의지하지 말라는 얘기지요. 왜냐하면 다른 경은 모두 화엄학에 끌고 올라가기 위한 보조격인 학설이니까요. 그러기에 불요의경인 팔만대장경 중엔 말세중생은 성불 못 한다, 또 여자는 성불 못 한다는 말이 많이 나오지만, 화엄학에 그런 얘기는 없어요. 누구나 성불해서 부처님과 똑같이 될 수 있다고 했습니다. 즉 범부인 선재동자가 53 선지식(善知識)을 참예해서 성불한 것입니다(화엄경 「입법계품」). 또 유교에서도 이 선생님이 말씀하셨듯이

맹자(孟子)에,

“도성선(道性善)하사대 **언필칭요순**(言必稱堯舜)하시고

이실지왈(而實之曰) **인개가이위요순**(人皆可以爲堯舜)이라”

본성의 착함을 말씀하시되 언제나 요순을 들어 얘기하고, 결론으로 하는 말씀이 사람마다 누구나 요순이 될 수 있다 하였습니다.

이 말도 범부가 성인이 될 수 있다는 것을 말한 것입니다. 예를 들면, 율곡이 금강산의 율봉선사(栗峯禪師)를 만나서 서로 문답한 것이 있습니다. 율곡은 유교학자니까 유교를 자랑하고 율봉은 불교학자니까 불교를 자랑하다가 율봉이 율곡에게 묻기를, 우리 불교엔 중생의 마음이 곧 부처[卽心卽佛]라는 말이 있는데 유교에도 그런 학설이 있느냐 하니까 율곡이 답하기를 있다고 하면서 바로 전에 말한 ‘도성선(道性善)’ 장을 들었습니다. 그러니까 율봉이 또 묻기를, 우리 불교는 색(色; 우주만유의 모양 있는 것)도 아니고 공(空; 모양이 끊어진 것)도 아니다. 색이 즉 공이요, 공이 즉 색이다. 다시 말하면 모양이 끊어진 것이 즉 모양 있는 것이고 모양 있는 것이 즉 모양 끊어진 것이다[非色非空, 空卽是色, 色卽是空]. 즉 공과 색이 둘이 아니라는 말이 있는데, 유교에도 그런 말이 있느냐 물으니 율곡이 있다고 하면서 답하기를,

시전(詩傳)에,

"연비여천(鳶飛戾天)이어늘 **어약우연**(魚躍于淵)이라"

솔개는 하늘에서 날고 고기는 못에서 뛴다.

고 했으니 이것이 불교의 비색비공과 같은 것이 아니고 무엇이냐 하고 시를 지어 바치기를,

"어약연비상하동(魚躍鳶飛上下同)하니,
저반비색역비공(這般非色亦非空)이라.
등한일소간신세(等閒一笑看身歲)하니,
독립사양만목중(獨立斜陽萬木中)이라."

고기가 못에서 뛰고 솔개가 하늘에서 나는 것이 위아래가 같으니,
이것이 색도 아니고 또한 공도 아닌 소식이라.
등한(等閒)히 한번 웃고 신세를 돌아보니,
기우는 햇살 일만 나무 가운데 홀로 섰도다.

하니 율봉이 참 큰 학자라고 칭찬했습니다. 그러니까 불교에서도 팔만대장경 교리, 즉 화엄학 이하에서는 말세중생은 성불 못 한다는 말이 있지만, 최고학설 화엄학에 가서는 다 성불할 수 있다는 것이 결론입니다.

범부는 묻힌 금과 같은 존재

윤태림: 그러니까 범부도 예수님과 같이 될 수 있다는 얘기가 되겠군요.

선사: 예. 범부도 닦아서 시공이 끊어진 마음자리를 각파(覺破)하면, 즉 삼위일체가 된다면 부처님이나 예수님과 똑같이 될 수 있다는 얘기지요.

윤태림: 그런데 저는 잘 모르겠지만, 아까 말씀한 것 중에서 율곡이 대답한 '솔개가 하늘을 날고 고기가 물에 뛰노는 것' 은 색즉시공 공즉시색이란 말에는 당치 않는 말 같아요.

선사: 아니지요, 아주 훌륭한 답입니다.

윤성범: 유교와의 관계에 있어서 삼위일체를 효경(孝經) 같은 데에서 찾아볼 수 있겠습니다. 아버지와 아들과 친함이 있고 [父子有親] 그 친(親)에서 아주 인격적인 관계를 맺게 되는데, 불교에도 삼신설(三身說)이 있지 않습니까? 그런데 조금 기독교와 다른 것은 삼신설이 보통 남성 · 여성의 구별이 없습니까?

선사: 그렇지요. 남녀의 구별 없이 누구든지 다 가졌는데 부처님은 그것을 수용하고 우리 범부는 갖춰져 있기만 하고 산 속에 묻힌 금처럼 자체는 똑같은 금이지만 금 노릇을 못한다, 이렇게 되지요.

윤성범: 그럼 조금 중성적이라고 볼 수 있겠네요.

기독교에서는 성부 · 성자 · 성신을 남성으로 표현하고 있습니다. 그래서 제가 유교의 부자관계는 물론이요, 성경의 성신도 원어 헬라어에서는 중성인 데 반해서 기독교에 이르러서는 교리적으로 남성이 되어 있습니다. 지금 인간성이라고 했는데, 역시 인간성이라고 했을 때 기독교에서도 유교와 마찬가지로 절대로 단독자로서의 인간성이라고 하는 것을 생각지 않지요. 그런데 유럽사상에 있어서, 헬라사상이 내려오면서 그것이 개인 구원의 어떤 것으로만 강조되어 왔어요. 사실 원칙으로 보게 되면 이것이 인간 하나가 가정이라고 하는 공동체 속에서 나와서 공동체 속에서 사는 거기에서 인간을 보려는 그런 정신, 가장 인격적인 관계를 유지하는 그 근거가 뭐냐고 생각했을 때 유교사상과 기독교사상이 거의 비슷하게 부자, 하필이면 하나님 아버지를, 어머니라고 하면 좋겠는데, 카톨릭에서는 마리아론과 같은 교리가 있습니다만, 그것을 꼭 아버지-아들이라는 끊을래야 끊을 수 없는 관계에서 하나의 인격적인 사실을 도출해 내려고 합니다. 그리고 삼위일체 교리는 주후 3~4세기 후에 비로소 형성됐지만, 성서적인 근거를 충분히 가지고 있기 때문에 기독교와 유교의 관계 속에서는 중성적인 것보다는 남성적인 것으로 보려는 데에 특이성이 있는 것 같습니다. 제일 인격적인 관계는 역시 아버지와 아들의 관계가 아니겠습니까?

이을호: 맹자의 부자유친을 가지고 남성적인 면으로 볼 수 있는 것 같은데, 실상은 유교에도 모성적인 면이 나오거든요. 서전(書傳)에 '오전(五典)'이라는 것이 있습니다. 부의(夫義)·모자(母慈)·자효(子孝)·형우(兄友)·제공(弟恭)이

라고 해서 모(母)가 나오거든요. 아버지는 의로워야 하고 어머니는 자애로워야 하고 아들은 효도해야 되고 또 형우, 제공 아닙니까. 그게 맹자의 부자유친의 부친 속에 모두 묻혀버렸다고 봐야 되겠지요.

윤성범: 그런데 효경에는 그렇지는 않은 것 같습니다. 예를 들면 어머니의 자애와 임금의 경(敬)을 아버지는 다 겸유하고 있기 때문에 아버지에 대한 일종의 교육적인 의미가 부여된 것이 아닌가 생각합니다.

이을호: 후대에 가서 그렇게 되었겠지요.

윤성범: 그게 이상해요. 기독교도 왜 남성으로 했느냐고 미국에서는 여자 신도들이 반발하고 나오는 경우도 있는 모양이니까요. 왜 하느님이 아버지로 남성만이, 어머니로 여성은 되지 않을 이유가 무엇이냐는 주장 말입니다.

이을호: 윤 선생님의 삼위일체설을 읽은 지 참 오래 되었습니다. 그러면 단군도 남성입니까?

윤성범: 남성이지요. 그런데 최남선씨는 '불함문화론(不咸文化論)'에서 여성으로 봤지요. 그것은 태양신이고 모신(母神)이어서 다신론(多神論)으로 되어 버렸지요. 그러니까 우리 하느님과는 다르지요.

선사: 대성인(大聖人)이 다 남성이지 여성이 어디 있습니까? 남존여비가 되어 있지요. (웃음)

윤성범: 그런데 그것이 여자가 약해서 남존여비가 아니라 원리상 그렇지요?

그런데 미국에서는 지금 기독교 여자 신도들이 문제를 제기하고 있습니다. 하느님을 왜 He[남성]로만 부르고 She[여성]로 부르지 않느냐고요. He로도 쓰고 She로도 쓰자는 것입니다. 그만큼 미국은 여권이 굉장히 센 모양이지요. 그것은 최근의 일이고, 이때까지 그렇게 돼서 내려왔는데 만약 그것이 득세를 하면 중성이 될지 모르지요. (웃음)

생의 의미와 죽음의 초극(超克)

무생(無生)의 생은 영원한 생

윤태림: 여기서 결론을 내릴 수는 없습니다만, 하여간 인간의 신성과 인간성의 두 가지를 구별할 수 있든 혹은 없든 간에 기독교에서는 그렇게 보지 않지만 불교나 유교에서는 하여간 인간은 누구나 다 종교성이랄까, 신성, 불성을 가지고 있어서 자기가 어떤 절대 혹은 진아(眞我)의 경지에 갈 수 있다고 일단 결론을 내릴 수 있지 않을까 생각합니다.

이제 다음 문제로 넘어가서 생의 의미와 죽음의 초극(超克)에 대해 얘기해보도록 합시다.

공자님께서 제자가 죽음이라는 것이 뭐냐고 물으니까 우리가 생이라는 것도 잘 모르는데 죽음까지 다루겠느냐는 말씀이 있었고, 또 실존주의 사상에서 보면 인생에 있어서 가장 중요한 문제는 죽음이며 이 문제를 극복해야만 참다운 인간의 삶을 계속할 수 있다고 얘기했습니다.

우리가 생이라 할 때도, 물론 생명이라고 할 경우에는 그것이 생물학적인 생명현상으로 볼 수 있고, 또 생을 일상생활의 면에서 본다면 하나의 경제적 영위로서 생활이라고 볼 수 있겠고, 또 생이라는 것을 인생이라고 본다면 이것은 하나의 인생관, 도덕관으로 볼 수 있겠습니다. 다시 말하면 생이라는 것은 철학적으로 볼 수도 있고, 또 신비적으로도 볼 수 있고, 추상적으로도 볼 수 있는데, 물론 견해는 다릅니다만 베르그송은 이성이나 오성이라는 것보다도 생명의 생성 발전이 가장 근본적인 문제라고 얘기했지요.

그런데 우선 여기에 대해 불교에서 본 견해가 아마 근본문제를 터치하는 견해가 되지 않을까 생각합니다.

선사: 우리가 이 몸을 가지고 사는 생이라는 것은 백년 미만에 없어집니다. 백년 미만에 없어지는 몸을 가지고서 우리가 망상을 피우는 것은 항하사(恒河沙) 수로도 셀 수 없습니다. 그런데 백년 미만의 몸뚱이를 가지고 항하사 수보다도 더 많은 망상을 좇아간다면 위태하지 않겠습니까? 그렇게 위태한데도 불구하고 그 망상을 좇아가는 것이 우리 중생입니다. 그러나 불교에서 보는 궁극적인 생은 영원무궁한 생이지 백년 미만의 생이 아닙니다. 영원무궁한 생이라는 것은 나는 것이 없는 생[無生의 生]입니다. 이것은 언제나 도와, 다시 말해서 성 자리와 결부되어야 이루어질 수 있는 생입니다. 시공이 끊어진 그 자리가 바로 무생의 생, 즉 영원의 생이지요. 따라서 불교에서 생의 의미는 한마디로 말하자면 무생의

생, 즉 영원의 생이라고 하겠습니다. 무생의 생을 타파하고 나면 죽음의 길도 없습니다. 본래 생사는 둘이 없는 자리로, 나는 것이 있기 때문에 죽는 것이 있게 되고 나는 것이 없으면 죽음도 없는 것입니다.

이렇게 생사가 둘이 아닌 경지, 이 몸을 벗으나 안 벗으나 마찬가지인 경지를 타파한 분으로 부처님 당시 가섭존자부터 중국의 혜능대사(慧能大師)에 이르기까지의 33조(祖)는 부처님과 같은 분들이기 때문에 말할 것도 없지요. 죽고 사는 문제를 옷 입고 버리듯 했다고나 할까요. 이렇게 생사가 본래 없다는 것은 경전에 수없이 많이 나오지만, 육조(六祖) 혜능의 말씀에 이런 것이 있습니다.

"**겁화소해저**(劫火燒海底)하고
풍고산상격(風鼓山上擊)이라도,
진상적멸락(眞常寂滅樂)은
열반상(涅槃相)이 **여시**(如是)라"

"겁(劫) 불이 바다 밑을 태우고 바람이 고동쳐 산이 서로 부딪치더라도(이때는 우주가 무너질 때를 말합니다), 참되고 변함없는 적멸(寂滅)의 즐거움은 열반의 모양이 항상 이와 같다" 고 했습니다.

생사 문제를 마음대로 한 사람들

또 불교인은 아니지만, 장자(莊子)는,

"사생(死生)이 **역대의**(亦大矣)로되
이부득여지변(而不得與之變)하며,
수천지복추(雖天地覆墜)라도
역장불여지유(亦將不與之遺)라"

죽고 사는 문제가 크되 생사에 변하지 않으며, 비록 천지가 무너져 없어지더라도 또한 정신을 잃지 않는다.

고 했어요. 이와 같이 생사를 마음대로 한 것입니다.

중생이 생사를 보는 것은 끝까지 몸과 마음이 둘인 것으로 보기 때문에 마음엔 생주이멸(生住異滅)의 사상(四相), 몸에는 생로병사(生老病死)의 사상(四相), 일년엔 춘하추동(春夏秋冬)의 사시(四時), 세계엔 성주괴공(成住壞空) 사상(四相) 등이 있어요. 그러나 성인은 몸과 마음이 둘이 아닌 줄 투철히 각파했기 때문에 마음의 생주이멸은 묘용(妙用)으로 변하고, 몸의 생로병사는 거구착신(去舊着新; 생사에 자재(自在)한 것)이 되며, 일년의 춘하추동은 일원기(一元氣)로, 세계의 성주괴공은 무애삼매(無碍三昧)로 변합니다.

이처럼 생사문제를 자재하게 한 사람으로 33조(祖)는 말할 것도 없지만 그 후에 송나라 등은봉(鄧隱峯) 선사는 돌아갈 때에 엉금엉금 걸어가다가 거꾸로 서서 곤두박질한 채로 몸을 벗어났었습니다. 보통 사람이 그렇게 하겠습니까? 또 관계지한선사(灌溪志閑禪師)는 제자들에게 화장 나무를 준비해서 쌓아 놓게 했습니다. 그리고 선사는 가사, 장삼을 입고 주장자를 짚고 장작더미에 올라선 후 동서남북에 불을 지르라고 명하고 장작더미에 불이 붙기 전에 몸을 벗었습니다. 또 우리나라 고려 때 보조국사(普照國師)는 상당법문(上堂法門)을 열고 제자들에게 말하기를, 내가 오늘 세상을 떠나겠으니 최후로 너희들이 뭐든지 질문하고 싶은 것을 다 물어라 하면서 백가지 질문에 백가지 답변을 했습니다. 그리고는 법상(法床)에서 내려와 마루 끝에 앉은 채 돌아갔습니다. 근년에 오대산 한암(漢岩) 스님도 아침에 미음 한 그릇 잡수시고 가사, 장삼 입은 채 평상에 앉아 돌아가셨지요. 이렇게 생사 문제를 마음대로 하는 거예요 그러니까 우리가 지금 고요한 데에서 도 닦는 것은 어디에 쓰자고 하는 것이냐 하면 시끄러운 데 쓰자는 것입니다. 예를 들면 돈벌이하는 것은 가난한 데 쓰자는 것처럼 말입니다. 우리는 시끄럽고 고통스러우니까 이것을 어떻게 벗느냐 하는 방법에 있어 성인의 구원을 받는 길도 있지만, 이것은 어디까지나 타력(他力)입니다. 스스로 벗어나는 것만 못한 것이죠. 이 시끄럽고 고통스러운 데서 벗어나기 위해서는 생사의 큰 문제를 마음대로 하는 것이 가장 궁극적이라고 할 수 있습니다. 불교의 궁극적인 목표가 되지요.

윤태림: 그런데 항상 저희에게 문제가 되는 것은 범인의 입장에서 불경 공부를 깊이 하고 또 생사가 여일(如一)하게 자유자

재로 하여가는 시기도 알고 병고를 모르고 살았으면 좋겠는데, 역시 범인들의 생활이라는 것은 가장 속된 생활이지만 가장 속된 것이 현실이거든요. 그래서 우리가 범인으로서 생사 문제를 초월, 초극하는 방법에 대한 불교적인 생각을 좀 말씀해주세요.

선사: 방법에 대해서는 참 구체적입니다. 이제 유교학으로 말할 것 같으면, 도에 들어가는 방법론이 굉장히 희박합니다.

맹자 가운데에,

"**학문지도**(學問之道)는 **무타**(無他)라
구기방심이기(求己放心而已)니라
인(人)이 **유계견**(有鷄犬)이
방측지구지(放則知求之)호대
유방심(有放心)이 **부구지**(不知求)하나니 **애재**(哀哉)라"

학문의 도는 다른 게 아니라 바깥 경계로 치주(馳走)하는 마음을 거둬들이는 데 있을 뿐이다. 사람사람이 개나 닭이 밖에 나가면 찾아올 줄 알지만 자기 마음이 밖으로 흩어지면 구해 들여올 줄 모르니 슬프다.

하였습니다. 이처럼 구방심(求放心)하는 방법론이 없는데, 이는 맹자가 몰라서 안 하신 게 아니고, 당시에 어떻게 구방심 하느냐고 질문하는 사람이 없으니까 방법론이 없는 것입니다. 또 공자 이후 천 오백년 동안 공자의 도통연원(道通淵

源)이 끊어졌던 것을 주렴계(周濂溪)와 정자(程子)가 이엇다고 하는데, 정자가 말하기를,

"주일무적지위경(主一無適之謂敬)"

마음을 통일해서 새어 나가는 것이 없음을 경(敬)이라

했습니다. 그런데 그 '경(敬)' 자를 가지고 공자께서는 주역(周易) 「계사(繫辭)」에서,
"경이진내(敬以眞內)하고 **의이방외**(義以方外)라"

경으로써 안 마음을 곧게 하고 의(義)로써 바깥 행동을 방정하게 한다.

고 말씀하셨습니다만, "주일무적지위경"이라고 한 것은 정자의 말씀인데, 그 한마디가 후학에게 얼마나 영향을 주었던지 계(季)가 평하기를 "그 공훈이 우임금의 9년 홍수를 다스려 백성을 편케 함보다 못하지 않다[功不在禹下]" 했습니다. 그러나 주일무적하는 방법론이 없습니다.

생사 문제를 초월하는 방법

그런데 주일무적하고 구방심하는 방법론이 불교는 조직적으로, 체계적으로 되어 있습니다. 상중하의 근기(根機)에 따라

각각 달리 나타나 있습니다. 상근기(上根機), 즉 제일 잘난 이를 위해서는 '참선' 하는 법이 있습니다. 참선이라 하면 교리적으로나 언론이나 사량(思量)으로 이해될 수 없는 조사(祖師)의 말씀을 참구(參究)하는 것입니다. 이런 조사의 말씀으로 대표적인 것을 1천 7백 공안(公案)이라 하지요. 예컨대 소금이 어떤 것이냐 물을 때 싱겁지 않은 것이라든가 짜다던가 하는 식으로 답하는 것이 아니고, 직접 소금을 먹여 소금이 어떻다는 것을 스스로 알게 하는 방법입니다.

그 다음 중근기(中根機)를 위해서는 교리적으로 들어가는 '관법(觀法)' 이 있습니다. 팔만대장경 교리는 모두 차전(遮詮) 아니면 표전(表詮)으로 되어 있습니다. 차전이라면 부정하는 말로 소금을 물을 때 싱겁지 않은 것이라고 대답한 것과 같고, 표전이라면 긍정한 말로 소금을 물을 때 짜다고 대답한 것과 같습니다. 이와 같은 교리를 연구해서 들어가는 관법으로는 정관(靜觀)·환관(幻觀)·적관(寂觀)[圓覺經]의 3가지가 있습니다. 천태종에서는 이를 공(空)·가(假)·중(中) 삼관(三觀)이라고 하지요. 먼저 정관이라는 것은 주관적인 면에서 공부하는 것입니다. 즉 주관적인 면에서 우리 한 생각이 일어나면 이것이 어디서 일어나느냐, 염념(念念)히 그것을 살펴서 생각 일어나는 자리가 본래 없는 것으로 확연히 보아 도에 들어가는 방법입니다. 다음으로 환관은 우주의 삼라만상을 객관적인 면에서 공부하는 것입니다. 우리가 보고 듣고 행동할 때의 모든 것을 실(實)로 있다고 보는 것이 아니고, 환(幻), 즉 꿈으로 본다는 말입니다.

이렇게 삼라만상을 꿈으로 보면 집착이 없지 않겠습니까. 실로 보는 데서 집착이 생기고 고통이 생기는 거죠. 이와 같이 닦아 도에 들어가는 것을 환관이라고 합니다. 그 다음이 적관인데, 적관이라는 것은 주관적인 면과 객관적인 면을 합해서 공부하는 방법입니다. 다시 말해서 안으로 마음이 일어나는 곳을 찾아봐도 일어나는 곳이 없고, 밖으로 우주 삼라만상을 봐도 삼라만상이 꿈같은 것이어서 실(實)로 있는 것이 아니라고 보아 주관, 객관이 함께 없어지는 것을 적관이라고 합니다. 이렇게 교리적으로 정·환·적(靜幻寂) 삼관으로 닦게 한 것은 중근기(中根機)를 위한 방법이고, 아주 못난 사람, 즉 하근기(下根機)도 도에 들어갈 수 있는 방법이 있습니다. 그것을 염불문(念佛門) 혹은 비밀문(秘密門)이라고 합니다. 기독교에서 주기도문을 외우는 것과 비슷하지요. 이것은 무슨 생각이 나든지 마음을 흩트리지 않고 열심히 진언(眞言; 呪文)을 외운다거나 관세음보살 혹은 석가모니불, 아미타불 등 부처님의 명호(名號)를 외워 도에 들어가는 것입니다.

그러므로 누구든지 도에 들어갈 수 있는 것이지요. 예컨대 이 세계가 고해라면 일체중생이 모두 고해에서 헤매는데 부처님의 대자비로 고래잡는 것 같은 그물로는 상근(上根)을, 명태나 대구 잡는 것 같은 그물로는 중근(中根)을, 새우나 멸치 잡는 것 같은 그물로는 하근(下根)을 모두 남기지 않고 고해에서 건져내 주는 것이라고 생각할 수 있습니다.

윤태림: 요전에 행원(行願) 스님한테서 잠깐 들은 얘기가 있는데,

참선할 때는 무념무상(無念無想)으로 해야 하는 것이냐 하니까 그게 아니라고 말씀을 해요. 그러면서 내가 무엇이냐, 내가 어디서 와서 어디로 가느냐, 하여간 나라는 것을 자꾸 생각해야 한다고 말씀을 해요. 그래서 보통 범인으로서 할 수 있는 것은 생의 문제 또 직업의 문제를 초월하는 것은 방법론으로 봐서는 참선하는 것이 제일 좋은 것 같고 또 저 같이 아주 정말 하지하(下之下)가 하려면 다른 것은 그만두고 그저 관세음보살 염불이나 외고 있는 것이 가장 첩경으로 가장 쉽고 좋은 것 같습니다.

유교적 생은 선행의 축적

선사: 그것이 아까 유교의 구방심하는, 주일무적하는 방법입니다.

이을호: 유교를 얘기할 때에 많이 이용되는 글귀로서 논어에 공자의 생에 대한 대답으로 "아직 생도 모르는데 어떻게 죽음을 알 수 있느냐(未知生焉得知死)" 하는 말이 있습니다. 이것을 분석해 보면 공자께서는 죽음도 모르고 생도 모른다는 것으로 풀이하기 쉬우나, 여러 현자들의 말씀을 가지고 추리하자면, 생도 모르는데 어떻게 죽음을 알 수 있느냐 하는 말씀 가운데에는 죽음보다도 생에 더 중요한 의미를 부여하고 하신 말씀입니다.

그러면 생을 유교적인 입장에서 저는 두 가지 입장으로 보고 싶습니다. 하나는 생물학적인 생입니다. 중용에 "천지는 제 위치에 있고 만물은 제대로 발육한다(天地位焉萬

物育焉)" 란 말이 있습니다. "만물이 제대로 발육한다"는 이것이 결국 유교의 궁극적인 목표입니다. 현실적인 면에서 그 만물이 무엇이냐 하는 것이 문제가 되겠습니다만, 그 만물이란 것이 인간도 금수도 다 포함되는 것이 아닌가 생각합니다. 다시 말하면 만물이라는 것은 생물이나 식물이나 모든 생명을 가진 것을 지칭한다고 볼 때에 인간도 그 안에 들어가고, 그래서 후세 사람들이 생물지심(生物之心)이란 것까지 얘기하고 있어요. 말하자면 만물이 생의 즐거움을 최대한도로 향유할 수 있는 전설 속의 요순시대 같은 그것입니다. 유교에서는 애초부터 죽음 그 자체는 생각하지 않습니다. 다시 말해서 장자에 있어서는 생이 곧 죽음이고 죽음이 곧 생이라 해서 생사일여로 보고 있지만, 유교에서는 현실적인 입장에서 죽음의 그림자는 찾아보기 어렵지 않느냐, 이렇게 일단 전제를 하고 싶습니다.

맹자에 이런 얘기가 있습니다. "닭 울 무렵에 일어나서 선한 일만 하는 자는 순임금의 무리(鷄鳴而起 孶孶爲善者 舜之徒也)" 란 말이 있어요. 그러니까 결국은 인간이 산다는 것은 선행을 하는 것입니다. 인간이 그만큼 하루하루 그 선행을 축적하는 것이 유교에서 말하는 하나의 인생이고, 그 중에서 선(善)이라는 개념과 생의 관념이 결부되었을 때 인위적인 가치 속에서 생의 의미를 발견하려고 하는 것이 유교가 아니냐 싶어요.

그런데 불교에서 얘기하는 선(禪)의 경지는 유교에서는

생각할 여지조차 없습니다. 아침부터 저녁까지 선(善)한 일만 행해야 하는데, 어느 사이에 앉아서 좌선을 할 겨를이 있겠습니까? 다시 말하면 요순 같은 이도 아침부터 저녁까지 백성을 위해서 분주하게 쏘다니는 것이 유교의 개념에서 오는 절대적인 유교의 선행이고 행동이지, 다른 그 외의 방법에 의해서 선(善)의 의미를 찾을 길이 없지 않느냐는 거죠. 선을 행함에 있어서 제왕이라는 다스리는 사람의 입장에서는, 생물적인 인간을 최대한 생을 향유할 수 있게 만들어 주어야 한다는 것이 치자(治者)의 입장에서 보는 것이고 하나의 개인, 하나의 개성, 개체적인 인간의 입장에서 보면 날마다 선행을 하는 윤리적 삶 속에서 생의 의미를 찾아야 하지 않느냐, 저는 그렇게 생각합니다.

그러면 죽음이라는 얘기를 유교에서는 전혀 생각하지 않았느냐 하면, 저는 그렇지 않다고 생각합니다. 왜냐하면 맹자에 "삶을 버리고 죽어서 의를 찾아라(捨生取義)"는 말이 있습니다. 또 논어에 "자신을 죽여서 인을 이룩하라(殺身成仁)"는 말이 있습니다. 그러면 생의 가치가 생을 버릴 수 있는 그 죽음보다도 더 중요한 것인데, 선을 위해서는 죽음을 택하고 생을 버리라고 했습니다. 거기에 생에서 초탈하여 죽음에 이르는 유교의 길이 있습니다. 아까 날마다 선을 행하는 현실에 집착해 가지고 나가는 생의 한계점이 어디서 죽음으로 연결시킬 수 있느냐 하는 것은 하나의 윤리적인 개념으로서, 죽음을 생각하는 데에서 찾을 수 있을 것입니다. 논어 가운데에는 '의'나 '인'과의 관계에서 몇 가지 인용구가 있습니다만, 이 얘기는 나중에 하기로 하죠. 내세관과 관계가 있습니다만, 유교에서는 개체의 죽음이 후손으로 이어진다는 개념이 있습니다. 유교에서는 그것이 소위 예에 있어서 상례(喪禮)나 제례(祭禮)를 존중하는 것으로 나타납니다. 논어에 "부모의 죽음을 신중히 하고 먼 조상을 추모한다면 백성의 덕은 두터워지리라(愼終追遠民德歸厚矣)" 고 한 그 '신종(愼終)' 은 상례입니다. '추원(追遠)' 은 제례입니다. 그 속에서 자기의 생을 선대의 추념에서 이어받아 가지고 후세에 이어주는 속에서 유교에는 하나의 영생이 존재하지 않느냐 하는 입장도 있습니다만, 의를 위해서는 초연히 죽을 수 있는 이런 입장도 거기 있지 않느냐고 봅니다.

현실로는 죄인, 소망은 의인(義人)

윤태림: 아침부터 일어나서 착한 일만 하라고 하는데, 구애를 받고 구속을 받고 선만 생각하고 악을 생각 안 한다고 하는 것은 어떻게 보면 소승(小乘)인 견해 같아요.

선사: 그러니까 거기 주석(註釋)에 그러지 않습니까? 지금 이 선생님이 말씀하신 장 앞 주에,

"**계명이기**(鷄鳴而起)하여 **자자위선자**(孶孶爲善者)는
순지도야(舜之徒也)요 **계명이기**(鷄鳴而起)하야
자자위리자(孶孶爲利者)는 **척지도야**(跖之徒也)니

욕지순여척지분(欲知舜與跖之分)인댄
지재이여선지간이이(只在利與善之間而已)니라"

첫닭이 울면 일찍 일어나서 부지런히 착한 일만 하는 이는 순임금의 무리요, 일찍 일어나서 부지런히 재리(財利)만 구하는 이는 도척(盜跖)의 무리니, 순임금과 도척의 구별은 재리와 선(善)의 사이에 있다.

고 했는데, 정자는 주석하기를,

"**혹**(或)이 **문**(問)호대 **계명이기**(鷄鳴而起)하여
미접물시(未接物時)에 **여하위선**(如何爲善)고
정자왈(程子曰) **지주어경**(只主於敬)이
편시위선(便是爲善)이라."

누가 묻되 '첫새벽에 일어나서 사물을 접하지 않을 때에 어떻게 선(善)을 하느냐' 하니 이에 대한 답으로 정자는 '다만 마음을 거두어 주일무적하는 것이 곧 선이 된다' 고 하였습니다.

여기서 선이라 하면 대립이 끊어진, 즉 시공이 끊어진 지선(至善)을 말합니다. 유교에서는 이렇게만 말하고 구체적인 방법론은 전개되지 않았지만, 이것이 참선하는 것과 같은 얘기 아니겠습니까?

윤성범: 기독교에서는 생이라고 하는 것이 특이하게 이해되는 것 같습니다. 그것은 유교와 비슷하게 생에 대한 궁극적인 면이 많은 편입니다. 그래서 예수도 생을 중요시하였고 하느님을 생명의 주로 시인하신 것이지요. 그는 죽음에 대해서 얘기하는 것을 회피하고, 하느님은 아브라함의 하느님, 야곱의 하느님, 이삭의 하느님이지 죽은 자의 하느님이 아니라는 얘기를 하셨지요. 그런 점에서는 생이라고 하는 것과 죽음과의 관계를 상대적으로 생각하는 것과는 다른 견해가 있는 것 같습니다. 죽음 없이 생을 생각할 수 없고 생 없이 죽음을 생각할 수 없다는 점에서 생사라고 하는 것은 변증법이라고 하겠지만, 생사의 피안과 같은 것은 생각지 않은 것 같습니다. 기독교의 입장은 생물학적인 규범과 가치론적인 규범을 거의 동시적으로 생각하는 것 같습니다. 그래서 생물학적인 죽음을 통해서 이것은 죄의 값이라고 생각합니다. 그런 점에서 죽음의 관계는 아주 생물학적인 것과 가치론적인 것을 동시적으로 전제하고 있음을 엿볼 수 있습니다. 그래서 사람이 병으로 죽은 경우에도 이 죽음을 죄의 값으로 해석하는 경우가 많이 있습니다. 물론 병사와 죄와는 관계가 없는 것으로 보통 생각하고 있습니다만, 죽음을 기독교에서는 이같이 총체적으로 보려는 것입니다.

저는 불교에 대해서 잘 모르기 때문에 유교에 대해서 말씀드리겠는데, 생이라고 하는 것은 생물학적으로만 보아서는 안 되고, 이와 함께 생을 가치론적인 면에서 볼 때에만 생이지, 그런 것을 우리가 빼어버린다고 하면 다른 동물의 생과 다를 것이 없기 때문에 특히 기독교에서는 가치론적인 — 물론 이것은 생물학적인 것과 연관을 가지면서도 — 의미를 보존하고 있다는 것입니다.

그래서 어거스틴이 이런 말을 했지요. "주는 나를 당신을 향해서 지으셨기 때문에 당신 없이는 나는 늘 불안합니다"라는 생의 고뇌를 참회록에서 피력했는데, 이것은 하느님의 안에 있는 존재, 그런 존재에 한해서 생의 의미를 부여할 수 있다는 뜻과도 같은 것이라고 하겠습니다. 만약 하느님을 배반한다든지, 그에게서 방향전환이 되었을 때에는 이것을 죽음이라 보게 되는 것이지요.

그런데 유교에 있어서는 이런 것을 인의예지신(仁義禮智信)이나 도심적(道心的)인 생을 의미하는 것이 아닌가 생각되며, 거기서 떠났을 때에는 죽음에 이르는 어떤 과정이라고도 보고 있습니다. 그래서 기독교에서는 역시 생과 죽음 사이를 걸어간다고도 볼 수가 있겠습니다.

그래서 기독교에서는 유교에서 생각하듯이 굉장히 경(敬)이라든지 진리를 중요한 관점으로 보기 때문에, 나는 성인이라든지 나는 도인이라든지의 생각을 기독교에서는 할 수가 없습니다. 그렇기 때문에 루터는 "인간은 죄인이며 동시에 의인(simul peccator et justos)"이라고 말하기도 한 것입니다. 이렇게 해서 현실적으로는 죄인이요, 또 소망적으로는 의인이라는 용어를 쓰게 된 것입니다. 그런 점에서 기독교의 생사 관계라고 하는 것은 그런 각도에서 볼 때는 생과 죽음 사이를 걸어가는 과객과 같은 것이라고 볼 수도 있겠지요. 죄인이라 할 때는 벌써 죽음이 전개됩니다. 그러나 의인이라 할 때는 어떤 소망 가운데 내가 산다고 하는 점에서 생의 입장이 표시된다고 볼 수 있겠습니다.

헌옷과 새옷 사이에 있는 존재

그래서 죽음에 대한 것은 기독교에 있어서도 굉장히 많이 논의되죠. 죽음이라 하는 것이 도리어 생의 오의를 터득케 하는 하나의 계기라고 하는 점에서, 하이데거 같은 이는 신학자는 아니지만 죽음에 이르는 존재로서 이로 말미암아 인간의 실존을 깨달으려고 노력한 것은 역시 신학적인 의미에 있어서도 일맥상통한다고 볼 수 있겠습니다.

그런데 생이라고 했을 때는 역시 하느님의 계시나 하느님의 진리 속에 사는 것으로 보죠. 예수의 사도 바울의 비유 가운데에 이런 것이 있습니다. 헌옷과 새옷의 비유 가운데서 결국 헌옷을 입었을 때는 일종의 죽음에 이르는 존재로 보게 되고, 새옷을 입었을 때는 이것을 생의 존재로 보게 되죠. 그 비유에 있어서는 나라고 하는 것이 떳떳하게 나타나지 않아요. 예를 들면 헌옷이라고 하는 것은 첫째로 나 자신이 아니라고 하는 것, 그래서 라틴어 같은 것을 보게 되면 '페르소나(persona)'라고 하는 말이 있는데 페르소나는 '가면'을 의미합니다. 그것은 나중에 변화되어서 인격이니 사람이니 하는 말로 변천이 되었습니다. 그래서 그 '가면'이 인격이란 뜻으로 변화되게 된 것이지요. 그 과정은 제가 간단히 설명할 수 없습니다만, 가면이 그 사람의 인격을 조종하게 된다는 것이며, 그래서 이 생을 올바른 생으로 유도하기 위해서는 헌옷은 벗어버려야 되고, 여러 가지 탐욕적이고 인간적인 정욕 같은 것을 헌옷이라고 보았는데 그 헌옷은 결코 내가 아니며, 그 헌옷은 못 쓸 것이며, 따라서 그 헌옷을 과감하게 벗어 젖히는 것이 중요한 것을 알 수 있습니다. 새 옷이라고 하는 것을 사도 바울과 같은 이는 예수 그리스도를 옷 입듯 하라고 한 것도 이러한 특이한 뜻이 게재해 있는 것이죠.

생이라고 하는 것은 결국 헌옷과 새옷 사이에 있는 존재요, 헌옷을 입었을 때에는 죽음에 이르는 존재가 되게 되며 새 옷을 입었을 때에는 생에 이르는 것이라는 거죠. 그래서 그 죽음과 생이라고 하는 것이 보통 생물학적으로 몇십년 살고 죽어버리고 땅에 묻히고 만 그런 생이 아닌, 그러면서도 구체적인 생을 빼버리지 않는 그런 것이 기독교적인 생이라고 볼 수 있겠습니다. 그래서 공자님도 말씀하셨지만 "아침에 도를 듣고 저녁에 죽어도 좋다(朝聞道夕死可矣)"라고 한 것은 기독교의 생과 일맥상통하는 것이 있습니다. 그러니까 아주 생에 대한 것은 우리 인간으로서는 다 해결할 수 있다거나 파악할 수 있다고 생각하지 않고, 역시 아까도 말씀드린 것과 마찬가지로 예수 그리스도를 새옷 입듯 하면 살 수 있다는 것이죠. 옛 미련과 옛 정욕 속에 그대로 머물러 있다면 헌옷을 입은 상태로서 죽음을 뜻하게 됩니다. 이렇게 해서 생이라고 하는 것을 생물학적인 것과 결부시키며, 동시에 이것을 가치론적이고 존재론적인 의미를 다 터득하고 모든 것을 다 확연하게 알았다고 하기보다는 도리어 죽음과 삶의 사이를 걸어가는 '역여과객(歷旅過客; homo viator)'이라 볼 수 있을 것입니다.

윤태림: 지금 말씀 중에 해결해야 할 문제가 있는데, 죄의 대가가 죽음이라고 하지 않았어요? 그런데 여러 선생님도 아시다시피, 저희 주위에 그렇게 죄를 짓지 않은 사람인데도 불구하고 일찍 죽은 사람이 많거든요. 그러나 제가 항상 교회에 나가면서도 목사님으로부터 어떤 확연한 대답을 얻지 못했습니다. 어떤 교회의 목사 자제가 아주 어렸을 때부터 교회를 다닌 의과대학 4학년 학생이었는데, 강원도에 가서 자기 교회의 단체생활을 하던 중 물에 빠진 한 여자를 구해 내려고 하다가 자기가 빠져 죽었어요. 그래서 그 어머니가 독실한 신자인데, 수십년 동안 가졌던 신앙을 하루아침에 버렸어요. 내가 자식이 잘 되라고 신앙을 가진 것은 아니지만 하느님이 존재하신다는 것을 믿었는데 이럴 수가 있느냐고 말이지요. 이런 얘기를 통해서 볼 때 죄의 대가가 죽음이라고 하지만, 이것이 실제 인생에서는 안 되는 것이 아닌가요. 오히려 불교에서 보듯이 생사는 사는 것도 아니고 죽음도 아닌 것이다라고 본다면 얘기가 되는데 죄의 값이다라고 하면 좀 …….

선사: 이런 얘길 들은 적이 있어요. 어떤 기독교인 한 분이 외나무 다리를 건너가다가 다리가 부러졌는데, 그분이 거기서 기도를 했답니다. 하느님께서 돌봐주셔서 내가 생명을 잃지 않고 다리가 부러진 정도이니 감사합니다 라고. 이것을 보고 대단히 감탄했습니다. 오히려 그렇게 생각해야 옳지, 자기 아들이 일찍 죽었다고 원망해서야 되겠습니까. 공자의 제일가는 제자 안연(顔淵) 같은 이도 33살에 세상을 떠났습니다. 그렇지만 1백30년을 살아도 안연의 사업을 따를 사람이 없잖습니까. 그러니까 꼭 오래 살아야 오래 사는 것이 아닙니다. 그렇지 않겠어요?

내세에 대하여 — 부모의 정신이 이어지는 영생사상

윤태림: 다음에는 내세관에 대한 얘기를 했으면 좋겠습니다. 저희도 교회에 나가 부인들에게 예수님을 왜 믿느냐고 물어보면 천당 가려고 믿는다는 소박한 내세관을 가지고 있어요. 그러면 먼저 기독교에서 보는 내세라는 것은 어떤 것인지 말씀해 주세요. 유교에는 내세관이라는 것이 없지요?

이을호: 내세관이라는 개념이 기독교에서는 하나의 종교로 되어 있고, 불교에서도 역시 그렇고, 아까도 강조한 것과 마찬가지로 유교는 현실적인 생에 아주 집착된 종교라고 하면 종교입니다만, 애초부터 내세라고 하는 것은 없는 것이 아니냐, 이렇게 볼 수 있습니다.

사실 내세관이라고 하는 것이, 부모가 돌아가셔서도 유교에서는 "죽음을 섬기되 삶을 섬기듯 하라(事死如事生)" 했습니다. 돌아가신 분을 섬기되 산 사람처럼 섬기라는 것입니다.

그러면 부모가 돌아가셨을 때 상례나 제사를 모시되 그것은 우리 곁에 살아 계시는 것과 마찬가지로 영생은 지금부터 있지 않느냐, 부모가 영생의 경지에 들어갔을 때에 그 부모의 죽음은 나의 생과 더불어 같이 존재하는 것입니다. 그렇게 해서 그 생이 자자손손으로 이어지는 것이 되겠지요. 그러한 의미라고 할 때 내세관이라는 것은 없습니다. 유교에서는 주역에 나오는 말을 우리가 주목해야 할 것인데, 이것은 공자의 말씀이라는 것보다도 조금 비판할 여지는 있는 글귀입니다. "선행을 쌓은 집안에는 반드시 경사가 있으리라(積善之家 必有餘慶)" 하고 "악행을 쌓은 집안에는 반드시 재앙이 있으리라(積不善之家 必有餘殃)" 라는 이 말이 하나의 관념적인 가족관념 속에서 내세를 생각한 것이지만, 기독교나 불교에서는 자신의 죄를 자신이 받지 않습니까? 자신의 댓가는 자신이 죽음으로써 받고 내세에 자기 자신이 어떤 윤회적인 면에서 하나의 댓가가 내세와 연관이 되는데, 유교에서는 자기의 선행이 자기가 받는 것이 아니라 그 후손이 받는다는 개념이 거기 들어가 있습니다. 그러니까 면면히 하나의 조상으로부터 자손으로 이어지는 세계 속에서 어떤 의의를 찾으려고 하거든요. "積善之家 必有餘慶" 이라고 할 때, 자기가 적선한 일이면 자기가 은혜를 받는 것이 아니라 몇 대 후에

도 받을 수 있는 것이죠. 그러한 의미 속에서 어떤 내세관을 찾을 수 있을지 모르지만, 내세도 결국 현실 속에서 찾고 현실 아닌 현실을 떠난 죽음의 세계가 따로 있어서 거기서 구하는 것이 아니라 죽음도 내세도 현실적 영역 속에서 그 내세를 구하지 않느냐, 이렇게 보고 있습니다.

윤태림: 그것은 구체적으로 생물학적인 개념이라고도 볼 수 있는데, 그런 철학적인 것이 하나의 윤회사상이라고 볼 수 있다면 그것은 불교에서 보는 사상과도 같을 것이에요. 가령 영원회귀의 사상이라는 것은 불교의 윤회사상과 마찬가지로 인간은 자꾸 윤회한다, 돌고 도는 것이라는 사상이라는 점에서 비슷한 것 같은데, 아버지는 죽어도 아버지의 정신이 아들에게 이어지고 자손 대대로 내려간다는 것도 가장 구체적이고 현실적인 영생의 방법이겠지요.

이을호: 국가에서 제왕이 정사(政事)를 하더라도, 혼인을 하더라도, 중대한 일이 있으면 반드시 가서 종묘나 가묘에 고하여 죽음의 세계가 현재 속에 존재한 듯이 행동하고 나의 행동이 자손 속으로 면면히 이어지는 속에서 내세관적인 것이 조금 설명되어야 되지 않느냐고 생각합니다.

윤성범: 지금 유교에서 말씀하신 것은 기독교 경전에서 보면 구약에서 꼭 그렇게 얘기합니다. 구약에는 하늘나라와 관련이 별로 없습니다. 사람이 죽으면 결국은 히브리어로 '쉐올' 이라고 하는 곳에 가는데 쉐올이라 하는 것은 무덤의 골짜기입니다. 그러니까 뼈만 남는 골짜기인데, 그곳은 천국일 수 없습니다. 그러면 결국은 구약의 영생사상은 뭐냐

하면, 지금 유교의 경우나 마찬가지로 자손만대로, 아브라함의 자손이 바다모래와 같이 퍼지는 그런 사상입니다. 그런데 신약에 와서는 그런 관념이 달라지게 됩니다. 신약성서에 나타난 내세관은 여기서 성서적인 입장과 신학적인 입장을 구분해서 생각해 볼 필요가 있습니다. 기독교 신학은 희랍철학과 신플라톤주의 사상의 영향으로 영육 이원론의 관념이 들어오게 되었습니다. 그런데 영과 몸 사이에 양자의 혼합으로서의 혼을 다시 전제하게 되어 소위 영·혼·몸[육]이란 삼분법이 형성되게 되었습니다. 아리스토텔레스나 희랍철학에 있어서는 영이 외계로부터 사람에게 들어와서 몸과 결합해 형성된 것이 혼이라는 거죠. 그러면 사람이 죽게 되면 그 혼과 몸이 갈라져서 육체는 땅으로 들어가고 영은 육체에서 빠져나가 다시 하늘로 올라간다는 것입니다. 그렇게 되면 혼은 자동적으로 없어지게 된다고 생각했습니다. 이러한 관념이 기독교에 얼마나 영향을 끼쳤는가를 잘 알 수 있는 것입니다.

완결된 죽음과 몸의 부활

그래서 이 영은 결국에 가서는 신의 본성으로 다시 귀일하고 말게 된다는 것입니다. 이것이 영육 이원론인데, 기독교의 이 삼분법이 중세기를 통해서 그대로 보존되어 내려왔지요. 그러나 우리가 실질적으로 신약성서의 입장에서 보면, 영·육 이원론이라고 하는 것은 철학사상이지 신약성서는 영 · 육 이원론이 아닙니다. 「로마서」 같은 데 사도 바울이 영적인 존재, 육적인 존재로 이원론적으로 표현했지만, 사실은 아까 생의 의미에서 말씀드린 바와 마찬가지로 인간 전체가 하느님의 진리에 부합되면 그것은 영적인 생이 되는 것이고, 거기에 배치되면 육적 인생이 되는 것이라고 보면 좋겠습니다. 그렇다고 해서 영과 육 이원론적으로 생각해서 사람이 죽으면 영이 어디로 돌아다니는 것처럼 생각하는 이런 관념이 기독교, 특히 신약성서에 있어서는 없기 때문에 아주 곤란합니다. 그래서 예수 자신과 소크라테스의 죽음을 우리가 비교해 볼 때 소크라테스가 태연자약하게 독배를 마시고 죽은 것은 영 · 육 이원론을 믿었기 때문입니다. 이 육체 없어도 내 영혼이 나가서 모든 친구도 만나게 될 것이라면서 아주 즐거운 모습으로 죽었거든요. 그런데 예수의 죽음은 골고다 산에서 피땀을 흘리면서 "아버지여, 이 잔을 나에게 떠나게 하시옵소서. 그러나 아버지의 뜻이라면 내가 이 잔을 받겠나이다" 면서 십자가에 못 박혀 돌아가셨는데, 그러면 예수의 상태에 있어서는 이 죽음이라고 하는 것이 육체적 죽음과 동시에 영육이라고 하는 구분 이전에 나의 죽음은 마지막이라고 본 것이지요.

그래서 하이데거의 죽음에 대한 이해 같은 것은 굉장히 기독교적인 것입니다. 왜냐하면 죽은 후에 영혼이 다 빠져나가서 어디로 돌아다닌다고 하는 것은 자기의 생을 카머플라지(camouflage; 위장)하려는 하나의 생각이라는 것이며, 죽음을 앞에 놓고 내 자신을 깨우친 상태가 실존이 아니겠어요? 그러면 아주 죽어버리고 마는 것이 아니고, 기독교에서는 몸의 부활이라고 하는 것을 믿습니다. 이것은 영혼이원론이 아니고 몸의 부활입니다. 몸의 부활을 믿지, 영혼불멸을 믿지 않습니다. 그런데 기독교 교리사적으로 보게 되면 희랍사상이나 신플라톤주의 같은 이원론을 들여와 가지고 기독교와 밀착되어서 개인의 영혼-육체를 이원론적으로 해석하는 경향이 나타나게 되었지요. 그러니까 기독교는 영혼이원론이 아니고 완전히 죽는데, 거기서 빠져나가는 길은 없고 다만 인간으로선 죽는 거죠. 그런 죽음과 영생과는 어떠한 관계가 있느냐고 물을 수 있겠습니다만, 그것은 하느님의 능력으로 그 인간을 다시 부활시킨다는 것입니다. 그것은 우리가 증명할 수도 없고, 가보지도 않았고, 그것은 하나의 약속에 지나지 않는 것인데 우리가 우리의 능력으로써 증명할 수 없는 것이며, 하느님을 믿는 것밖에 다른 도리가 없는 것이에요.

그러니까 그 영생에 대한 소망이라고 하는 것이 영혼-육체가 갈라져 가지고 영혼이 어디 가 있는 것이 아니고, 인간은 그것으로 완결된 죽음입니다. 그것은 유교와 비슷하지 않습니까? 구약에 있어서도 완결된 죽음이며, 무언가가 남아서 어디엔가 가서 있는 것이 아니라, 영생관이라고 하는 것은 하나의 우리의 신앙, 소망이지 그것이 어떻게 되느냐 하는 것은 우리가 알 수가 없는 것이에요. 그래서 보통 우리가 천당이나 극락세계에 간다든지 하는 것은 하나의 소박한 영생관이고, 아까 공자님 말씀처럼 내가 아침에 도를 듣고 저녁에 죽어도 좋다는 것은 벌써 해설된 그 순간이 영생의 순간이 아닌가 생각돼요.

그래서 영혼이 저세상에 가 있다는 것은 소박한 우리 관념 속이나 혹은 영혼이원론 속에서 나타나는 소박한 하나의 영생관에 불과한 것이지요. 그러니까 기독교 영생관속에서는 어떤 시간, 공간의 제약 속에서 생명이 유지되는 종류의 영생이 아니고, 아주 다른 차원에서 영생을 이해하게 된다고 하겠습니다. 그것은 절대로 우리가 꼭 이렇게 혹 저렇게 증명할 수 있는 것이 아닌, 오직 우리의 신앙에 속하는 것입니다. 하느님을 믿는 믿음 속에서 우리가 바랄 뿐이지, 내가 어떻게 해야 되겠다고 주장할 수도 없는 것입니다.

이것은 하느님의 소관이고 우리는 믿는 것뿐이어서, 역시 그렇게 놓고 볼 때에 유교적인 세계관·내세관과 비슷합니다. 공자님도 죽음이 무엇이냐고 물었을 때, 내가 아직 생이 무엇인지도 모르는데 어찌 죽음인들 알겠느냐고 대답한 것은 옳은 말입니다. 물론 사람이 죽을 때 행하는 주자가례 같은 것은 후세에 의식화하면서 교류가 된 것이지만, 기독교에서도 십자가에 못 박혀서 두 강도 속에서 하나가 예수 그리스도를 믿었을 때 그것은 벌써 영생의 자리에 들어가는 것으로 볼 수 있으며, 기독교가 영생을 믿는 것은 예수 그리스도의 부활을 통해서 우리의 영생을 미리 우리에게 알려주신 것, 또 그가 영생을 우리에게 약

속하신 것을 믿는 것뿐이라고 대답할 수밖에 없겠습니다.

윤태림: 그러면 기독교에서 내세관이라는 것은 한마디로 해서 유교에서 보는 영혼이다 뭐다 하는 것과는 전연 관계없고, 육체가 사망하는 그것으로 끝난다는 것입니까?

윤성범: 자기의 죽음을 어떻게 연장될 것으로 카머플라지하지 말고 죽음을 죽음으로 받아들이는 성실한 태도가 필요하다는 말입니다. 우리를 영생케 하는 것은 하느님의 소관이요, 우리는 그의 약속을 믿을 뿐이라는 말입니다.

윤태림: 가령 예수의 부활이라는 것은 기독교에서는 신앙적으로 말하기를 예수의 시체가 다시 살아났다는 것을 확신하는 것이 아닙니까?

윤성범: 그것은 신학자들간에 굉장히 어려운 문제로 되어 있습니다. 우리는 예수의 부활기록을 공관복음(共觀福音; 「마태」, 「마가」, 「누가」)에서 문제삼게 되는데, 세 복음의 기사가 서로 판이하게 기록되어서 굉장히 결론짓기 어려운 문제로 남아 있지요. 부활했다고 하면 신령한 몸을 말하는데, 신령한 몸이라는 것은 우리가 증명할 시간과 공간의 제약 속에서는 부활의 몸은 바울이 말한 바와 같이 신령한 몸이기 때문입니다. 우리는 그리스도의 부활을 믿습니다만, 우리의 인식능력으로 증명할 수는 없는 것이 아니겠습니까?

이을호: 유교에서는 영생을 얻는다고 해도 개개인이 다 영생을 얻는 것은 아닙니다. 그것은 서화담(徐花潭)에 와서 묘하게 전개되었는데, 역시 완전히 죽었을 때에 선조의 모습이 어

떻게 있느냐 하는 유(有)의 모습으로서 선조를 보아야 할 것이 아닌가, 그것이 부모가 남기신 옳은 모습이라고 할까, 모습으로서 존재하니까 서화담에 와서 그런 영혼은 오래 존속하고 범속한 영혼은 쉽게 없어진다는 식으로 설명이 되었는데, 그것은 후세 학자들이 조작한 것으로서 유교의 것이라 할 수 없습니다.

윤성범: 그 자신에 대한 축복은 구약이나 신약이나 다 같습니다. 부모를 공경한다는 데서 자손들이 번창하고 축복받게 되며, 또 하느님이 주신 땅에서 오래 산다는 점은 유교에 있어서도 대동소이하다고 보겠습니다.

윤태림: 그런 것에 비하면 불교에서는 더하지 않습니까?

추호도 어김없는 인과법칙

선사: 그렇지요. 철저하지요. 불교에서 보는 내세관에서는 내세를 부정하면 현실도 없어야 되겠지요. 축소해서 말하면 오늘이 있으니까 어제가 있었고 내일이 있고, 금년이 있으니까 거년(去年)이 있었고, 내년이 있다, 현재가 있으니까 과거가 있었고 미래가 있다는 등 이렇게 삼세(三世)에 대해 곧 삼세윤회설(三世輪回說)을 철두철미하게 말한 것이 불교입니다. 그래서 언제나 콩을 심으면 콩이 나고 팥을 심으면 팥이 난다는 인과법칙은 추호도 어길 수 없습니다.

그러나 유교학에서는 인과법칙을 현실만 갖고 봅니다. "적선지가(積善之家)에 필유여경(必有餘慶)이요 적불선지가(積

不善之家)에 필유여앙(必有餘殃)" 이라 한 말은 현실만 갖고 교법을 세우기 때문에 현재에 받는 과(果)가 조상의 쌓은 인(因)으로 나타난다고 본 것입니다.

또 논어에

"자로문사(子路問死) 한대
자왈미지생(子曰未知生) 이면
언능지사(焉能知死) 리오"

자로(子路)가 죽는 것을 물으니 '나는 법을 모르면 어떻게 죽는 법을 알겠느냐'

라고답한 말씀은 생사가 둘이 없으니까 나는 법부터 배우라 한 말씀입니다. 또

"문사귀신(問事鬼神) 한대
자왈미능사인(子曰未能事人) 이어니
언능사귀(焉能事鬼) 리오."

귀신 섬기는 법을 물으니,

사람 섬기는 법도 알지 못하는데 어찌 귀신 섬기는 법을 알겠는가.

한 것은 현실의 사람 섬기는 법부터 배우라고 한 말입니다. 현실도 모르고 미래를 말한다면 모호하거든요. 그래서 장자가 공자의 일생을 그려 놓기를,

"**육합지외**(六合之外)는 **성인**(聖人)이 **존이불론**(存而不論)하시고,
육합지내(六合之內)는 **성인**(聖人)이 **논이불의**(論而不議)하시고,
춘추경세(春秋經世)는 **선왕지지**(先王之志)라.
성인(聖人)이 **의이불변**(議而不辨)하시니라."

이 천지 바깥 일[천당, 지옥 등]은 놓아두고 말하지 않으시고, 이 천지 안 일은 말씀은 하되 옳으니 그르니 논평이 없었고, 춘추필법(春秋筆法)으로 2백42년 동안 '남면(南面)의 권(權)[천자 노릇]'을 붓으로 대행하여 세상을 법(法)답게 한 것은 선왕(先王)의 뜻이라. 공자가 시비는 했으되 옳고 그름을 상벌한 것은 없다.

고 하였습니다. 이렇게 공자 일생을 그려놓고 있지만 유교는 언제나 현실이 정치적으로 용(用)이 되었기 때문에 내세에 대한 얘기를 물으면 막아버렸습니다. 그러니까 현실에 우리가 잘할 것 같으면 죽어서도 편안하다[生順死安] 이것입니다. 그러나 불교에서의 인과법칙은 누가 주어서 받는 것이 아니라 자기가 짓고 자기가 받는다는 것입니다. 그러니까 경(經)에,

"**욕지전생사**(欲知前生事)댄 **금생수자시**(今生受者是)요
욕지내생사(欲知來生事)댄 **금생작자시**(今生作者是)라."

> 전생의 일을 알려면 금생에 받는 것이 전생 일이고, 내생의 일을 알려면 금생에 짓는 것이 내생 일이라.

한 것처럼 내생의 문제는 금생에 지은 선이나 악을 생각해 볼 때 그 속에 다 들어 있습니다. 이와 같은 삼세윤회설(三世輪回說)도 다 유치원이나 초등학교 학생을 위해서 말하는 것입니다.

윤태림: 제가 아까 어느 분이 신앙을 버렸다는 얘기를 했는데, 저는 잠깐 이런 생각을 합니다. 전생에서 아버지나 할아버지 때에 무슨 죄를 지었기 때문에 이 생에 이런 것이 나타나는 것이 아닌가 생각하면 좀 위로가 되거든요.

선사: 불교에서 보는 견해는 좀 다릅니다. 불교의 역사적인 증거를 말씀드리면, 고려의 대각국사(大覺國師)는 11대 문종(文宗)의 아들로 태어났습니다. 그런데 낳자마자 보니 그 팔에 부처가 영험이 없다, '불무영험(佛無靈驗)' 이라고 씌어 있었거든요. 그래서 문종왕이 가만히 생각해 보니 내가 불교를 이처럼 숭상하는데 왕자의 팔에 웬 '불무영험' 이냐고 참 이상하게 생각했습니다. 그 이후에 애가 젖꼭지만 빼면 우는데, 울다가도 먼 데서 종소리가 들려오면 그 소리를 듣느라고 안 울어요. 그래서 특사를 시켜서 종소리를 찾아가 보라고 했습니다. 가보니까 중국 항주(杭州)라는 고을에 조그마한 암자가 있는데 한 스님이 종을 치면서 염불을 하고 있었습니다. 그래, 사신이 들어가서 어떻게 된 일이냐 물으니 그 사연을 애기하는데, 자기 스님 되는 이가 평생 등짐장사를

해서 한푼 두푼 저축하여 이 절을 짓고 늘그막에 염불만 하면서 지내는데, 하루는 홀연히 앉은뱅이가 되더니 하루는 홀연히 눈이 멀고 그러다가 하루는 홀연히 벼락을 맞아 죽었다는 겁니다. 그래 하도 원통해서 부처님이 영험이 있다면 이럴 수 있느냐고 해서 스님의 팔에다 '불무영험' 이라고 썼다는 겁니다. 이 스님이 문왕의 아들로 태어났거든요. 그래 그 암자에 있던 스님을 궁중으로 모셔 왔는데, 그 스님이 절을 하니까 아이가 말은 못하고 입이 째지게 웃었답니다. 그러니까 왕이 말하기를 '불무영험' 이 아니라 '불유영험(佛有靈驗)' 이니 "無" 자를 "有" 자로 고치자고 했답니다. 결국 지극히 착한 것, 지극히 악한 것, 극선극악(極善極惡)은 지옥에 가는 것도 빨리 가고 천당에 가는 것도 빨리 가고 하니까 그 분의 아들이 좋은 데로 빨리 가느라고 그랬는지 누가 알겠습니까. (웃음)

시간과 공간 — 십세(十世)와 겁(劫)의 무한한 세계

윤태림: 구약 「욥기」에 보면 하나님이 욥을 시험하기 위해서 그렇게 고난을 내리셨다가 나중에 신앙이 두터운 것을 보고 다시 자손을 허락했었다고 하는데, 어떻게 보면 이런 것과 서로 상통하지요.

그러면 다음으로 시간과 공간의 문제로 넘어가겠습니다. 추상적인 이론을 떠나서 우리가 한번 종교문제를 다루기 위해서는 근본적인 데로 들어가 봐야 할 것 같아요. 그러나 시간과 공간이 밀접한 관계가 있느냐 없느냐 하는 문제보다도 우리가 시간과 공간을 어떻게 내다봐야 할 것이냐, 추상적이지만 가장 근본적인 문제인데, 이에 대해서 가장 철저하게 보는 불교에서부터 말씀해 주시지요.

선사: 시간이란 것은 잘 아시다시피 공간 위에서 가정하는 것이므로 시간이란 것이 실체가 없는 것이 사실 아닙니까? 그렇지만 환상으로라도 공간이 존재하는 이상에는 시간이 따라서 존재하는 것도 사실입니다.

그런데 중용에,

"**군자어대**(君子語大) 땐 **천하막능재언**(天下莫能載焉)이요
군자어소(君子語小) 땐 **천하막능파언**(天下莫能破焉)이라."

군자(君子)가 큰 도리를 말하면 천하가 아무리 크다 하더라도 실을 수 없고, 작은 도리를 말하면 어찌나 작은지 천하에 깨뜨릴 사람이 없다.

고 했는데, 이것은 시공이 끊어진 경지에서 표현한 것입니다. 또 장자는,

"**천하막대어추호지말이태산**(天下莫大於秋毫之末而太山)이 **위소**(爲小)하고 **막수호상자이팽조위요**(莫壽乎殤子而彭祖爲夭)라."

이 세상에 가을 터럭보다 더 큰 것이 없고 태산이 오히려

제일 작으며, [상자(殤者)는 서너살 안에 죽은 아이를 말하는데] 이 상자가 제일 오래 산 놈이고 8백년 산 신선인 팽조(彭祖)가 오히려 제일 쉬 죽은 이라.

고 하였는데, 이것도 역시 시공이 없는 자리에서 말한 것입니다. 그리고 불교에서는 화엄경에,

"**무변찰경**(無邊刹景)이 **자타불격어호단**(自他不隔於毫端)하고
십세고금(十世古今)이 **시종불이어당념**(始終不離於當念)이라."

한없는 허공 속에 한량없는 모든 세계가 터럭끝만큼도 막힘이 없고, 십세고금(十世古今)[십세(十世), 즉 과거삼세(過去三世), 미래삼세(未來三世), 현재삼세(現在三世)에다가 현재 존재하는 한 생각을 일세(一世)로 모두 십세(十世)]의 시종(始終)이 당념(當念)을 여의지 않고 있다.

는 것도 역시 시공이 끊어진 자리에서 말하는 것입니다.
그런데 유교의 역학(易學)의 원리로는 원(元)·회(會)·운(運)·세(世)·년(年)·월(月)·일(日)·시(時)로 나누어 12시를 하루로, 30일을 한달로, 12달을 1년으로, 30년을 1세로, 12세를 1운으로, 30운을 1회로, 12회를 1원으로 잡습니다. 그러면 1원, 즉 천지가 한번 났다 없어지는 운은 12만 9천 6백년이 됩니다. 이것은 우리가 살고 있는 현실을 기준으로 한 것입니다.

그러나 불교에서 보는 공간은 이 세간(世間)만 갖고 기준한 것이 아니올시다. 그렇기 때문에 천당으로도 욕계(欲界) 6천(天), 색계(色界) 18천(天), 무색계(無色界) 4천(天)의 28천당(天堂)을 열거하여 그 하나하나에 수명이 얼마고 의복이 어떻고 음식이 어떻다는 것까지 다 경(經)에 나타나 있습니다.

그러면 제일 하천(下天)인 제일천(第一天)의 일주야(一晝夜)가 인간의 오십년이라면 제이천(第二天)의 일주야는 인간의 일백년이 되며, 제삼천(第三天)의 일주야는 인간의 이백년, 제사천(第四天)의 일주야는 인간의 사백년, 이렇게 배배(倍倍)로 증승(增乘)하여 무색계사천(無色界四天)에 올라가면 그곳의 일주야는 인간의 수억만년이 됩니다. 그러니까 우리 인간으로 볼 때에는 영생이지만 불교에서는 그것을 영생이라 하지 않습니다. 수억만년을 그 나이로 살고 보면 필경 도로 떨어진다는 말이지요. 오직 극락과 천당의 도솔천(兜率天) 내원궁(內院宮), 이곳엔 성인만 살고 있으므로 이곳만을 영생이라 합니다.

이와 같이 공간이 무한함과 동시에 시간도 소겁(小劫)·중겁(中劫)·대겁(大劫)으로 나눴습니다. 겁(劫)은 겁파(劫波)인데, 우리말로는 시분(時分)이란 뜻이죠. 일소겁(一小劫)은 일증감겁(一增減劫)이 되는데, 일증감겁은 십세(十歲) 정명(定命)으로부터 8만 4천세(千歲) 정명(定命)에 이르렀다가 1백년에 1년씩 감(減)하여 8만 4천세의 정명이 십세정명(十歲定命)이 될 때까지를 말합니다. 그래서 이십증감겁(二

十增減劫)은 일중겁(一中劫)이 되고 팔십증감겁(八十增減劫)은 일대겁(一大劫)이 됩니다. 이 일대겁이 지나는 동안 무한한 세계가 성주괴공(成住壞空)을 한 번 마칩니다. 그러니까 일대겁은 유교에서 말하는 일원(一元) 도수와 비슷합니다만, 12만 9천 6백년과는 비교할 수 없을 정도로 무한한 시간입니다. 즉 이십증감겁을 지나는 동안에 세계가 성(盛)하고, 또 이십증감겁을 지나는 동안에 세계가 주(住)하고, 다시 이십증감겁을 지나는 동안에 세계가 괴(壞)하며, 또 이십증감겁을 지나는 동안에 세계가 공(空)하게 됩니다. 따라서 천지가 한번 났다가 없어지는 운(運)을 팔십증감겁(八十增減劫)이라 하지요. 이것은 이 공간만 가지고 하는 얘기가 아니므로 현세에 누구도 부정할 수 없는 과학적인 이론이 아닙니다.

실체가 없는 시간과 공간

그러면 그렇게 한없는 세계가 성주괴공하는 근원이 어디 있느냐 하면, 우리의 한 생각이 나가지고 머물렀다가 달라져서 멸(滅)하는 데 있습니다. 말하자면 한 생각이 성주괴공하는 것이나 몸이 생로병사하는 것이나 일년이 춘하추동으로 변하는 것이 모두 세계의 성주괴공과 똑 같은 문제라는 말입니다. 축소하면 우리의 생각이 생주이멸하게 되는 것이고, 확대해 보면 팔십증감겁을 지나는 동안에 세계가 한 번 성주괴공을 합니다. 그러니까 생주이멸(生住異滅)의 사상(四

相)이나 생로병사의 사상이나 춘하추동의 사시(四時)나 성주괴공의 사상이나 모두 한 생각이 생주이멸하기 때문에 그렇게 확대되어 벌어지는 것이지요.

유교에,

"조문도(朝聞道)면 **석사**(夕死)라도 **가의**(可矣)라"

아침에 도(道)를 들으면 저녁에 죽더라도 좋다

는 말이 있는데 이것은 생사 문제가 끊어진 자리에서 한 말이지 생사 문제가 붙어 있는 자리에서는 이론이 당치도 않은 것입니다. 생사 문제가 끊어진 도 자리, 시간과 공간이 끊어진 자리이기 때문에, "조문도(朝聞道)면 석사(夕死)"가 아니라 "조문도(朝聞道)면 조사(朝死)"라도 가(可)하지요. 불교에서는 시간과 공간을 대강 이렇게 본다고 하겠습니다.

윤태림: 너무 심오해서 저 같은 사람은 못 알아듣겠는데요.

(웃음)

우스운 얘기를 하나 하겠습니다. 제가 그전에 내자동에 살았는데, 그 옆에 사주관상을 잘 보는 사람이 있었어요. 그런데 그 사람은 20대에 집 짓는데 역사(役事)를 봐주다가 관상에 관한 책을 발견했대요. 그것을 읽다가 금강산에 들어가서 열두 해를 공부하고 나왔답니다. 그런데 결론은 시간과 공간을 초월한다는 얘기예요. 자기가 한참 공부를 할 때에, 본당에서 멀리 떨어진 암자에서 공부를 하고 있었는데 하루는 어떤 여인이 남편을 죽이고 법당에 들어가 부처님 앞에 부복을 하고 있는 것이 눈에 다 뵈더라는 거예요. 그러면서 어느 도(道)에 도달하면 시간과 공간을 초월하여 몇십년 전 것을 알 수도 있고, 몇백년 후에 나타날 것을 알 수도 있고, 육안으로 보이지 않는 몇백리, 몇천리 밖을 내다볼 수 있다는 거예요. 또 자기는 6·25사변이 일어날 것을 미리 알았다는 거예요. 그저 욕심을 버리고 허심탄회하게 자꾸 나라는 것을 생각하고 있으면 이렇게 시간과 공간을 초월한다는 것이에요. 사실이 그렇습니까?

선사: 예. 그것은 공부가 얼마나 깊으냐 하는 문제지요.

그런데 조금 더 부연한다면, 팔만대장경의 전체 교리가 바로 시간과 공간이 실체가 없다는 것입니다. 그러면 우리가 여기 일점(一點)도 안 되는 공간 위에 누워서 일초도 안 되는 시간 속에서 칠팔십년을 사는 꿈이 있습니다. 그러면 여기 일점도 안 되는 공간 위에 누워 있는 송장이, 팔다리도 묶어 놓았고 눈도 감고 있으니 송장 아닙니까? 그 사람이 꿈속에서 수만리를 돌아다니며 7, 80년을 사는데, 꿈속에서도 여전히 하늘은 높고 땅은 낮습니다. 여전히 불은 뜨겁고 물은 찹니다. 그러면 과연 꿈속에 나타난 우주가 진실입니까, 꿈을 깨고 난 우주가 진실입니까? 꿈속의 우주가 허망이라면 꿈을 깨고 난 우주도 허망일 것이며, 꿈을 깨고 난 우주가 진실이라면 꿈속의 우주도 진실일 것입니다. 그러나 그 꿈속에 나타났던 우주가 깨고 보면 시간도 공간도 아무것도 없지 않습니까. 우리는 하루 저녁 꿈을 깼다고 하면, 부처님은 우주의 대몽(大夢)을 깬 분입니다. 우주의 대몽을 깨고 보니까 시간과 공간은 본래 없는 것인데 우리 한 생각에서 일어났다고 각파하신 것입니다.

윤리적 가치로 이해한 시간 개념

윤태림: 쉬운 말로 풀이하면 시간과 공간이란 하나의 주관적인 존재라, 이런 것이지요?

선사: 그렇지요. 그러니까 주관적인 관념이 끊어지면 시공도 다 없는 것입니다. 물론 아주 없지는 않지요. 간밤 꿈도 환상으로는 있지만 실체는 없습니다. 그러므로 그것을 깬 사람[覺者]은 시간, 공간의 지배를 안 받지만, 꿈을 깨지 못한 사람은 시간, 공간의 지배를 절대적으로 받습니다. 가령 꿈속에서 수십 길 되는 물 속에 빠졌을 때, 뜨거운 불 속에 들어갔을 때 곁에서 친구가 "야, 이 사람아, 꿈일세. 물이 깊은 게 아니고 불이 뜨거운 게 아니라 네 관념이 깊고 뜨거운 거야" 하면 곧이듣지 않습니다. 아무리 달래어도 듣지 않다가 스스로 꿈을 깨고 난 다음에야 비로소 아, 내가 내 관념에 속았구나 하지요. 그런데 그 친구는 누구냐 하면 부처님이며 일체 성인들입니다. 예수님이나 공자님이나 부처님이 꿈에 잠꼬대하는 놈 옆에서 "야, 이 사람아, 자네 꿈이야, 꿈"이라고 일깨워 주는 분들입니다. 성인들의 가르침이 아마 그 점만은 대동(大同)할 것입니다. (웃음)

이을호: 유교에서는 논리적으로 영겁이니 뭐니 하는 설명은 들을

수가 없어요. 유한성이니 무한성이니 하는 속성은 둘 다 시간이나 공간이나 어떤 무한성을 가지고 이해하는 하나의 개념인 것 같아요. 주역의 원리가 유가에 언제부터 들어왔느냐 하는 것은 상당히 문제되는 얘기입니다만, 역시 주역의 개념을 통해서 이해하는 입장에서 얘기를 해보겠습니다.

천시(天時)는 역사적 현실을 의미

맹자의 시간 관념으로 '천시(天時)'라는 개념이 있어요. "천시는 지리만 같지 못하고, 지리는 인화만 같지 못하다.(天時不如地理 地理不如人和)"는 말 가운데에 천시라는 말은 시간 개념 아니겠습니까?

시간 개념을 유가에서는 역사적인 현실을 의미하는 것으로 이해하고 있는 것 같아요. 역사적인 어떠한 조건이나 현실도 역사적인 상황의 변화 속에서 이해를 하고 있어요. 이러한 사실 변화 속에서 시간을 이해하려고 하는데, 그 변화가 우리 인간적인 입장에서는 자연의 기후 변화라든지, 일월이 대체한다든지, 이런 자연현상을 가지고 사시의 시간 개념을 이해하지만, 인사(人事), 곧 우리 생활이 변하는 것도 역사적인 개념으로 이해하려고 하는 입장에서 시간 개념을 봤는데, 이 시간 개념과 유교의 개념하고는 또 역시 윤리적인 개념으로 시간을 이해하게 됩니다.

맹자가 말하는 천시의 개념에는 "사시행언(四時行焉)"

이라는 자연현상 혹은 역사적인 어떠한 현실적 개념이 들어 있지만, 중용에서의 시간 개념은 완전히 윤리적인 것이 됐습니다. 왜냐하면 군자는 '시중(時中)'이라 하였는데, 이 '시(時)'의 개념과 '중용(中庸)'의 개념은 하나로 묶여져 버렸어요. 그러면 주역에서는 '시'가 어떻게 나왔느냐 하면 '시의(時義)'라는 말이 나와요. 그런데 '시의재(時義哉)'라는 구절이 나오는데, 또는 '시재(時哉)'라고도 했거든요. 이 '시'자 하나를 써 놓고 그 '시'자가 중용의 의미까지도 내포하고 있고 의(義)의 의미까지도 그 '시' 속에 들어있습니다. 이것을 우리가 어떻게 이해해야 하느냐하면, 이것은 완전히 현실을 윤리적인 개념과 윤리적인 가치로 시간을 이해하려고 했던 것이 아니냐 싶어요. 윤리적 가치를 떠나면 시간은 존재하지 않습니다. 시간도 무의미한 것이에요. 우리 생활 자체도 무의미하고 역사 자체도 하나의 무의미한 것이 됩니다. 인간 생활이라는 것은 인의(仁義)에 의해서 이루어진 하나의 기록이요, 이것이 하나의 역사요, 시간이 그렇기 때문에 존재하는 것이지 만일에 그렇지 않다면 '시'란 존재하지 않는 것이에요. 불교에서 얘기하는 '시'의 개념과는 완전히 각도가 다릅니다.

그러면 그 시간 개념을 어디서 얻어왔느냐 하면, 아까 말씀 가운데에 연대 계산으로 시간개념을 풀이하셨는데, 제 소견으로는 그런 개념보다도 일월의 변화, 음양의 상대적인 변화 관계 속에서 자연현상에서 이루어진 시간과 공간 개념을 파악하려고 하는 것이 주역의 근본원리가 아닌가 싶어요. 태극에서 음양이 나오고 음양에서 사상(四象)이 나오고 사상에서 춘하추동이 나왔습니다. 이렇게 근본적으로 수급해 올라갔는데, 그 후 송나라 때 주무숙(周茂叔)에 의해서 태극의 개념이 무(無)의 개념과 연관되었다고 보여집니다. 선진유가에서 무의 개념이 중용에 조금 나오기는 나옵니다. "웃 하늘의 일은 소리도 없고 냄새도 없으니 지극하구나(上天之載無聲無臭至矣)"라는 말이 중용의 끝 구절에 나오지 않습니까? 그래서 아주 무의 개념에까지 이르기 직전에 중용은 끝맺고 말았는데, 주무숙이 태극 위에다 '무' 자를 놓았습니다.

그러니까 결국 유가에 있어서 시간 개념과 공간 개념을 후세에 와서 무의 개념과 연결시키려고 했고, 그 무의 개념을 구체적으로 설명해 보려고 했습니다. 영겁이란 개념도 따지고 보면 숫자적인 개념이 아니라 고도한 무의 개념이 아니냐고 저는 해석하는데, 그것은 후세 사람들이 그렇게 끌고 간 것이지 유가 본연의 위치는 윤리적인 역사의 형성을 통해서 시간 개념을 결정하려고 했던 것입니다. 그러니까 유교는 윤리를 떠나서는 어떻게 설명이 안 되는 것입니다.

역사를 구속사(救贖史)로 본 기독교

윤성범: 이제 기독교의 역사관을 본다면, 역시 그 역사라고 하는

것을 일반사라고 하는 것이 있고, 이 일반사를 관통하고 있는 구속사(救贖史; Heilsgeschichte)라고 하는 것을 전제하고 있습니다.

구속사를 예수 그리스도로 집약시켜서 생각하게 된다면, 주강생(主降生) 원년에서 30년까지라고 볼 수 있겠습니다만, 그리스도의 부활과 성령의 역사를 전제할 때에는 모든 일반사를 관통하는 일반사의 핵심이라고 말할 수도 있겠습니다. 그래서 일반역사를 전부 기독교론적으로 해석할 수 있겠습니다. 구속사를 통해서 일반사가 전부 그 의미를 가질 수 있다는 것이죠. 이것은 또 창조 교리와 밀접한 관계를 가지고 있습니다.

그래서 시간과 공간도 하나님이 창조하신 것이고, 그 시간과 공간은 시작이 있고 또 마지막이 있다고 주장하고 있습니다. 그래서 희랍사상인 영원회귀라든지 이런 사상에서 유래된 무한관념과는 전연 다른 구체적인 하나의 역사를 의미하면서도 그 역사가 구속사를 통해서 규정을 입게 된다는 것입니다. 이 구속사란 다른 것이 아니고 예수 그리스도의 사건을 의미함은 물론입니다.

그런데 신학자들 가운데서도 오스카 쿨만 같은 이는 시간의 무한한 연장을 영원으로 해석하려고 합니다만, 그러나 그것마저도 기독교적인 입장에서 볼 때에는 영원이라고 하기에는 어려운 점이 많이 있습니다. 칼 바르트 같은 이는 그렇게 보지 않으려고 합니다. 기독교에서 시간을 중요시하는 이유는 역시 예수 그리스도를 중심에다가 놓고 보려는 점에 일반사의 의미가 나타나게 되는 것이라고 볼 수 있겠습니다.

그러면 인식론에서는 칸트 시대에 있어서도 시간·공간에 대한 문제를, 바클러 같은 이는 시간과 공간을 주관적 표상에 지나지 않는다고 관념론적인 해석을 가하기도 했습니다. 칸트 같은 이는 시간과 공간의 객관적 현실성에 대한 것을 물론 순수시간·순수공간으로 해석하기도 했습니다. 어쨌든 시간과 공간은 단순한 주관적 표상이라기보다는 하나의 모든 사물의 현실 가능 근거가 된다고 본 것이 사실인 것 같습니다.

그래서 시간과 공간은 기독교에 있어서는 그 자체를 가지고서 어떤 사변(思辨)을 터트리려고 원하지를 않는 것이 사실입니다.

그런데 일반사를 기독교론적 구속사로 제약하려는 신학적(오스카 쿨만, 칼 바르트 등) 혹은 철학적(헤겔) 견해와는 달리, 칼 야스퍼스 같은 이는 서기주전(西紀主前) 8세기에서 2세기까지를 거축시대(車軸時代)로 보아서, 기독론적 구속사와는 의견을 달리하고 있는 이도 있습니다. 즉 야스퍼스 같은 철학자에 있어서도 주전 8세기에서 주전 2세기까지의 구약 예언자들인 아모스, 호세아 같은 인물들 혹은 석가모니·소크라테스·공자·노자·장자, 이런 이들이 8세기에서 2세기 동안에 출연했으니까 6백년 사이에 있어서의 그 위대한 성현들을 중심으로 해서 역사를 보려는 것입니다. 그래서 역사가 해이해질 때는 언제나 이 거축시대로 돌아가 거기에서 새 힘을 다시 얻어 가지고 다시 역사를 활기띠게 하는 것이라고 보고 있습니다. 그래서 야스퍼스는 예수를 이 예언자들의 하나의 아류라고 보고 있습니다. 말하자면 예연자 중의 작은 예언자라는 것입니다. 이 야스퍼스는 구약사상에도 굉장히 관심을 가지고 있고, 그래서 그 구약 예언자들을 굉장히 높이 평가하려 합니다. 그러나 기독교에 있어서는 그 예수 그리스도의 출현, 즉 원년에서부터 30년 혹은 33년이라고 하는 이 사이를 개시해 혹은 구속사로 보아서 이 관점에서 언제나 역사를 해석하려고 하는 것입니다.

그리고 기독교에서는 처음이 있기 때문에 반드시 마지막이 있다고 보며, 그래서 종말론적 혹은 종말사상 또는 내세관의 교리가 이루어지게 된 것입니다. 역사는 시작이 있고, 과정이 있고, 끝이 있다는 것으로 보고 있습니다. 예수 그리스도는 역사를 관통하여 구속의 역사(役事)를 하신다고 믿고 있습니다.

매일 내가 새로워지는 생

그래서 여기에 시간과 공간에 대한 것도 그것이 역사의 의미를 가지기 위해서는 예수 그리스도의 역사적이거나 구속적인 사건을 통해서 시간과 공간의 의미를 가지게 됩니다.

아까 유교에서 말씀한 바와 마찬가지로 일종의 윤리적인

가치와도 비슷하지요. 예를 들면 원형이정(元亨利貞)이라든지 이런 것과 관계가 되고, 또 아까 우리가 인간성에 대해서 말씀했지만 인간의 그 구원이라고 하는 것이 예수 그리스도를 통해서 결국은 믿음과 사랑과 소망, 이것을 신(信)·망(望)·애(愛)라고 우리가 말합니다만, 이것이 실현 가능한 하나의 바탕을 시간과 공간이라고 그럽니다.

그러니까 시간과 공간이 단순한 시계로써 잴 수 있는 그런 시간과 공간은 아니면서도 예수의 역사적 사건을 분명히 원년에서부터 30년이라고 하는 그 짧은 시기를 이 우주 역사의 핵심으로 보고, 언제나 핵심 속에서 새로운 빛을 받아 그 역사가 지속되어 나간다고 봅니다. 그것을 희랍어로 '카이로스(Kairos)'라고 말하는데, 이것은 보통 시간으로는 오늘, 내일, 과거와 같은 그런 것이 아니고 무슨 충일된 역사, 충일된 시간을 의미하게 됩니다.

그래서 결국은 기독교에서도 불교에 있어서도 역시 그런 마지막 심판이라는 관념이 나오겠습니다만, 기독교에 있어서는 그 마지막 심판이라는 것이 결국은 시간적인 종말에 나타나는 심판을 굉장히 중요시하는 것은 사실입니다.

타면(他面), 그 마지막이 어느 때냐 하는 것이 문제이겠습니다. 이 세상 종말도 마지막이 되겠지만, 결국은 언제나 오늘이 나의 생에 있어서 하나의 종말론적이라고 생각함으로써 매일 내가 새로워지는 그 생이 진정한 의미에 있어서의 카이로스가 아니겠습니까? 말하자면 종말이라는 말을 실제적으로 최후 심판과 관련시키고서 보는 반면에 가치론적으로 보는 양면성으로 이해하고 있습니다.

역사정신과 역사의식

이을호: 좀 보충하고 싶은 것은, 종말론적인 개념이 유교에서는 그렇게 보기가 어렵지 않나 싶어요. 그러니까 사시(四時)의 개념이나 음양의 개념으로 보면 종시(終始)가 따로 없거든요. 그러니까 중용(中庸)에서 "성자(聖者)는 물지종시(勿之終始)"라고 하지 않습니까. '물지종시(勿之終始)'란 '종(終)' 자를 먼저 놓고 '시(始)' 자를 다음에 놓거든요. 그러니까 마지막이 시작이라는 것이 계속되는 변화의 하나의 상대적인 뒤바뀜 속에서 이해가 되지, 어느 것이 끝이고 어느 것이 시작이라는 개념이 모호해요.

윤성범: 유교에 있어서는 시작의 관념이 없다시피 되어 있지 않아요?

이을호: 예, 그렇지요. 그러니까 이제 공자께서 쓰신 춘추의 정신이랄까, 역사의 정신이라고 할까, 이런 것도 어떤 종말을 의미하는 것이 아니라 그 역사적인 사실 속에서 윤리적인 어떤 가치를 보려고 하는 입장뿐이지, 그것이 어떤 종말론적인 의미를 갖기는 어렵지 않겠나 싶어요.

윤성범: 모하메트는 어떤지 모르지만, 처음이 있고 나중이 있는 것은 아마 기독교와 다른 종교의 특별한 차이가 아닐까요.

윤태림: 역사는 현실적으로 일어난 문제를 끌어들였기에, 우리가 역사를 배운다는 것이 시간과 공간을 배운다는 하나의 가장 가까운 길이 아닌가 생각해 정치를 잘 못했다, 나쁜 짓

을 했다 할 때에는 딴 역사가 증명하니 들어 보아라, 과거에 이랬으니까 앞으로도 그럴 것이라는 거죠. 그래서 우리가 앞으로 문제들을 개척하기 위해서 역사를 배우는데 유교에서 말씀한 윤리적인 것과 같이 시간과 공간에 결부된 것이 역사의식이 아닌가 생각합니다.

그런데 이것에 대해 결말을 맺을 수 없습니다만 탄허 스님이 말씀한 유심종교의 옥(玉)이라고 하는 것은 마음을 올바로 먹자는 데서 귀착되는 것 같습니다.

물질과 정신 – 유물론도 유심론도 아닌 경지

그러면 다음으로 물질과 정신의 문제를 좀 알아보겠습니다. 동양도 그렇고 서양에서도 자고로 정신과 물질을 구별하는 것이 아니고 하나로 보아 왔습니다.

근자에 와서 세태가 유물론적이랄까, 정신보다도 물질이 오히려 우위에 있다는 유물론적인 사상이 있지요. 근자의 세태를 볼 적에 정신이나 육신을 비교적 얕게 보는 물질만능이라고 할까, 이러한 사상이 상당히 팽배해 가는 세태에 있어서, 어떻게 이것을 좀 더 보람 있게 종교적인 면에서 바로 볼까 하는 것이 가장 관심사가 되지 않을 수 없습니다.

보통 우리가 말하기를 동양은 정신주의이고 서양은 물질주의라고 표현하지만, 그것은 저희가 본다면 너무 지나친 편견이 아닌가 생각해요. 왜 그러냐 하면, 과학의 발달을 가지고 물질주의라고 하지만 과학의 발달도 역시 하나의 정신의 소산이지 물질만 가지고 되는 것은 아니고, 그래서 서양이 물질주의이고 동양이 정신주의라는 표현은 타당한 것으로 저는 보지 않습니다.

그러한 의미에서 정신이 우위냐 물질이 우위냐 하는 것은 물론 저희가 다룰 필요가 있겠고, 정신과 물질이 어떠한 조화를 가질 수 있도록, 과거의 역사적인 것도 중요하지만 현재에 있어서 우리가 이것을 어떻게 보아야 할 것인가 하는 것이 현대에 처하는 일반적인 면에서 가장 중요한 것이 아닌가 생각합니다.

저는 물론 여기서 어떤 결론을 내리지는 않겠습니다. 대체로 역시 정신이 물질보다 위에 있다는 것을 저희들이 하나의 상식으로 생각하고 있습니다만, 여기에 대해서 일단 말씀해 주시기 바랍니다. 먼저 윤 선생님께서 말씀해 주실까요?

윤성범: 기독교에서도 역시 물질과 정신과의 관계에 대해서 우선 정신이 우위이고 물질은 다음 것으로 생각하는 것이 사실이고, 기독교에 있어서는 만약 그것을 유물론의 유심론이라고 한다면 사실에 있어서는 유물론도 아니고 유심론도 아닌 제3의 경지가 아니겠는가 볼 수 있겠습니다.

그런데 이것의 관계를 정신으로써 생각을 하게 된다고 하면 역시 절대자와의 관계라든지 이런 것에서 생각할 때 역시 하나님 말씀을 듣는다든지 혹은 이해한다든지 하는 모든 것이 정신작용에서 되는 것으로 보고 있습니다. 그러니까 말하자면 정신과 물질이 이원론적인 것보다는 이렇게 생각하는 과거의 신플라톤주의라든지 이런 것과는 달리 물질과 정신을 엄밀히 구별한다는 것보다는 도리어 구조상의 어떠한 차이점, 예를 들면 정신이라고 하는 것은 일종의 상위개념에 속하고 물질이라는 것은 하위개념에 속한다고 하는, 그래서 정신적인 것은 천상적인, 말하자면 하나님과의 관계의 입장에서 그대로 가깝다고 볼 수 있고 물질이라고 하는 것은 지상적인 것에 가까운 것, 그러나 이것은 천상적인 것도 아니고 지상적인 것도 아닌 중간관계, 이것은 아마 주역에서도 천지인(天地人)으로 가르고 있습니다. 기독교에서는 역시 정신을 중요한 신앙적인 하나의 가치로서 인정하면서 동시에 물질적인 것에 대한 것도 무시해 버리는 것은 아닌, 말하자면 중도적인 입장, 중용이라고 할지, 그런 입장을 가지고 있다고 볼 수 있겠습니다.

그러나 만약 이것을 정신과 육체라는 인간 문제를 가지고 논하는 것과 마찬가지라고 생각한다면, 역시 정신과 물질과의 관계는 미묘하게 상호보완 한다고도 볼 수가 있겠습니다.

현재의 과학적인 입장에 있어서도 물질이라고 하는 것은 보통 물질로 보지를 않고 그것을 하나의 정신적인 차원까지 물질의 개념도 올라가고 있습니다. 기독교의 입장에서 본다면 물론 정신이 상위개념으로서 하나님의 말씀을 듣고 혹은 진리를 이해하고 하는 것이 정신작용이니까 중요하기는 하겠습니다.

물질과 정신은 둘이 아닌 하나

윤태림: 막스 베버가 말한 금욕이라는 것은 우리가 상식으로 생각하는 적게 먹고 적게 하는 그런 뜻이 아니라, 자기가 맡은 일에 대해서 정진하는 것이 금욕이라고 해석하는 것을 보았습니다. 금욕하고 아끼고 낭비를 절제해서 자본축적이 된다고 하는 것과 마찬가지로, 중국의 역사도 그랬지만 유럽 사람들의 생각이라는 것은 역시 근본적으로 어느 정도 물질이라는 것을 우위에 놓고 보면서 여기에다가 아래로 질서라는 것을 찾기 위해 정신이 있는 것으로 보았지 정신을 우위로 본 것은 아니라는 생각이 드는데요, 역사상으로 공통성이 있지 않은가 생각됩니다.

선사: 좋은 말씀입니다.

동서의 사고방식을 총평한다면 그런 점이 농후하지요. 그러니까 물질과 정신 중에서, 물론 주체를 따질 것 같으면 정신이 주체이고 물질은 정신의 부속물이라고 볼 수 있습니다. 그러나 근본이 정신이라고 하지만 정신에서 일어난 물질이 정신과 둘 이라고 보기에는 대단히 곤란한 문제지요. 예컨대 우리가 지금 보는 것이 정신이라고 할 것 같으면 눈은 물질이며, 듣는 것이 정신이라고 하면 귀는 물질입니다. 그러면 안구와 고막을 떼어놓고 듣는 정신, 보는 정신이 그대로 발휘될 수 있느냐 하면 그것은 발휘될 수 없는 것입니다. 안구와 고막이 끝까지 물질이지만 그 물질을 통하지 않고는 볼 수 없고 들을 수도 없습니다.

이처럼 물질과 정신은 언제나 맞붙어 다니게 되어 있지, 어떤 것이 먼저요 어떤 것이 뒤요 따지기가 곤란한 것입니다. 이는 불교뿐 아니라 어떤 성인이든지 다 그렇게 말씀했을 것입니다. 물질을 좀 천시하고 정신면을 치중한 것은 유치원 어린애들을 위해서 한 말일 것입니다. 그렇기 때문에 불교의 팔만대장경을 종합해 놓고 보면 아함부에서 발췌한 구사학(俱舍學), 유치원 학설, 초등학교 학설에서는 이 우주만유는 실(實)이라, 즉 시간과 공간이 실로 있다고 "삼세실유 제법항존 (三世實有 諸法恒存)" 했습니다.

유치원 학생인 어린애들한테 우주만유가 실로 있다고 해야지, 우주만유가 헛것이라고 하면 곧이듣겠습니까?

그 다음에 방등부에서 발췌한 성실론(成實論)과 삼론(三論) 등에서는 우주 전체가 다 공(空)한 것이다. "제법개공 (諸法皆空)," 또는 좀 더 소극적으로 깊이 들어가서 우주만유의 모든 법이 모양이 없이 모두 공한 것. "무상개공(無相皆空)" 이라고 합니다. 이것을 중학교 학설이라고 할 수 있죠. 결국 아까 유치원, 초등학교 학설에서는 물질은 실로 있는 것이라고 긍정하던 것을 중학교 학설에서는 그것을 부정한 것입니다.

그 다음에 고등학교 학설격인 반야부(般若部)에서 발췌한 유식학(唯識學)에서는 제법(諸法)이 실로 있는 것도 아니고 없는 것도 아니라는, 긍정도 부정도 아닌 공(空)과 유(有)가 하나라는 중도(中道) 사상이라고 하겠습니다. 다시 말하면 물질과 정신이 둘이 있는 것이 아니고 하나라는 거죠.

그러면 마지막 대학이나 대학원 학설인 화엄경, 법화경(法華經)에서 발췌한 십지론(十地論)·기신론(起信論)·화엄론(華嚴論) 등에 올라가서는 우주만유 그대로가 진리라고 했습니다. "모든 법 즉 세간법(世間法)이 법 위치, 즉 진리에 머물러 있어서 세간상(世間相)이 항상 변치 않고 있다. "(是法住法位 世間相常住)" 라고 한 것입니다. 이것이 유치원, 초등학교 학설과 같거든요. 즉 삼세(三世)가 실로 있다, 모든 법이 항상 있다는 말이나 만법(萬法) 그대로가 진리라고 한 말이 같지 않습니까. 그러나 유치원, 초등학교에서 말한 것은 긍정적인 긍정입니다. 즉 부정을 거친 긍정이 아니죠. 그렇지만 대학에 올라가서 모든 법 그대로가 진리, 실상이라고 한 말은 부정을 한 번 완전히 거쳐서 다시 긍정한 것입니다. 즉 부정적인 긍정이죠. 그렇다고 해서 망상이 우글우글하는 놈한테 물질 그대로가 정신, 물질 그대로가 도라고 한 것은 아닙니다. 그러니까 한 마디로 말하자면 물질과 정신이 둘이 아니라는 것입니다.

부정을 완전히 거친 긍정

제가 여기서 물질이라고 한 것은 정신이 아닌 모든 유형(有形)을 말합니다. 예컨대 우주에 불의 원소가 충만해 있지만 잠재해 있으니까 없는 것 같습니다. 우주에 가득 찬 것이 불입니다. 우주에 가득 찬 것이 물입니다. 우주에 가득 찬 것이 바람입니다. 우주에 가득 찬 것이 흙입니다. 그러면 지·

수 · 화 · 풍(地水火風), 즉 유교의 학으로 말할 것 같으면 금 · 목 · 수 · 화 · 토(金木水火土), 이 오행(五行)에 똑같이 가득 차 있는데 다만 불은 잠재해 있어서 보이지 않을 뿐입니다. 그렇기 때문에 나무와 나무를 비벼도 불이 나오고, 돌로 돌을 쳐도 불이 나옵니다. 만일 불의 원소가 없다면 물질이 아무리 부딪히더라도 불을 볼 수 없을 것입니다. 이는 우주에 가득 찬 불이 정신이라면 나무, 돌 등은 물질이 됩니다. 그런데 물질을 통하지 않고는 그 잠재한 불이 나타나지 못합니다. 그러니까 물질과 정신이 언제나 맞붙어서 법이 이루어지게 되어 있지, 하나만 가지고서는 법이 이루어진다고 볼 수가 없을 것입니다. 하나에만 치우친다면 그것은 편견이 됩니다.

물질론이니 유심론이니 하는 것은 서양에서 나온 술어지요. 불교에서도 물론 우주만법이 유심(唯心)이라는 말이 있습니다만, 유물, 유심을 갈라서 그렇게 하는 말은 아닙니다. 다만 우주만유의 현실을 중생이 겉으로만 보아 집착하니까 너희들이 현실로 보는 이것이 곧 모양이 끊어진 네 정신 속에서 나온 것이라고 근본을 지적해 주기 위한 말이죠. 그러므로 정신과 물질의 관계란 것은 부즉불이(不卽不離), 비일비이(非一非異)라고 밖에 볼 수 없는 것입니다.

윤태림: 스님이 말씀한 '제법(諸法)이 실유(實有)'라는 것은 쉽게 우리가 해석한다면, 제법은 하나의 진리가 아닙니까?

선사: 법(法)을 진리로 표현하는 경우도 있지만, 여기서 제법(諸法)이라 한 것은 물질(物質)을 말한 것이지요.

이을호: 그런데 극기복례(克己復禮)라 하였는데, 극기 과정에 있어서는 유교가 불교의 금욕과 같은 면이 있는 것도 같습니다.

선사: 같은 점이 많이 있지요. 조금 부연하겠습니다. 논어에,

"안연(顔淵)**이 문인**(問仁)한데
자왈극기복례위인(子曰克己復禮爲仁)이니
일일극기복례(一日克己復禮)면
천하귀인언(天下歸仁焉)하나니
위인(爲仁)이 **유기**(由己)니
이유인호재(而由人乎哉)아"

안연(顔淵)이 인(仁)을 물으니 공자가 답하기를 자기망상을 극복하여 본연(本然)한 천리(天理)로 돌아가는 것이 인이 된다. 하루만 극기복례(克己復禮)하면 천하가 인으로 돌아오나니, 인을 하는 것은 자기에게 있는 것이지 타인에게 있는 것이 아니다.

하셨습니다. 여기에서의 인은 즉 도(道)로 본 것이에요. 노자(老子)의 말씀에,

"대도폐(大道廢)**에 유인의**(有仁義)라"

대도(大道)가 없어지자 인의(仁義)의 사상[儒敎]이 나왔다.

는 말은 유교를 치는 말입니다. 왜냐하면 도라고 이름한 것도 억지로 붙인 명사인데 어떻게 도(道) 외에 인의를 시설할 수 있느냐 하는 말이죠.

그렇지만 노자의 "대도폐(大道廢)에 유인의(有仁義)"라는 것은 공자 말씀을 보충한 말씀도 됩니다. 왜냐하면 성인들은 아는 지식을 자랑하자고 이 세상에 나온 것도 아니고, 또 피아상(彼我相)을 가지고 다루는 것도 아니며, 다만 그 시대의 조류에 맞추어서 어떻게 하면 그 시대의 중생을 잘 지도하겠느냐 하는 데 있습니다. 그러므로 공자는 현실로 교법을 세웠기 때문에 이(利), 즉 물질과 천명, 즉 진리와 인(仁), 즉 우리 마음의 근본 자리 등을 드물게 말씀하셨지요. 논어(論語)에 "자는 한언이여명여인(子罕言利與命與仁)이라" 하였습니다. 그래서 자공(子貢)이 탄식한 것 아닙니까?

"**부자지문장**(夫子之文章)은
가득이문야(可得而聞也)어니와
부자지언성여천도(夫子之言性與天道)는
불가득이문야(不可得而聞也)라"

선생님의 문장은 얻어들었거니와 선생님이 본성과 천명을 말씀한 것은 듣지 못하였습니다.

라고요. 그것이 얻어듣고서 한 소리입니다.

그러니까 공자가 이 세상을 내다 볼 때에는 전체가 유치원 학생입니다. 성인들이 중생을 볼 때는 다 그렇죠. 그러므로 그 유치원생한테 어떻게 큰 도를 얘기합니까? 그래서 드물게 말하고 점진적인 방법으로 도에 들어가게 하는 것입니다. 그러나 공자께서 삼천 제자 가운데 안연과 증자(曾子)에게만 돈법(頓法)을 가르쳤어요. 돈법은 점법(漸法)의 반대입니다. 그런데 퇴계 선생이 문인(門人)에게 답한 편지에,

"**지어돈법**(至於頓法)은
시선가지학(是禪家之學)이요
비유자지법문야(非儒子之法門也)라"

돈법은 불교의 것이지 유교의 법이 아니라.

한 것은 지나친 것 같습니다. 왜냐하면 아까 얘기한 안연의 문인(問仁)에 답한 것이 공자께서 안연에게 돈법으로 보인 것이고, 또 증자에게,

"**오도**(吾道)는 **일이관지**(一以貫之)라"

나의 도는 하나로서 꿰었다.

고 한 것이 그것입니다.
냉정히 비판하면 도 외의 모든 것은 물질입니다. 그러므로 성인들이 물질을 멀리한 것은 물질에 집착한 중생에게 하는

애기죠. 그 다음에 부정을 완전히 거쳐서 긍정이 될 때는 물질 그대로가 진리이고 도입니다.

이것은 불교 애기입니다만, 예수님이나 공자님이나 부처님이나 모든 성인들의 말씀도 종합해 놓고 보면 결국 마찬가지가 아닐까 생각합니다.

현대의 종교적 상황과 특성

'사신(死神)의 신학(神学)' 의 출현

윤태림: 이제 가장 현실적인 문제를 좀 다루어야겠습니다. 현대 종교의 상황과 특수성 같은 것 말입니다. 외국에서는 요새는 모르겠습니다만 심지어 신은 죽었다느니, 신이 살아 있느냐 하는 정도로 상당히 종교적인 어떤 공백 시대가 온 것으로 알고 있는데, 오늘 우리나라의 현세대를 본다면 종교라는 관념보다도 그저 물질 위주의 상황 속에 사는 것이 현대 우리나라의 모습이 아닌가 합니다. 물론 여기에서 한국을 두고 하는 애기입니다만, 현대 종교상에서 우리가 어떠한 방향으로 나가야 한다든지 또는 이러이러한 점은 반성해야 하겠다든지 하는 것을 포함해서 좀 말씀해 주시기 바랍니다.

윤성범: 현대에 와서는 기독교 신학이 아닌 다른 종교학 차원에서 연구하는 이들이 있어요. 시카고 학파 같은 경우가 그 한 예입니다. 예컨대 '신의 죽음의 신학(神學)' 의 출현도 그들의 산물이지요. 그런 이들이 '신의 죽음의 신학' 이

라는 것을 들고 나와서 불교 계통의 연구도 많이 하고 있고, 또 불교학자들 가운데도 실존주의를 말한 사람들이 많이 있는데, 역시 불교를 실존주의라고 얘기하는 사람도 있지요. 예컨대 미국 에모리 대학의 종교학 교수인 알타이저 같은 이가 대표적이라고 하겠고, 이것을 윤리적인 각도에서 보려는 퓰레처 같은 학자도 그 하나라고 하겠습니다. 불교를 실존주의로 보려는 경향이 이런 이들에게는 농후한 것 같습니다. 그래서 불교적 사상과 실존주의를 일치시키고 이것을 무신론적 실존주의와 결부시키려는 경향도 있는 것 같습니다.

그러나 과연 그들의 '사신의 신학'의 본 의도하는 바가 글자 그대로 무신론적인지는 의문이 아닐 수 없습니다. 알타이저 같은 이가 '반대의 일치[conincidentia oppositorum]'를 말하는 배후에는 역시 '부정의 부정[Negation der negation]', 즉 긍정을 가져오려는 생이 아닌가 묻고도 싶습니다. 그런데 알타이저 같은 이도 만나서 얘기도 해 보았습니다만, 사실은 그들이 부정의 입장으로 신학적 문제를 다루어 보려고 한 것이 아닌가 싶습니다. 그런데 정세는 달라져서 일반 사람들은 이들을 무신론자라고 해서 공격을 하고 박해를 가하기 시작했지요. 그는 에모리 대학의 교수로 있었는데, 그 집에 자꾸 돌이 날아들어오고 해서 거기에 있지 못하고 뉴욕 쪽으로 오고 말았는데, 그것이 한 5년 이상 됩니다.

그러한 사상도 오래 가지는 못하는 것 같습니다. 그 후 얼마 지나서 '사신의 신학' 은 자취를 감추다시피 하고 말았지요. 이런 것으로 보아서 종교적인, 사상적인 조류도 시대시대에 따라서 나타났다가 사라지고 또 나타났다가 사라지고 하나 봅니다.

이래서 무신론적 실존주의가 서구 신학계를 횡행하고 있었던 것을 알 수 있습니다. 특히 하이데거 같은 이의 사상을 중심으로 해서 실존주의 신학이라는 것이 굉장히 팽창했었던 일이 있었습니다. 예컨대 볼트만 고갈튼 같은 이가 좋은 대표자의 하나라고 볼 수 있습니다.

그런데 근자에 와서는 하이데거의 실존주의나 실존주의적 신학사상이 자리를 내어 놓게 되었지요. 그러한 사상이 대개는 개인을 중심으로 문제가 제기된 것이기 때문이겠지요. 그러한 개인의 문제만이 현대의 문제가 아니라는 것을 점차로 의식하기 시작하게 된 것이지요. 이러한 의식이 대두되면서 실존주의 사상이 점점 무력해짐에 따라 최근까지는 신에 있어서도 사회신학이니 정치신학이니 해서 디트리히 본회퍼의 사상이 적용되고 유물론 철학자 블로흐의 철학이 신학사상과 결탁되어서 신학이 사회 문제를 해결하는 것을 중심 과제인양 생각하는 조류가 만연하게 된 것이지요. 혁명의 신학이니 소망의 신학이니 하는 것이 대두하게 되었으나, 과연 그것이 기독교 종교의 중심 과제이냐 하는 의문이 최근에는 제기되기 시작했습니다. 복음의 진정한 내용이 무엇이어야 되겠느냐의 문제를 제기하게 된 것입니다. 구체적인 실례로는 위르겐 몰트만의 신학에 대한 바이엘하우스 같은 이의 논박을 들 수 있겠습니다. 이 두 신학자는 다 같이 독일 튀빙엔 대학의 교수들이니까요.

공동체 의식위에서 인간성(人間性) 회복을

이러한 과격신학에 대한 논박은 결국 기독교의 동일성[identity]을 찾으려는 노력의 일단이 아닌가 생각하게 됩니다. 크리스천의 메시지의 중심 혹은 핵심이 어디에 있느냐의 문제 말입니다. 교회에 나와서 들으려는 복음의 메시지는 다른 것이 있기 때문이겠지요. 그것을 찾을 때에 기독교는 살게 될 것이고, 못 찾게 된다면 기독교는 생명을 잃게 될 것은 분명한 현실이 된 것이지요. 그래서 요사이에는 과격신학에서도 다시금 인간의 문제, 예컨대 인간의 회개[metanoia]가 사회적 이데올로기보다 중요하다는 생각을 가지게 되었습니다. 그것은 어떠한 사회제도나 질서도 사람에 의해서 좌우되기 때문입니다.

그러므로 기독교 사상이라고 해서 천편일률적으로 고착되어 있는 것이 아니고 시대적인 상황에 알맞게 어떠한 학설이 대두되었다가는 또 얼마 후에는 다른 문제로 옮겨가고 있음을 알 수 있습니다. 그러나 기독교 역사를 돌아본다면 어느 시대나 이러한 어려운 문제에 처하여 이를 유효 적절히 극복해 나가는 길을 제시해 주었다고 볼 수 있겠지요. 그러한 다양한 모습 속에서도 언제나 기독교의 동일성을 잃지 않았다는 사실을 명심하게 됩니다.

그렇다면 기독교의 오늘의 과제는 무엇이겠습니까? 무엇보다도 중요한 과제는 인간성 회복이 아니겠습니까? 이것은 단순한 개인의 문제로 처리될 성질의 것이 아니라는 것을 알게 됐지요. 그렇다면 서구 기독교 사상으로 이미 해결이 되었어야 될 뻔했지요. 그것이 서구신학이 개인을 중심으로 하여 형성, 발전되어 왔기 때문이지요. 기독교 진리도 이제는 공동체적인 기반 위에서 다시금 정비를 할 단계에 이르렀다고 보게 됩니다. 그렇지 않고서 서구세계가 당면한 오늘의 정신적인 무질서 상태, 즉 인간 대 인간의 인격관계의 상실과 가정의 파괴 등등을 해결할 수 없을 것입니다. 기독교 종교도 무엇보다도 인간성 회복에 그 중점이 있는 이상 서구 개인주의로서는 이를 해결할 수 없음을 우리는 이미 잘 알고 있는 터입니다. 참다운 인간관계의 터전이 가정이라면 서구사회는 이미 가정파괴 직전에 있다고도 보겠고, 가정 부재의 세계가 바로 서구사회가 아닌가 생각합니다. 따라서 이렇게 된 가정을 다시 회복하는 데는 기독교의 새로운 정비가 신학적으로 모색되지 않을 수 없는 것입니다.

가정회복을 통한 인간의 존엄성이 향상되게 하는 것이 오늘의 기독교의 과제로 등장하게 된 것이라고 볼 수 있습니다. 이것은 바로 기독교의 구원관이 공동체를 통한 개인의, 사회의 개혁이라는 데 있다고 집약해서 말할 수 있겠습니다.

윤태림: 주로 구미 종교의 특성에 대해서 말씀하셨는데, 우리나라

의 문제와 결부해서 좁혀서 본다면 어떨까요?

윤성범: 우리나라의 경우도 서구의 신학계를 그저 추종했다고 밖에 말할 수 없겠습니다. 즉 한국적인 상황 속에서 반성해 본다기보다는 서구세계에서 어떻게 하느냐를 보고 그것을 그대로 아무 반성도 없이 따라간 셈이 아닐까요? 이러한 무반성적 서구화가 과연 오늘의 우리의 문제를 해결할 수는 없는 것이 아니겠습니까.

이제는 서구신학으로부터의 탈피가 가장 큰 과제라고 생각합니다. 그러기 위해서는 우리의 유구한 전통을 깊이 관찰하고, 그곳에서 새로운 사상적인 패턴을 찾아야 되리라고 생각합니다. 그것이 무엇이겠습니까? 그것은 다름아닌 우리의 고유한 공동체의식이 아니겠습니까? 가정을 중심으로 한 진정한 인간성 회복을 말하는 것입니다. 이러한 공동체의식을 촉발할 수 있는 길을 기독교가 마련해 주어야 되겠는데, 기독교 신학이 이것을 이때까지 망각하고 있었던 것이 아니겠습니까? 여기에서 우리는 신학적 사고의 코페르니쿠스적인 전회를 필요로 하게 되었습니다. 그렇지 않고는 우리의 문제를 우리가 해결할 수 없겠기 때문입니다. 이러한 사고의 전회는 기독교 진리의 재발굴에 다름없는 것입니다. 말초적인 문제해결에서 근본적인 문제해결로 옮아간 셈이라고 생각합니다.

새롭게 현실화되어야 할 가례(家礼)

이을호: 유교가 현재 살아 있느냐 죽어 있느냐 하는 말이 어폐가 있는 말이지만, 유교는 지금 상태로는 극단적인 표현이지만 이 사회에서 위기상황에 놓여 있다는 느낌을 가지고 있어요.

우리의 현실로 보아서 유교 인구가 얼마나 되느냐는 얘기가 나옵니다만, 성균관이나 향교의 숫자를 가지고 유교의 인구로 볼 수 있느냐 하면 유교는 그런 것은 아닌 것 같습니다. 성균관이나 향교에서 주장하는 것은 무엇을 유교라고 표방하느냐 하면, 충효는 유교의 특유물인 것처럼 되어 있는 것 아닙니까. 그것이 삼강오륜(三綱五倫)인데, 동양 삼국에서는 이런 윤리의식을 떠나서는 생각할 수 없는 것이지요. 주자가례(朱子家禮)라든지 이런 의식에 대한 유교적인 예의 현실주의와 충효라는 영구 윤리적인 규정 속에 유교가 묶여져 있다고 봅니다. 거기서 한 걸음도 못 나오고 있는 것이 지금의 유교라고 할 수 있을 것입니다. 이러한 입장이 유교라고 우리가 볼 때, 아무리 생각해 보아도 그것은 본래적인 유교가 아닌 것만 같습니다. 여기에서 어떠한 처방이 나올는지 모르지만, 아까 말씀하신 바와 같이 기독교 본질이 어떠냐 하는 본질적인 문제가 있었듯이 유교의 본질이라는 문제가 규명되지 않고서는 적어도 유교는 다시 소생하기 어려울 것이 아닌가, 그렇게 생각할 수 있습니다.

이제 유교의 본질을 규명하자면, 유교를 세 가지로 나눌 수 있다고 봅니다. 먼저 선진 유학은 공자와 맹자 시대의 원시유학으로서 순수한 유학인 것이지요. 때 묻지 않은 유교사상이라고 할 수 있습니다. 그런데 한나라로 넘어가서 다소 변질된 것은 인정해야 합니다. 특히 음양오행설이 이때에 성행하여 본래 점을 위주로 하던 주역이 유교의 경전이 되었고, 그리하여 주역에 윤리적 의미를 가미하게 된 것입니다. 이때에 유교는 하나의 이론적 근거를 얻게 되었으나 다른 일면에서는 인생론적 유학이 우주론적 유학으로 전이했다고 볼 수도 있는 것입니다. 송나라 때에 와서는 유교가 선진유학이나 한당유학(漢唐儒學)과는 달리 성리학이라는 철학적인 방법에 의해서 다소 색다른 유교로 바뀌어졌다고 봅니다. 그렇기 때문에 이를 신유교[Neo-Confucianism]라 한 것입니다. 이 Neo라는 것은 유교가 다시 새롭게 됐다는 사실을 가리킨 것으로 보는 것입니다. 그것은 본래적인 유교와는 다른 어떤 것이라고 보는 것이 하나의 새로운 입장입니다.

이 세 가지 역사적인 변천 과정을 겪어서 오늘날에 이르렀는데, 오늘날에 와서는 성리학 그 자체가 곧 유학이며 성리학을 떠나서는 유학을 생각할 수 없다고 주장하며, 주자의 칠서대전(七書大全)을 떠나서는 어떻게 유학을 얘기할 수 있겠느냐, 또 우리나라에 와서는 이퇴계나 이율곡이 대표하는 것이 유학이지 그것을 반대하면 어떻게 유학이라 할 수 있겠느냐, 그렇게 얘기할 때 과연 선진유학의 입장에서 볼 때 과연 퇴계나 율곡이나 주자가 본래적인 유학이라고 할 수 있을 것인가 하는 거죠. 본래적인 선진유학에는 그의 순수한 윤리성만이 보존되어 있을 따름이요. 거기에는 철학적 성리학의 기미는 조금도 없기 때문입니다. 전체적으로 생각하면 자기 나름대로 유학을 볼 수 있느냐하는 것이 문제입니다.

이렇게 유학 개념을 파악하는 데 있어서 저는 또 하나 다른 각도에서 이 유교를 얘기하겠습니다. 하나는 요새 소위 사회적인 입장에서 유학을 사회적 기능으로 보는 입장입니다. 유교가 주장하는 것은 관혼상제의 가례(家禮)입니다. 가례는 가정적으로 다 있는 것이고 가정에 국한된 것이지만, 오례(五禮)나 육례(六禮)로 보면 국가적인 기능으로서의 개념이 됩니다. 요즈음 유교는 지나치게 관혼상제에 대한 형식주의에 치우치고 있다고 얘기를 하고 있습니다. 사회적인 입장에서 본다면 여기에서 유교는 한 걸음 벗어나야 된다라든지, 지나치게 형식주의적인 것에 대한 유교의 반성이 필요하지 않느냐 보여집니다. 한 가지 예를 들겠습니다. 요즈음 혼례식에 가 보면 고대의 것인지 현대의 것인지 전혀 모를 정도입니다. 10분 혹은 20분간 혼례를 치르는데 15만원, 20만원의 거금을 아끼지 않고 쓰고 있어요. 그렇기 때문에 한국적인 현실에서 볼 때 그것이 유가의 것인지 서구의 것인지 전연 분간 할 수 없습니다. 유가로서도 이러한 예에 대해서는 무엇인가 제시를 해줄 수 있는 역량을 갖추어야 한다고 저는 생각하고 있습니다.

그러면 지금으로부터 몇백년 전에 주자가 가례를 만들었던 때와 마찬가지로 유가의 입장에서는 새로운 현대적인 사회질서의 하나의 어떤 방향 제시가 유가적인 예 개념에 의하여 새롭게 현실화되어야 한다는 것입니다.

사회적 기능 중시한 유교

또 다른 윤리적 측면에서 볼 때 젊은 사람으로서 행동할 수 있는 일이 무엇인가를 생각해야겠죠. 윤리적인 입장에서 충효를 유교의 절대적인 독점물같이 생각하는데, 저는 그렇게 생각하고 싶지 않습니다. 공자께서도 효도에 대한 말씀을 많이 하셨습니다. 그러나 논어를 보면 공자는 효제(孝悌)와 함께 충신(忠信)을 똑같이 얘기하고 있습니다. 말하자면 효제 충신을 주창한 2천년 전에 이미 하나의 공자로서의 사상이 거기에 있었던 것입니다. 증자와 같은 효자도 효도보다는 충신을 얘기했습니다. 증자는 남을 위하여 충성되지 않았나[爲人謀而不忠乎], 벗과 사귈 적에 신의를 잃지 않았나[與朋友交而不信乎]를 반성했습니다. 이처럼 증자는 충신을 강조했습니다. 이처럼 선진유교에 있어서는 충신은 사회적인 규범이고, 효제는 가정적인 것이 되었습니다. 그러니까 유교의 윤리는 적어도 가정의 윤리가 사회윤리로 확충하여 현실화한 것이라고 할 수 있습니다. 그렇기 때문에 맹자에 있어서도 "내 집 늙은이를 늙은이로 대우하듯이 남의 늙은이에게 미치라(老吾老以及人之老)"

고 했습니다. 그렇기 때문에 유교는 사회적 기능을 가정적 기능과 함께 똑같이 중요시하였음을 알 수 있습니다.

그러면 무엇 때문에 충효만을 유교에서 얘기하느냐 하면, 그것은 진(秦) 문화에 있는 것이 아니라 진한(秦漢) 시대의 삼강사상이 형성되어 그렇게 되었다고 저는 분석하고 있습니다만, 우리는 그것을 하나의 종속윤리로써 이해하고 있는 것입니다. 삼강사상은 충효열(忠孝烈)로 집약되어 있기 때문입니다. 맹자에 있어서도 부자유친의 정신은 종속윤리가 아니라 쌍무적인 호혜윤리(互惠倫理)입니다. 부자와의 관계도 인간 대 인간의 관계로서 자유스럽게 이루어졌습니다. 부자유친, 그것은 부의모자자효(父義母子慈孝)의 원만한 인간관계의 결과인 것입니다. 이것이 선진유학의 기본적인 윤리관인 것인데, 이것이 진한 시대로 넘어와서 충효열이라는 세 가지 종속윤리로 전락했기 때문에 오늘과 같은 폐쇄적이고 고식적 결과를 낳게 된 것입니다. 그러니까 유교에서는 효를 부인하는 것이 아니고, 지나치게 이를 일방적으로 강조한 나머지 인간관계를 소홀히 여기게 된 데에 문제가 있다고 봅니다.

또 하나 문제가 되는 것은 철학적인 입장에서 유교를 오로지 성리학으로 간주하고, 성리학이 유교를 대변한 점입니다. 이조 5백년 동안 주자학 일색으로 내려왔던 경향이 있는데, 이것은 선진유학이 하나의 인성론적으로 된 것을 의미합니다. 그러나 성리학 자체가 유학의 전부를 대변하는 것은 어렵지 않느냐, 그렇게 보고자 하는 것입니다. 성리학은 유학 안에서 다룰 수 있는 학문이기는 하지만 그 자체가 유학의 전부라고 보아서는 안 될 것입니다. 그렇다면 유학이 성리학이라는 테두리를 벗어나지 못하고 마는 것입니다.

그러면 다시 돌아가서, 복고적이 될는지는 모르겠습니다만 선진유학의 본질이 무엇이냐 하는 기본 성격이 문제입니다. 이것은 따로 다루어야 되겠습니다만, 오늘날 유교가 당면하고 있는 위기에서 하나의 돌파구를 마련해야 되니 않느냐 하는데, 저는 선진유학의 본질 속에서 조그만 기대를 걸고 있습니다. 그런데 정작 위기의식을 느껴야 할 부면에서 느끼지 않고 있다는 아이러니컬한 현상도 우리가 볼 수 있습니다. 오히려 외곽적인 부면에서 위기의식을 더욱 느끼고 있는 것 같습니다.

윤태림: 지금 효(孝)가 우리 사회에서 유교의 전매특허라고 보통 우리가 생각하는 것은 역사적으로 보아서 하나의 시대적인 생각이라고 보는 것이 사실입니다. 기독교의 십계명에서도 부모를 소중히 하라는 말이 있고, 불교에서도 효에 대해서 같은 말이 있습니다. 이렇게 부모에게 효도를 해야 된다는 관념은 불교나 유교나 기독교의 입장에서 다 같습니다. 그러나 유난히 형식적인 면에서 유교가 그렇다는 데 대해서 저도 가끔 유교를 공박했습니다만, 우리가 주자학을 받아들이지 않고 양명학(陽明學) 계통으로 받아들였다면 지금과 같이 이렇게 10분 동안에 식이 이루어지는 데 10만원, 20만원의 돈을 쓰는 것과 같은 이러한 세대는 있

지 않을지도 모른다는 생각이 듭니다. 주자학이 조선시대에 들어 와서 분당론(分黨論)이나 파쟁론(派爭論)과 같은 사색당파(四色黨派)를 생기게 하지 않았습니까? 주자가 우리나라를 망쳐놓았다고 가끔 엉뚱한 생각을 합니다만, 그때 우리가 받아들이기를 좀 더 현명한 분이 받아들였다면 이렇게는 안 되었을 것입니다. 유교의 진수를 받아들였다면 이렇게는 안 되었을 텐데……. 일본 것과 비교해 볼 때 그런 생각이 들어요.

각 종교에 공통된 효

이을호: 제가 대만에 갈 일이 있어서 간 적이 있는데, 거기에 양명산(陽明山)이라는 산이 있었어요. 그냥 지나치려다 어떤 사람한테 물었더니 말하기를, 장개석씨가 와 가지고 왕양명의 이름을 따서 양명산이라고 이름지었다고 말하는 것을 들었습니다. 그때 그 양명산이라는 산을 보았을 때 어떤 새로운 느낌을 받았어요. 유학의 본고장인 중국에서는 주자보다도 오히려 양명을 더욱 앞세우는데 어찌하여 우리나라에서 주자 일색으로 5백년의 역사를 물들여 놓았는가 하는 점이 절실히 느껴졌던 것입니다.

또 제가 우연한 기회에 이탈리아에 갔을 때 들은 이야기입니다. 택시를 몰고 가던 운전사가 차를 세우고 어디를 갔다가 한참 후에 돌아오므로, 택시 손님은 그 운전사더러 어디에 갔다가 왔느냐고 하니까 이 근처에 아버님 묘소가 있는데 그냥 지나칠 수가 없어서 망배(望拜)를 하고 왔노라고 얘기하더란 말을 들었습니다. 이탈리아에서는 부모가 자식을 사랑하는 대신 자식도 부모를 공경하는 것이 극진하다는 것입니다. 그래서 이러한 예는 얼마든지 이탈리아에서 볼 수 있다고 하기에, 제가 유학을 하려는 사람은 이탈리아에 와서 해야 될 것 같소 하고 농담을 했습니다. 이탈리아에서는 묘지에 꽃이 그치지 않을 정도로 정성을 들이고 있습니다. 묘지가 꽃의 동산입니다. 묘지에는 표지만 세워 놓은 것이 아니라 집같이 깨끗하게 꽃을 가꾸어 놓았습니다. 그래서 우리가 생각할 수 없을 정도로 묘지에 돈을 들이는데, 개인주택에도 그렇게 호화스러운 주택을 지을 수 없을 정도로 가꾸어 놓은 것을 보고 사진도 찍어 왔습니다.

윤리 문제에 있어서도 우리 한국에서는 호텔을 관광객 위주로 하고 있는데, 이탈리아 호텔에서는 절대로 부부를 가장한 남녀의 투숙은 금지시키고 있습니다. 요즈음 말하는 악성 관광객은 혹 있기는 하겠지만, 거의 없다고 합니다. 이런 점을 생각해 볼 때 역시 바티칸 궁전이 로마에 있고 해서 기독교적인 윤리에서 오는 것이라고 풀이할 수 있는데, 하여튼 살아있는 윤리의식이 아닌가, 저는 느꼈습니다. 이렇게 생각해볼 때 효라는 것은 유교만의 것이라고 주장할 수 없다고 봅니다. 기독교에도 불교에도 효는 다 있습니다.

윤성범: 이탈리아에는 법적으로 이혼이 없지요. 따로 떨어져 살 수

는 있어도 이혼은 못하게 되어 있어요.[주: 이탈리아는 카톨릭 법에 따라 이혼을 금하고 있었으나, 이후에 개정되었다.]

이을호: 결론적으로 효가 유교의 것이라고 성균관이나 향교에서 주장하고 있는데, 만일 이 개념을 가지고 유교를 앞으로 끌고 간다면 벽에 부딪힐 것으로 보고 다른 방향에서 유교의 돌파구를 찾아야 될 것 같아요. 그것은 인륜 문제를 근본적인 각도에서 재검토해야 한다고 봅니다.

윤성범: 한국에 있어서 가족 관념은 효를 중심해서 모든 것을 보려는 점에서는 중국이나 일본과도 다른 특징을 찾아볼 수 있습니다. 효 중심의 가정, 효 중심이 국가로 발전시켜 왔다고 볼 수 있습니다.

그러나 우리가 잊어서 안 될 것은 가정은 효의 훈련 도장인 것뿐이지, 그렇다고 가정을 국가만큼 확대를 해서는 안 되겠지요. 즉 가족주의가 파벌정치로 화해버린 것이 이조의 사색당쟁이 아닌가 생각합니다. 그리고 이러한 것을 좀 더 이론적으로 표현하자면, 효를 예로 너무 지나치게 해석한 탓이라고 말해도 좋겠습니다. 예가 지나치면 그것은 법적 횡포로 등장할 수 있기 때문입니다.

또 다른 방면에서 본다면, 효는 두 가지 중심을 가지고 있다고 봅니다. 그것이 바로 효제(孝悌)가 아니겠습니까? 한국의 가족주의나 족벌주의는 바로 효를 예로 지나치게 흐르게 함으로써 제(悌)를 잊어버린 상태라고 보아도 좋을 성싶습니다. 효경에는 "입신행도양명어후세(立身行道揚名於後世)" 라는 말이 있는데, 흔히 입신양명이라고 말하고

행도(行道; 道를 行함)을 잊어버리기가 일쑤입니다. 그래서 부모에게 효도하는 것을 입신양명으로 직통케 해버리고 있습니다. 진정한 제는 행도에서 이루어진다고 하겠습니다. 행도를 뺀 입신양명은 족벌사상으로 기울어지는 계기가 된다고 보아집니다.

흔히 한국 사람이 기독교에 매력을 느끼는 것은 그것이 서양종교라는 호기심과 아울러 서양의 물질문명이 기독교의 산물인양 착각을 하는 데서 오는 숭배감이 아닐까 생각합니다. 만일 이러한 것이 기독교의 특징이라면 큰 오해에 기인된 것이라 하겠습니다. 서구문명은 그 발상부터 기독교적이 아닌 데서부터 시작이 된 것입니다. 막스 베버 같은 사람은 서구 자본주의가 프로테스탄트의 정신에서 이루어진 것이라고 보는 사람입니다. 만일 막스 베버의 망령이라도 살아서 한국이 근대화의 개발국이 된 것을 단순히 프로테스탄트 정신의 뒷받침으로 됐다고 자기의 이론을 뒷받침할 수가 있겠습니까? 도리어 어떤 서구학자들 가운데는 이러한 정신을 바로 유교정신으로 보려는 사람도 있으니까요. 따라서 기독교의 본질은 다른 곳에 있다고 볼 수 있습니다.

허망심(虛妄心) 내지 않으면 곧 보살

선사: 불교에서 현대 상황을 말씀드린다면 말이 막힙니다. 굳이 얘기하자면 부처님께서 일찍이 오오백세(五五百世)를 가지고 예언한 것이 있습니다.

"**제일오백세**(第一五百世)**는 해탈**(解脫)이 **뇌고**(牢固)요,
제이오백세(第二五百世)는 **선정**(禪定)이 **뇌고**(牢固)요,
제삼오백세(第三五百世)는 **다문**(多聞)이 **뇌고**(牢固)요,
제사오백세(第四五百世)는 **탑사**(塔寺)가 **뇌고**(牢固)요,
제오오백세(第五五百世)는 **투쟁**(鬪爭)이 **뇌고**(牢固)라"

즉 2천 5백년이죠. 부처님께서 이 세상을 떠나신 후에 제일오백년 동안에는 입산수도하는 사람이든지 불교를 믿는 사람이면 대개 해탈경지에 이르게 되고, 제이오백년, 즉 천년 동안에는 낱낱이 해탈은 못하지만 선정(禪定), 즉 도를 닦을 줄 아는 사람이 많고, 제삼오백년 동안은 해탈도 선정도 없이 다만 많이 들어서 팔만장경의 교리를 통달하여 박문강기(博聞强記)하는 지식 면으로만 발달하고, 제사오백년 동안에는 해탈도 선정도 다문(多聞)도 없이 절이나 짓고 탑이나 쌓는 사업만을 숭상하고, 제오오백년 동안은, 즉 2천 5백년이 되죠. 이 때는 해탈도 선정도 다문도 탑사도 없이 다만 명예나 재리(財利)를 가지고 싸움만을 일삼는다고 하셨습니다.

부처님께서 이 2천 5백년을 가지고 예언하신 것은 세강속말(世降俗末)이 될수록 도 닦기가 어려워지는 것을 말씀하신 것입니다. 우리는 인지가 발달된다고 하지만, 성인이 볼 때에는 이 인지가 발달되는 것이 아닙니다. 물론 물질적으로는 발달되었지만 정신적으로는 희박해지는 것이 현대의 조류입

니다. 그렇기 때문에 시대가 내려갈수록 망상이 더 많고 도 닦기가 어려워지는 거죠. 이러한 세강속말의 조류인 세지변총(世智辨聰), 즉 세상지혜로 말 잘하고 총명 있는 것으로는 도에 들어가기가 어렵다는 것입니다. 이 세지변총이 문법팔난(聞法八難) 가운데 하나죠. 예컨대 장자(莊子)에 이런 얘기가 있어요. 예전에 황제(黃帝)라는 임금이 적수(赤水) 가에서 놀다가 홀연히 현주(玄珠)를 잃어버렸습니다. 황제는 마음에 비유하고 적수는 망상에 비유하고 현주는 마음의 본체, 즉 불교로는 법신 자리, 기독교로는 성부 자리에 비유한 것입니다. 그래서 지(知)라는 신하를 시켜서 찾게 했으나 못 찾았고 또 설후(說詬)를 시켜 찾게 했어도 결국 못 찾았답니다. 마침내 어쩔 수 없어서 지혜도 총명도 변재(辯才)도 없는 망상(罔象)을 시켜 찾게 하니 순식간에 찾았습니다. 지(知)는 지식에 비유하고 이루(离婁)는 십리 밖에 있는 가을 터럭 끝을 볼 수 있는 눈 밝은 사람으로 총명에 비유하고, 설후는 말 잘하는 것에 비유하고, 망상은 모양이 없는 것, 즉 시간 공간이 끊어진 것에 비유했습니다. 그래 황제가 감탄해서 말하기를 "이상하다, 망상이여, 네가 이에 현주를 얻었구나" 하였다는 얘기입니다. 이것은 세지총명(世智聰明)으로써는 도에 들어가기가 어렵다는 것을 풍자한 얘기입니다.

우리나라의 불교 현상을 볼 것 같으면 신라 천년의 불교가 평지에서 산꼭대기로 올라가는 불교라면, 고려 오백년의 불교는 평지에서 평지로 걸어가는 불교요, 조선 오백년의 불교는 산꼭대기에서 평지로 내려오는 불교입니다. 현대의 불교 상황은 올라가는 것도 아니고 평지에 있는 것도 아니고 내려가는 것도 아닙니다. 그렇다고 해서 불교의 명맥이 끊어지는 것은 아니에요.

부처님께서 능엄경(楞嚴經)에 말씀하시기를,

"**일인**(一人)이 **발명귀원**(發明歸源)하면
시방허공(十方虛空)이 **실개쇄운**(悉皆鎖殞)이라"

한사람이라도 진리를 발명(發明)해서 근원으로 돌아가면 시방허공이 모두 녹아 떨어진다.

고 했습니다. 우리가 육안으로 보니까 허공이 보이는 것이지, 도통한 성인들은 허공이 안 보이고 대신 마음광명이 나타납니다. 이러한 마음의 광명 속에서 우주는 다 녹아 없어져 버리고 말지요. 또 원각경(圓覺經)에는,

"**말세제중생**(末世諸衆生)이 **심불생허망**(心不生虛妄)하면
불설여시인(佛說如是人)은 **현세즉보살**(現世卽菩薩)이라"

말세의 모든 중생이 허망심을 내지 않으면 부처님이 말씀하시기를 이와 같은 사람은 현세에 곧 보살이라 한다.

하였습니다. 이 말씀은 부처님께서 나신 후 2천 5백년이 지

난 지금 같은 말세에도 부처마음이요, 부처마음이 내 마음이라고 꼭 믿고 마음에 허망하다는 생각을 지니지 않으면 이런 이가 바로 보살도(菩薩道)를 행하는 이라고 한 것입니다.

변하지 않는 마음광명

윤태림: 그러면 스님께 좀 항의해 여쭈어 볼까 하는데, 우선 비구-대처 싸움이 있지 않습니까? 제가 우연히 1962년에 비구-대처 분쟁을 조정하는 회의에 참석한 일이 있어요. 화동측의 인사들과 몇 번 만나 보았는데, 저는 불교 스님들이 그렇게 완고하게 자기네 고집만 내세우고 자기네만 옳고 다른 사람은 다 틀리다고 하는 일변도로 나가고 있는 것은 처음 보았어요. 부처님의 정신이 이렇지는 않을 텐데 말입니다.

또 근자에 와서 신문에 보니까 화동단결 한다고 회의했다고 하는데, 저는 어느 쪽에 편든 것도 아닙니다만 속인도 아닌 종교인들이 완고불변한 데 대해 실망했어요. 그렇기 때문에 하여간 불교에 들어가고 싶어도 안 들어갔다고 하는 사람들이 상당히 있습니다.

이을호: 그런 의미로 보아서는 유교도 조선 5백년 동안에 당쟁을 일삼은 일면이 있기 때문에 불교만이 그렇게 완고하다고 볼 수는 없는데, 완고라는 속성이 종교와 무슨 관계가 있는 것이 아닌가 해요. 가령 기독교에도 30년 전쟁 같은 것이 있지만, 모두가 종교 때문에 충돌한 것 아닙니까? 이

런 것을 보면 종교에는 그런 완고성이 있는 것이 아닙니까?

선사: 그럴 수밖에 없어요. 부처님께서도 오오백세를 가지고 예언한 일이 있지 않습니까. 또 기독교 성경의 말씀으로 보아도 말세라고 한 말씀이 역시 그런 의미거든요. 그리고 유교학으로 보아도 소강절(邵康節)이 황극경세서(皇極經世書) 가운데에 시대의 조류를 평해 놓았는데, 삼황(三皇)·오제(五帝)·삼왕(三王)·오패(五霸)·이적(夷狄)·금수(禽獸)라고 했습니다. 삼황은 천황씨(天皇氏)·지황씨(地皇氏)·인황씨(人皇氏)이며, 오제는 복희(伏羲)·신농(神農)·황제(黃帝)·요(堯)·순(舜)이며, 삼왕은 우(禹)·탕(湯)·문무(文武)이며, 오패는 진목공(秦穆公)·진문공(晉文公)·제환공(齊桓公)·초장왕(楚莊王)·송양왕(宋襄王)이죠. 그러면 오패 때까지는 소강절이 보았다고 하지만, 오패 이후는 예언입니다. 그러니까 이적운(夷狄運)이 청조(淸朝)가 되죠. 청태조(淸太祖)가 등극한 후에 명나라 선비들이 푯말을 붙이기를 "오랑캐는 백년운(百年運)이 없다.
"(胡無百年之運)" 고 했습니다. 이 말은 역사에 있는 말이거든요. 그러니까 신하들이 푯말 붙인 선비들을 잡아죽이려고 하니, 청태조가 그렇게 하지말고 그 푯말 위에 "적덕누인(積德累仁)" 이라고 4자씩 더 써넣으라고 했습니다. 그러면 이 글의 뜻은 "덕을 쌓고 인을 쌓으면 어찌 일백년의 운이 없으랴 "적덕누인이면 호무백년지운(積德累仁 胡無百年之運)" 로 되거든요. 그래 그 푯말을 붙인 사람들이 스스로 떼

어 버렸답니다. 청태조 후에 성군이 그렇게 대대로 나니까 청조가 3백년이나 갔지요. 청조의 이적운이 지나고 지금은 금수운(禽獸運)입니다. 그러니까 유학으로 봐도 금수운, 불교로서도 투쟁뇌고시대(鬪爭牢固時代)가 지났고, 예수님 말씀도 말세라고 하셨으니, 어찌 안 그렇겠습니까. 그 중에서 누구든지 몇 사람이라도 정신을 차리면 그 종교의 운명이 살아있는 것이고, 그런 사람이 없으면 그 종교의 운명이 떨어진 것이 되겠지요.

윤태림: 아니, 그러면 속수무책으로 시간만 기다리고 있습니까?

선사: 왜 기다립니까? 우리가 도(道)를 닦자는 것이지요.

윤태림: 기독교에서는 어떻습니까? 윤 선생님 장로교이십니까?

윤성범: 감리교입니다.

윤태림: 기독교에는 무슨 파, 무슨 파 파벌이 그렇게 심한 것은 안타까운 일이에요. 종교를 믿는 분들이 내가 옳으니, 네가 옳으니 해서 싸움들을 하니 말이에요. 유교에는 그렇게 머리 싸매고 덤비는 싸움들은 없지 않아요.

이을호: 없죠.

윤태림: 파벌을 만드는 것은 정말 한국적인 타성입니까? 안타깝게 생각될 때가 있습니다. 거기에 덧붙여서 하나 말할 것이 있습니다. 불교가 원래 모습보다도 우리나라에 들어와서는 불교의 참모습을 떠나서 어떤 샤머니즘 색채가 가미됐지요. 옛날에는 그런 것이 없었지만 일제 때에 보면 불교계에서 "천황폐하천만세" 하고 부르짖기도 했는데, 불교 믿는 것이 하나의 종교로서보다는 이런 현세적인 것을 기

원하는 하나의 수단이었고, 생명의 진정한 진리에 도달한다고 하는 내세를 희구하는 모습은 아니었죠. 우리나라에서는 어떤 면으로 보면 샤머니즘화했다고 보는데, 그런 것이 중국이나 인도에는 없는 우리나라만의 특정한 하나의 현상 아닙니까?

선사: 그것의 원인은 종단이 약한 데 있습니다. 종단 자체가 약하기 때문에 정교분립(政教分立)이라고는 하지만 실제적으로 그렇지 못한 셈이죠. 대개 어느 시대든지 정치가가 잘 밀어주면 종교가 발전하고 그렇지 못하면 침체되는 것 아니겠습니까.

종교를 부정하는 사상들

물질만능주의로 치닫는 무신론

윤태림: 아까 말씀한 "천황폐하천만세" 같은 것을 절간마다 써 놓았던 것을 보면 정교분립이 안됐다기보다도 종교가 오히려 정치 밑에 있는 것 같은 인상이 될 수밖에 없습니다. 사실은 종교가 정치를 지배하는 상태에 있지 않고 그냥 밑에서 압력에 눌려 있는 하나의 현세적인 현상이 아닌가 생각합니다.

이제 다음 문제로 넘어가도록 하지요. 종교를 부정하는 사상들, 예컨대 공산주의와 파시즘 등 반종교적인 경향이 있는 것은 엄연한 사실이지요. 이 문제에 대해서 말씀해 주시기 바랍니다.

윤성범: 과연 기독교가 오늘과 같은 사회 속에서 존재의의를 가질 수 있느냐가 무엇보다도 문제가 된다고 봅니다. 무신론적인 사상이 풍미한 이 세계 속에서 어떻게 기독교 진리가 진리로 받아들여질 수가 있겠는가 말입니다. 그러나 그것은 그리 두려워할 바는 아닙니다. 왜냐하면 무신론적인 사회가 바로 기독교가 전도할 수 있는 바탕이 되기 때문입니다.

문제는 무엇보다도 기독교 자체 안에 있다고 봅니다. 즉 기독교를 개인주의적으로 해석하지 않아야 되겠다는 말입니다. 기독교는 공동체적인 것을 지향하는 종교라는 사실을 다시금 상기시켜야만 되겠습니다. 그렇지 않고는 기독교 본연의 진리를 망각해 버리고 마는 것이 되기 때문입니다. 사실 기독교가 진정한 의미에서 휴머니티[인간미]를 가지고 있느냐를 반성해 볼 필요가 있습니다. 기독교가 우선 인권차별 문제 같은 것을 정말로 원만히 해결할 수 있었는지 물어보고 싶습니다. 이러한 문제는 아직도 해결을 보지 못하고 있는 가장 큰 과제 가운데 하나라고 보고 싶습니다. 이러한 문제를 잘 해결하여야만 기독교는 복음을 다시금 선포할 수 있는 힘을 얻게 될 것이라고 봅니다. 즉 기독교는 기독교대로, 불교나 유교는 제각기 현대적인 과제를 해결할 수 있는 자체 정비와 반성과 각성을 할 때가 된 것이라고 생각합니다. 종교계가 이러한 모든 반성을 거쳐서 종교 본연의 진리로 돌아왔을 때에야만 비로소 진리의 선구자로서의 자격을 갖추게 될 것이라고 생각합니다. 종교의 핵심은 역시 인간 구원의 문제가 중심적인 문제라고 생각합니다. 그러나 현대에 있어서의 인간 구원은 과거와 같이 개인 구원만이어서는 안 되고 공동체로서의 구원을 말하지 않을 수 없지요. 그렇기 위해서는 종교가 보는 눈이 달라져야 되겠다는 말입니다. 그러기 위해서는 기독교만 보더라도, 과거에 있어서는 백인 위주의 종교와 같이 생각하기 쉬웠지만, 오늘에 있어서는 모든 인류의 종교가 되지 않을 수 없다는 말입니다.

오늘의 바람직한 종교의 성격이란 무엇이겠습니까? 그것은 유교나 불교나 기독교를 막론하고 인간성에 대한 관심에는 일치한다고 볼 수 있습니다. 여러 가지 교리와 제도는 다르다 하더라도 인간을 인간으로 존중해야 된다는 점에서는 일치되지 않겠습니까? 오늘과 같은 세계 정황 속에서는 모든 종교가 인간의 문제를 중심에 놓고 이 문제의 새로운 해결을 위하여 노력할 때라고 봅니다. 인간의 생명을 존중할 수 있는 마음을 가지도록 하는 것이 종교의 공통된 과업이 아닌가 생각합니다. 모든 종교는 이 하나의 사실을 중심에 놓고서만 합치될 수 있으리라고 봅니다. 이것은 종교인들이 합심하면 큰 영향을 끼칠 수 있으리라고 생각합니다. 그러기 위해서는 종교 자체가 자기 본연의 진리로 돌아가야 되겠고, 그 밖의 모든 외적인 문제는 초탈하지 않으면 안 되겠습니다. 그러기 위해서 무엇보다도 중요한 것은 종교인은 누구보다도 마음에 뜨거운 인간미, 즉 사랑을 갖추어야만 되겠습니다. 나 자신이 그렇지 못하고서는 남을 선도하거나 지도할 수가 없을 것이기 때문입니다.

무신론적인 휴머니즘이라는 것이 있습니다. 그런데 무신론적 휴머니즘의 대표적인 것은 공산주의가 아니겠습니까? 기독교의 진리에서 하느님 없는 휴머니즘이란 있을 수 없다고 봅니다. 어떤 학자들은 유교를 무신론적 휴머니즘으로 보려는 견해도 있습니다만, 그것은 잘못된 생각이라고 봐요. 유교야말로 '天' [하느님]을 전제하지 않고 휴머니즘을 말할 수 없는 것이라고 생각해요. 무신론적 휴머니즘은 유물주의적인 산물이 아닐 수 없습니다. 참다운 인간성은 바로 유교의 천명사상 같은 데에 근거되고 있다고 생각합니다. 무신론적인 휴머니즘은 인간의 존엄성을 제한해 버리는 위험성을 간직하고 있습니다. 마치 죽순을 무슨 그릇으로 덮어서 자라지 못하게 하는 것과 같다고 하겠습니다.

무신론적 휴머니즘은 물질만능주의로 떨어지고 말게 될 것입니다. 그것은 결국 이 세상을 주고도 바꿀 수 없는 인간의 생명의 존귀성을 물질과 바꾸려 하기 때문입니다. 물질이면 모든 인간의 문제는 해결되고, 인간미 넘치는 세상이 되리라고 생각하는 것은 망상이 아닐 수 없습니다. 물질은 결국 인간의 손에 의해서 처리되지 않아서는 그 자체로서는 그러한 약속을 성취할 수가 없을 것입니다. 유신론적 휴머니즘을 전제하지 않고는 인간의 참다운 존엄성이 지탱되기가 어려울 것입니다. 물질만능주의는 세계를 파멸로 몰아넣고 말 것이 분명합니다. '나와 그것(Ich und Es)'의 문제가 무엇보다도 '나와 당신(Ich und Du)'의 관계, 즉 나와 하느님과의 관계에서 올바로 정립된 연후에야 '나와 너(Ich und Du)', 즉 인간 대 인간의 관계가 비로소 이루어지게 될 것이고, 그 다음에 가서야만 "나와 그것", 즉 나와 물질의 관계가 원만히 해결되리라고 생각합니다. 기독교는 그런 의미에서 단순한 금욕주의만은 아니라고 생각합니다. 돈과 물질은 못 쓸 것이라든지, 물질은 죄악이라고 생각하는 것은 잘못된 견해라고 생각합니다. 물질은 올바른 사람에게 와서는 잘 쓰일 수 있는 것이지만, 악인의 손에서 나쁘게 쓰일 것은 정한 이치인 것입니다. 그런 점에서 종교가 물질을 잘 다룰 줄 알아야만 될 줄 압니다.

개인주의 탈피해야 할 기독교회

다음으로 종교가 국가를 위하여 어떠한 공헌을 할 수 있느냐가 문제가 되겠습니다. 자기 민족을 위할 줄 모르는 종교란 무의미한 것으로 볼 수밖에 없습니다. 물론 종교는 세계적이고 또는 우주적 진리라고 말합니다. 그러나 그러한 우주적인 것이라 할지라도 구체적인 장소에 와서 적용이 되지 않는다면 무슨 소용이 있겠습니까? 종교는 무엇보다도 먼저 개인에게 들어오겠죠. 그러나 그 개인은 개인으로 만족할 수는 없는 것입니다. 이웃과 가족 그리고 마침내는 민족 전체를 위한 사랑으로 확대되지 않으면 안 되겠습니다. 그러한 구체적이고 공동체적인 것에 가서 닿지 않는다면 종교의 실효는 찾아볼 수 없는 것이라고 볼 수 있겠지요. 그래서 사도 바울은 그의 로마인의 편지 「로마서」에서 아래와 같이 이야기한 적이 있습니다. 즉 "내가 그리스도 안에 참말을 하고 거짓말을 아니 하노라. 내게 큰 근심이 있는 것과 마음에 그치지 않는 고통이 있는 것을 내 양심이 성령 안에서 나로 더불어 증거하노니, 나의 형제, 곧 골육의 친척을 위하여 내 자신이 저주를 받아 그리스도에게서 끊어질지라도 원하는 바로다(「로마서」 9장 1~3절)." 바울은 전도자이고 그리스도의 사랑에서 아무도 나를 끊을 수 없다고 장담한 사람이지만, 자기 민족을 위하는 것이라면 하느님께로부터 저주를 받고 끊어져도 달갑게 받겠다는 결의를 말하고 있는 것입니다. 이 얼마나 지독한 애국자인가 말입니다. 만약 종교가 이만큼 애국할 수 없다면 어떻게 그것을 올바른 종교라고 할 수 있겠습니까. 개인주의가 종교의 본질은 될 수가 없습니다. 종교는 언제나 공동체의 구원을 궁극목표로 삼아야 되겠습니다. 나라를 위하여 최후까지 지킬 수 있는 애국자가 된다는 것이 종교인으로서의 걸어갈 길이라고 생각합니다. 과연 그러한 결의가 종교인에게 있느냐가 문제입니다. 영리한 종교인, 말 잘하는 종교인, 남을 비평하는 데 재빠른 종교인은 많아도 묵묵히 나라와 민족을 사랑하는 사람이 몇 사람이 되겠는지가 문제입니다. 자기의 명성과 명예를 위하여 과감한 사람은 많을지 모르지만, 나라를 위하여 목숨을 바칠 수 있는 사람은 종교인이라 할지라도 많지는 않을 것입니다.

이상 말씀드린 것을 요약한다면 결국 진정한 종교는 휴머니티를 가지지 않아서는 안 되겠다는 것과, 이것을 가지기 위해서는 하느님과의 관계와 나와 너와의 인간관계를 통해서 나와 그것과의 관계까지 발전해 나가야 된다는 말씀입니다. 따라서 참 종교는 나 개인의 구원만을 일삼을 것이 아니고, 자기 민족을 사랑할 수 있는 데까지 나아가야 되겠다는 것입니다. 그래야만 세계 인류도 사랑할 수 있게 될 것입니다.

종교에 위협을 가져오는 많은 대상이 있을 것입니다만, 그것은 무신론적인 휴머니즘이라고 볼 수 있습니다. 그것은 전체주의적인 것이나 개인주의적인 것이나 다 참다운 종교의 길을 막는 요소라고 보아야 되겠습니다.

특히 개인주의에 근거한 기독교는 우리의 세계에서는 적용이 될 수 없는 것입니다. 그것은 서구사회에서는 적용이 되었는지 모르겠습니다만 동양사회에서는 불가능하고, 또 앞으로 서구의 기독교회도 개인주의를 탈피함으로써 올바른 기독교 종교를 신봉할 수 있으리라고 믿는 바입니다.

이을호: 지금까지 얘기해 온 가운데 유교가 종교냐 아니냐하는 말씀이 있었죠. 저도 서구적인 배경 밑에서 종교라는 개념이 나왔을 때 유교를 종교라고 해야 되느냐 안 되느냐 하는

질문을 하게 된 것입니다. 또 여기에 농담 비슷한 얘기도 나왔습니다만, 유교는 간단히 얘기하면 공자가 말한 효, 제라는 윤리성이라고 생각하고, 인간관계, 즉 나와 아버지와의 관계, 나와 친구와의 관계, 부부관계 등의 관계가 어떻게 되느냐가 문제입니다. 아까 말씀해 주신 인간성의 발견, 인간성의 확립이 문제가 되니까 어느 것이 먼저라는 것은 따지기가 힘들어요. 먼저 인간성이 제대로 회복되고 그 다음에 인간관계, 곧 부자관계나 부부관계 등이 사회의 질서를 유지하기 위하여 문제가 된다고 보여집니다. 그렇다면 인간성의 회복과 인간관계의 유지 중 그의 선후관계는 따지기 어려울 것이 아닌가 합니다. 이러한 윤리적 세계 안에서 유교는 맴돌고 있으면서 인간과 절대자의 관계도 자연히 문제가 되는 것이 아니겠는가 하는 것이 유교의 새로운 입장입니다. 그러나 유교에서는 절대자로부터 내려오는 인간이 문제가 되는 것이 아니고 인간의 입장에서 절대자를 바라보는 것이 유교가 가지는 하나의 특성이라고 봅니다.

종교 내부의 반종교적 요소

유·불·선(儒佛仙) 삼교를 하나로 묶는 종교가 하나의 한국적 사고 형태로 보입니다만, 엄격하게 얘기하면 선이라는 것보다도 기독교 사상이 있기 때문에 이렇게 보는 것 같습니다. 어떻든 간에 우리나라에 와서는 여러 가지

종교가 하나로 뭉쳐지고, 외래종교가 들어와서는 그것이 한국적인 종교로 독자적으로 발전을 합니다. 다시 말해서 불교에서 원불교라든지, 기독교를 표방하는 통일교가 한국적인 것이라고 할 수 있겠는데, 어쨌든 간에 우리 한국 사람은 종교 없이 못사는 민족이 아닌가, 그런 생각이 들어요.

그래서 지금 종교에 대해서 반종교적인 경향이라고 하지만, 그것이 우리나라에서는 그렇게 문제가 되지 않는 것 같은 생각이 듭니다. 즉 공산주의를 한다든지, 파시즘을 한다든지, 이런 것이 결국은 여기에서 반종교적인 요소로 묶고 있지만 아마 이러한 것이 한민족의 종교심이랄까, 지금까지 내려오고 있는 유교적 전통이라고 할 수 있는 어떤 힘을 가지고 있기 때문에, 과학적인 근거는 아닙니다만 그렇게 느껴지고 있기 때문에, 문제되지 않을 것이라는 것입니다. 오히려 저는 지금 두렵다는 것은 내부적으로 어떠한 불안 같은 것이 무섭지 않느냐 하는 생각이 들어요. 외국적인 공산주의, 파쇼주의의 문제보다도 그 어떠한 기독교면 기독교, 불교면 불교, 유교면 유교 내부에 침투되어 들어가는 반종교적인 요소라고 할까. 또한 종교가 순수성을 유지해 나가려고 하는데 브레이크 역할을 하는 요소들이 우리가 주목해야 할 것이 아니냐 하는 생각이 듭니다.

그래서 흔히 지금 물질주의, 배금사상이니 이런 얘기를 하는데, 최근의 유교는 이를 전체적으로 이끌어 나갈 수 있는 역량을 갖춘 단체가 없습니다. 어떤 범사회적인 조직적인 것이 없기 때문에 그런 현상이 아직까지 바깥으로 나와 있지는 않지만, 단정적으로 외국의 측에서 본다면 실상은 내부에 들어 있는 어떠한 물질주의 혹은 금전으로 종교를 사는 것과 같은 이러한 변질적인 요소가 오히려 반종교적인 문제점을 안고 있지 않느냐, 저는 이렇게 느껴집니다.

이 점에서 한 예를 들어서 좋을는지 모르겠습니다. 서울 시내에서 지난 일요일 우리 친척이 자기 부모를 위해서 공(供)을 들이는데, 제가 생각해도 어마어마한 시설이 이루어지고 있었습니다. 석굴암 못지 않게 시설해 놓고 10층인가 몇층 탑을 짓는데, 그 절의 규모에 놀랄 정도입니다. 거기에는 서울 장안에 있는 돈 있는 사람이 공을 쏟고 있기 때문에 저러한 것이 이루어지지 그렇지 않으면 어떻게 이루어질 수 있겠느냐 싶습니다. 또 기독교도 어마어마한 교회가 일어설 때는 어떠한 힘으로 저러한 것이 이루어질 수 있겠느냐 하는 것을 느꼈습니다. 그러니까 저런 외적인 시설이 곧 우리나라 불교나 기독교가 부여하는 하나의 상징일 수가 있겠느냐 말입니다. 저는 물질적인 것을 중심으로 팽창해 나가는 현상을 볼 적에 저런 현상에 뒤따르는 우리의 정신, 종교 차원에서 인간 문제, 인간과 인간관의 문제 등 종교적 기본이 되는 본질적인 문제가 저러한 발전에 정비례해가면서 이루어지고 있는가를 종교적인 입장에서 생각해 보았습니다. 그렇기 때문에 저는 현실적인 문제로서 내부적으로 종교가 가지고 있는 자체 문제에서 반종교적인 요소가 무엇이냐 하는 것을 스스로 생각해 볼 단계가 아니겠는가 생각합니다.

이런 입장에서 볼 때 성균관의 예산이 1년에 1백만원인가, 2백만원이 되는데, 저는 이것은 안빈낙도도 이만저만이 아니라고 생각해요. 여기에 정말 유교의 입장에서 보아서는 돈과는 관계가 없습니다만, 그렇다는 것을 제가 솔직히 생각합니다. 유교는 집단적인 형태로서 현실종교가 아니기 때문에 그런 것이 아니냐 생각합니다. 그래서 결론적으로 말씀드리면 외적인 문제가 아니고 내적으로 반종교적인 하나의 문제라고 생각합니다.

만유(萬有)의 있는 그대로가 곧 평등

선사: 두 분 다 좋은 말씀하셨습니다. 그런데 종교사상과 소위 배치되는 사상이라고 하면 대개 물질(物質)을 제일의(第一義)로 보고 정신(精神)을 제이의(第二義)로 보는 사상인 것 같습니다. 물질을 제일의로 보는 사상은 끝까지 물질 위에서 평등을 찾으려 하는 것입니다. 맹자에,

"물지부제(物之不齊)는 **물지정야**(物之情也)"

라는 말이 있는데, 물건이 가지런하지 않은 것은 물건의 실정(實情; 진리의 대명사)인 것입니다.

다시 말해서 산은 높고, 물은 깊고, 따오기는 희고, 까마귀

는 검고, 조리는 새고, 바가지는 새지 않는 그대로 각각 평등하다는 것입니다. 그런데 물질 위에서 평등을 찾으려고 하니까, 이것은 억지소리 같습니다만, 마치 산을 깎아내려 바다를 메워야 되며, 따오기는 검은 물을 들여서 검게 만들어야 하며, 까마귀는 하얗게 만들어야 하며, 조리는 새니까 꿰매서 새지 않게 해야 하며, 바가지는 새지 않으니까 새도록 해야 한다는 식 아니겠습니까. 그렇게는 아무리 평등을 찾으려고 해도 가능하지 않은 것이라고 봅니다.

종교적인 견지에서 평등을 찾는다면 정신을 제일의로 보고 물질을 제이의로 보기 때문에, 예컨대 정신은 허공이라면 물질은 삼라만상입니다. 허공은 진리를 비유한 것인데, 이렇게 모양이 끊어진 허공 속에서 평등을 찾기 때문에 산은 높은 대로 평등, 바다는 깊은 대로 평등, 따오기는 흰 대로 평등, 까마귀는 검은 대로 평등, 바가지는 새지 않는 대로 평등, 조리는 새는 대로 평등, 즉 우주만유 전체가 있는 그대로 평등한 것이 불교에서 말하는 평등입니다.

그러면 이 문제는 불교에서만 이렇게 다루는 것이 아니라 기독교의 예수님이나 유교의 공자님이나 어떤 성인이든지 이 평등을 찾는 도리는 정신을 제일의로 보고 물질을 제이의로 보았다고 생각합니다. 다시 말하면 모양이 끊어진 허공면에서 삼라만상의 있는 그대로, 길면 긴 대로, 짧으면 짧은 대로, 고우면 고운대로, 추한 것은 추한대로 평등하게 볼 것이라고 생각합니다.

그런데 반종교적인 사상에서는 물질만 풍요하면 됐지 종교가 무슨 필요가 있느냐고 종교를 부정합니다. 물론 그것도 현실 면에서는 있을 수 있는 일이라고 볼 수 있겠지만. 그러나 종교라는 종(宗)을 풀이하면 '갓 관[冠]' 밑에 '보일 시[示]' 한 '관시(冠示)' 입니다. 갓이라는 것은 제일 꼭대기에 쓰는 것입니다. 그러므로 공자는 예기(禮記)에,

"**관수폐**(冠雖弊)나 **불가어족**(不可於足)이라"

갓이 아무리 헌것이라 하더라도 발에다 쓰는 것이 아니라.

고 하였지요. 그러니까 '종', 즉 '관시'의 뜻은 제일 꼭대기 도리로써 보이는 것입니다. 꼭대기 도리는 예수님께서 보이신 성부 자리와 유교에서 보는 '천명지위성(天命之謂性)'이라는 그 '성(性)' 자리라고 하겠습니다. 성이나 도나 교(敎)나 세 글자가 같은 것이죠. 그러니까 '성도교(性道敎)'라고 해야 할 텐데 천도교에서는 '천(天)' 자를 따서 '천도교(天道敎)'라고 한 것이죠. 그런데 주자는 하늘이 명령한 것을 성(性)이라고 했으나, 주자 이전에 맹자의 학설에,

"**막지위이위위자**(莫之爲而爲者)는 **천야**(天也)요
막지치이치자(莫之致而致者)는 **명야**(命也)라"

하는 것 없이 하는 것이 천이고, 이루는 것 없이 이루는 것

을 명(命)이라.

한 것을 보더라도 천명 그대로가 성 자리, 즉 우주의 핵심체라고 할 수 있지요. 그 성을 좇는 것, 즉 우주의 핵심체[根源]를 찾는 것을 도라고 합니다. 그러므로 유교에서는 이 '성도교(性道敎)' 세 자가 제일 꼭대기 진리를 보인 것입니다.

불교로 말하면 법신(法身) 자리가 바로 '관시' 입니다. 선문(禪門)에서는 향상일로(向上一路)라 해서 법신도 향하(向下)로 보죠. 이렇게 가장 높은 진리, 즉 우주의 핵심체, 인생의 핵심체가 아니면 정치도 부패, 사회도 부패, 문화도 부패, 그 전부가 다 부패할 것이기 때문입니다. 그것이 있음으로써 정치, 문화, 사회 등의 질서가 그대로 유지되는 것입니다.

그 다음 교(敎)는 무엇이냐 하면, 글자 그대로 선효(先孝) 후문(後文)입니다. '효도 효[孝]' 변에 '글월 문[文]', 아까도 선생님께서 말씀하셨는데, 행동 중에는 효가 제일 으뜸입니다. 왜냐하면 효는 백행(百行)의 근본이기 때문입니다. 효도하지 못하는 사람이 어떻게 형제간에 우애가 있으며, 어른을 공경하며, 모든 사람을 사랑하겠습니까? 있을 수 없는 일이거든요. 그 근본이 어지러워 가지고 지말(枝末)이 다스려질 수가 없는 것입니다. 대학(大學)에 "기본이 난이미치자부의라(基本 難而미(末)治者 否矣) 효를 잘한다고 하면 만가지 이상의 행동이 다 옳습니다. 그러니까 선효 후문이죠. 모든 성인이 가르친 것이 효를 먼저하고 문학을 뒤에 하는 것, 다시 말하면 행동을 먼저하고 학문을 뒤에 한다는 것입니다. 그러므로 종교란 우주와 인생의 핵심체인 최고의 진리를 보여서 행동을 먼저하고 문학은 뒤에 한다는 것입니다.

그렇기 때문에 반종교적인 사상을 가진 사람들이 아무리 반(反) 종교(宗敎)한다고 해도 반 종교할 수는 없는 것입니다. 만일 반 종교를 한다고 할 것 같으면 자기가 자기를 부정하는 결과가 되는데 어떻게 자기가 자기를 부정하겠습니까? 또 적극적으로 종교를 부정하던 사람이 종교인이 되면 그만큼 적극적인 신앙을 갖게 됩니다.

성인이 가장 높은 진리를 보여서 행동을 먼저하고 문학은 뒤에 하라고 가르치는 것이 종교라면, 그것을 내놓고 무엇이 있겠습니까?

미래의 종교

상당한 영역의 샤머니즘적 요소

윤태림: 이제 미래의 종교에 대해서 말씀해 보도록 합시다. 새 종교의 현실가능성을 포함해서 일반적이고 추상적인 미래 종교보다도, 우리나라에는 독특하게 유사종교의 현상도 있고 해서, 이 문제를 지금까지 말씀하신 중에 포함시켜서 얘기하면 자연히 어떠한 결말이 나오지 않겠느냐 생각됩니다만 …….

이을호: 유교의 입장에서 보면 조선 5백년의 역사라는 것은 유교

입국이라고 생각 안할 수 없습니다. 그러니까 조선의 역사가 유교건국이라고 통칭되어 있는 것도 아마 부인할 수 없는 사실일 것 같아요. 그러니까 조선 5백년의 통치도 유생들에 의해서 했기 때문에 조선을 공격하는 책임도 결국은 유생들이 져야 하는 것입니다. 저는 이것을 상당히 중요하게 보는데, 세종 때 나온 「삼강행실도(三綱行實圖)」가 후대 정조 때 「오륜행실도(五倫行實圖)」로 되어 가지고 거기에 국론이 집약되지 않았습니까? 그 책에서 충효열(忠孝烈)이라는 것이 일반 대중의 머릿속에 못이 박히도록 5백년 동안 내려왔습니다.

또 하나 중요하게 보는 것은, 최근에도 그런 가능성이 있는 것 같습니다만, 당쟁이나 하고 나라꼴을 그렇게 만든 책임은 이 사람들에게 있다고 보는 점입니다. 그렇지만 그와 반대로 정말 선비의 풍조라고 할까, 이것이 완고한 고집처럼 되어 이조 말엽에 상투를 자르는 데 반대해서 차라리 목을 잘라라 하는 유생의 고집 속에 무엇인가 전통이 내려왔죠. 물질에도 꺾이지 아니하고 권력에도 꺾이지 아니하고 모든 것에 꺾이지 아니하는 의를 위해서 나는 죽을 수도 있다는 정신적인 흐름이 5백년 동안 이어져 내려 왔다고 하면, 그것은 유교가 지닌 정신적인 유산이 이어져 내려온 것이라고 보고 싶고, 윤리적인 인간관 속에서 참된 인간의 모습을 찾는 것이 유교라고, 유교의 정신을 일단 그렇게 긍정적으로 분석하기 때문에 그것을 빼놓고 나면 유교는 껍데기지 아무 것도 아니다, 이렇게 생각하고 싶어요.

그런데 미래 종교라는 입장에서 볼 때 우리나라의 종교를 넓게 몇 가지로 나눌 수 있습니다. 소위 샤머니즘적인 요소가 우리나라 종교 인구의 상당한 영역을 차지하고 있는데, 불교 속에도 기독교에도 샤머니즘적인 것이 있기 때문에 그것이 과연 우리의 민족종교에 긍정적으로 받아들여야 할 것이냐, 부정적인 요소로 보아야 할 것이냐의 문제가 앞으로 한국 종교의 문제점으로 남지 않겠느냐 생각됩니다. 천도교에 있어서도 나중에 인내천으로 성립됐기 때문에 당시의 유교적인 요소가 한국 종교의 현실적인 면에서 상당히 중요한 것으로 되었던 것입니다.

또 하나는 외래종교로 해서, 물론 불교와 유교도 외래종교로 보아야겠습니다만, 우리나라에 기독교가 들어옴으로써 인간종교에서 신의 종교로, 새로운 요소가 들어왔다고 보고 있습니다. 그래서 유신론적인 종교로 되지 않았겠습니까? 그리고 불교는 유신론적인 종교라기보다는 무신론적인 유심유식(唯心唯識)의 종교라고 할 수 있습니다. 현실적인 얘기입니다만, 그런 입장에서 유교는 윤리적인 종교라는 입장인데, 유신론적인 입장은 기독교가 우리나라에 들어왔을 적에 이루어졌습니다. 그러므로 윤리적 종교로서의 유교와 유심론적 종교로서의 불교와 유신론적 종교로서의 기독교라는 이 세 가지로 분석해 볼 수 있는데, 흔히 우리가 종교를 잘못 생각하면 신의 입장에서 보는 기독교가 차원 높은 종교가 아니냐, 이렇게 기독교적인 입장에서는 볼 수 있겠지만, 저는 유교적인 입장에서 볼 때 유신론적 기독교와 무신론적 불교와는 양극으로 보아야 되지 않겠느냐 생각합니다. 반면에 윤리적 유교는 중간적인 것이 아닌가 하고 분석하고 싶습니다. 그런데 기독교적인 입장에서 인간성과 윤리성을 자꾸 강조하실 적에 저것이 기독교적인 입장인가, 그렇게 의심을 했습니다. 이것이 유교적인 입장이 아니냐, 그렇게 받아들이고 싶었습니다.

그래서 미래 종교라는 입장에서 볼 때, 아전인수라고 비난받을 것을 각오하고 얘기합니다만, 역시 유교적인 인간 종교, 윤리적인 종교, 이것이 앞으로 우리가 지향해야 할 방향으로서 새로운 어떤 종교 체계, 한국에 있어서의 종교적인 방향으로 채택되어야 하지 않나, 이렇게 크게 분류해 보고 싶은 것입니다. 그 문제가 유교적인 문제라고 고집하고 싶지는 않습니다. 유교가 보다 더 그 문제에 강하게, 또 그런 요소를 농후하게 짙게 가지고 있다, 이것만은 저의 입장에서 강조하고 싶고, 이것이 반드시 유교만이 가진 요소다, 이렇게는 말하고 싶지 않습니다.

인격적이고 생동화된 한국 종교

윤태림: 최근에 일본에서 샤머니즘을 굉장히 연구하지 않습니까? 그런데 샤머니즘이라는 것은 무슨 특별한 종지도 없고 교리 같은 것도 없으면서, 모든 것을 다 포괄해 가지고 있는 것이 또한 샤머니즘입니다. 그런 점에서는 굉장히 인간적

인 면을 지니고 있다 하겠습니다. 우리 한국에 있어서 샤머니즘은 저희들도 잘 이해가 안 되는데, 시베리아에서 온 샤머니즘을 가만히 보면 거기에는 도덕적인 요소가 샤머니즘과 결탁이 되어 있는가 하면, 단군종교 같은 것으로 나타나기도 하는가 하면, 샤머니즘과 단군종교를 엄밀히 구분할 수가 없을 정도로 가까운 관계에 있습니다. 이상하게 한국 종교의 특성은 인간 대 인간의 결함을 위주로 한 인격적인 종교, 특별한 종교 교리의 특성이 없으면서도 모든 종교와 다 관계를 가질 수 있고, 모든 종교에 다 들어가 가지고 생기를 부여할 수 있는 그러한 특성을 가지고 있습니다. 예컨대 합리적인 주자학 같은 그런 유교마저도 역시 한국에 와서는 합리주의적이 아닌, 인격적인 종교로서 변질되다시피 되어서 중국의 주자학과 다른 점이 있지 않나 싶어요. 불교 역시 중국에서는 여러 가지 종파로 갈라져서 하나의 장관을 이루고 있었지만, 한국에 와서는 이상하게 인격적인 불교의 형태로 나타난 것은 도대체 어디에 근원이 되어서 이렇게 됐는지 알 길이 없습니다.

유교도 중국 유교와 한국 유교가 다르지 않은가 해요. 이렇게 보는 중요한 의미는, 우리가 효 하나만 가지고도, 중국에서는 충을 중심으로 생각하고, 일본에서는 사회적인 각도에서 효를 보고, 한국의 효 사상은 가정을 중심으로 해서 효를 봅니다.

거기에는 일리가 있는데, 어쨌든 한국에 들어와서 종교가 이상하게 인격화되고 생동화된다고 하는 것은 이상한 현상이라고 봅니다. 우리가 상당히 관심을 가지고 있으면서도 아직까지 여기에 대한 엄격한 정의를 내리지 못하고 있습니다만, 제 생각으로는 역시 통틀어서 얘기해 볼 때, 한국의 유교적인 특색을 이조 5백년 동안에 사색당쟁만 가지고 유교를 평가하는데, 사실에 있어서 이조 5백년을 어떻게 끌고 왔느냐, 독재 같은 것은 불과 50년 못가서 다 패망해 버리고 마는데 어떻게 5백년을 끌고 왔겠느냐 말입니다. 옛날처럼 태평성대면 천년이고 만년이고 내려올 수 있지만, 그 조선 5백년의 국제관계라고 하는 것은 복잡하기가 이루 말할 수 없이 다사다난했습니다. 그때에 유교의 어떠한 진리요소가 한국적인 모티브 속에서 이렇게 생동감을 가지게 했는지 모르겠습니다. 한국민족의 5천년 역사 가운데 위대한 업적은 전부 이조부터 이루어진 것이라고 해도 과언이 아닐 정도입니다. 조선의 찬란한 문화는 도저히 우리가 우리의 입으로 평가할 수 없는 일인데, 사색당쟁 하나 가지고 모두 일괄해서 유교를 처리해 버리는 것은 시정해야 되지 않나, 제 생각은 그렇습니다.

기독교마저도 유교 쪽에서 배울 점이 굉장히 많이 있는데, 기독교가 망각했던 가정 문제, 효에 대한 사상, 이런 것은 우리로서는 기독교라는 이름은 그대로 고정을 한다하더라도 우리가 가지고 있는 유교의 근본사상 속의 무엇인가가 있는 것이 아닌가 보며, 유교에 있어서도 효는 한국적인 것이라고 봅니다. 중국도 부모를 안 섬긴 것은 아닙니다만, 한국처럼 부모를 섬기지는 않거든요. 모든 제도를 보듣지, 묘 자리를 쓰는 것을 보든지 말입니다.

그러니까 이러한 기본사상이 단순한 샤머니즘은 아니고 특이한 정신 속에서 유교를 살렸던 것이 아니냐고 묻고 싶습니다. 그러니까 형식적, 이론적인 유교에다 생동성을 집어넣고 인격적인 것을 집어넣은 이런 한국의 특이한 종교적인 천부의 것이 한국에 있는 것이 아니냐, 이렇게 생각해 보았습니다.

한 마디로 말해서 한국민족은 종교적 민족입니다. 비단 기독교뿐만 아니라 불교나 유교도 그런 것을 볼 때 더욱 그러합니다. 이러한 한국민족의 정신을 부활시키는 것이 종교의 사명이 아닌가 생각합니다.

적덕(積德)한 사람만이 살아남는다.

선사: 새 종교가 많이 출현할수록 종교는 부패상이 됩니다. 원래 조상이 하나인데 거기서 아들딸을 많이낳아 가지고 몇 십대가 지나고 나면 그 조상을 망각하게 되는 것입니다. 그러니까 종교의 분파라는 것은 벌써 종교가 쇠퇴일노(衰退一路)로 걸어가는 것이지 종교의 발전이라고는 볼 수 없는 것입니다. 이것은 제가 불교적인 입장에서 말하는 것입니다.

그렇지만 어쩔 수 없이 시대의 조류를 따라서 분파(分派)되는 것은 사실입니다. 가령 한 사람이 아들 삼형제를 둔다고 하면, 삼형제가 낱낱이 분가해서 한 놈은 무엇하고 둘째 놈은 무엇하고 셋째 놈은 무엇한다는 것이 벌써 삼종파 아닙니까? 이와 같이 역시 종교(宗敎)의 분파(分派)도 마찬가지

일 것입니다.

그러나 바다를 볼 것 같으면, 육지에서 모든 냇물이 내려와서 바다로 들어가지만, 어떤 물이든지 바다에 들어오면 짠맛이 되지 다른 맛이 되지 않습니다. 왜냐하면 바다는 원래 자체가 크고 한량없기 때문에 육지의 백천중류(百千衆流)가 바다 맛이 되는 것입니다. 이처럼 우주의 삼라만상 허공에 이르면 하나가 됩니다. 허공에서 볼 것 같으면 우주 삼라만상이라는 것은 차별이 없으니까요.

그러므로 정말 종교적인 입장에서 본다면 아무리 분파될래야 될 수 없는 것입니다. 물론 세강속말에 따라서 새 종교의 분파 가능성이 많다고 볼 수 있지만, 근본적인 종지는 부처님이 다시 출현한다고 해도 변할 수 없습니다. 다만 시대의 조류에 따라서 기구와 조직과 제도의 형태는 얼마든지 변할 수 있다고 봅니다.

윤태림: 결론은 남에게 악하게 한 사람은 망하고, 적덕한 사람은 산다는 그런 얘기가 되겠습니다.

1975년

■ 跋文

영원을 내다보는 사상과 예지

김중배(동아일보 논설위원)

동양의 마음은 유·불·선(儒佛仙)을 근기(根氣)로 다듬어지고 밝혀져 왔다. 유교는 존심양성(存心養性)을 말하고, 불교는 명심견성(明心見性)을 말하면, 도교는 수심연성(修心練性)을 말한다. 모두가 심성, 곧 마음자리를 탐구하는 데 일관해 왔음은 물론이다. 두어 기른다는 유나, 밝혀 본다는 불이나, 닦아 단련한다는 선이나, 그 표적은 필경 마음이었다. 다만 접근의 길과 깊이가 달랐다면 달랐을 뿐이다. 그 차이는 흔히 유식근(儒植根)·도배근(道培根)·석발근(釋拔根)이라고 말해진다. 유가 뿌리를 심는 것이라면, 도는 뿌리를 북돋워 주는 것이며, 불은 뿌리를 뽑는 것이라는 견해다. 애써 심을 것도 북돋울 것도 없는 초월의 경지에 이른다는 문맥은 사뭇 변증법적 지양(止揚)을 방불케도 한다. 물론 식·배·발(植培拔)의 논리는 불가의 것이며 따라서 아전인수의 흔적이 전혀 없는 것은 아니다. 그러나 유불선이 나름대로 갖는 특성을 대담하게 강조하고, 또 그것을 한 묶음으로 조감하려는 뜻에는 동의할 만하다.

유불선을 총괄하는 체계 위에서 동양의 마음을 찾으려는 시도는 문화권과 문화사의 종합적 파악을 위해서도 분명히 의미 있는 일이다. 더욱 문명의 내일을 내다보는 정신의 지표를 위해서도 도로

(徒勞)일 수 없는 시각이다.

말하자면 우리의 탄허 스님은 바로 그 시각의 선지식(善知識)이며, 또한 선지자이다. 새삼스럽게 그가 유불선에 통달한 철승(哲僧)임을 기록할 필요는 없다. 화엄학의 대가로서 화엄경을 국역했다는 사실도 구태여 되풀이 적을 필요가 없다.

탄허 스님은 그 위에 동양의 역학(易學) 원리로 어제의 역사를 되돌아보고 내일의 역사를 예지한다. 비록 몸은 산간에 있으나 눈은 우주의 운행을 뚫어 보고자 한다. 그것이 탄허 스님이 말하는 "큰 공부" 인 것이다.

동양사상의 섭렵을 바탕으로 역학을 동원하는 탄허 스님의 예지력은 다음 세계의 주축은 동방의 한국이며, 그 주인공은 당연히 한국인이라는데 귀착한다. 그는 다시 23도 7분가량 기울어진 지구축이 바로잡히는 날이 올 것을 믿는다. 그 날이 오면, 기울어진 윤도수(閏度數)로 말미암아 저질러졌던 인간사회의 부정부패도 사라지리라고 믿는다. 듣기에 따라서는 예지의 거창함이 지나쳐 허황으로 이어지는 느낌을 뿌리치기 어렵다. 그러나 자연과학의 지식까지 동원하는 그의 예지에는 분명히 설득력이 있다는 것 또한 부인할 수 없다. 뿐만이 아니라 부정적이며 피해망상적이었던 우리의 역사의식에 새로운 긍정, 새로운 용기를 부어주는 탄허 스님이 예지는 미래 적중을 기다리지 않더라도 현실의 예지일 수도 있다는 실감에 젖는다.

사실 탄허 스님이 아니더라도 높은 하늘에서 보는 눈의 밝음을 한 손으로 뿌리쳐 버리는 것은 어리석다. 가령 일상적으로 두어지는 바둑판을 보라고 나는 권하고 싶다. 윗수가 훤히 보는 수를 아랫수는 보지 못한다. 아랫수가 보지 못하는 것을 윗수가 본다고 해서 이상할 것은 없다. 정신의 세계는 더욱 그렇다는 것을 정신을 공부하는 사람들은 이미 체험했을 것이다.

탄허 스님에겐 몇 차례 예지 적중의 내력이 있다는 것도 아는 이들은 두루 아는 일이다. 그 하나는 6·25 직전, 그의 스승 방한암 스님의 만류도 뿌리치고 양산 통도사로 남하했던 이력이다. 그 둘은 울진, 삼척 지방에 무장공비가 몰려들기 직전 화엄경의 번역 원고를 월정사에서 영은사로 옮겼던 이력이다.

그러나 탄허사상과 예지의 매력은 더욱 깊은 곳에 있다. 그는 예언한다. 지구에 잠재하는 화질(火質)이 북방의 빙산을 녹이기 시작한 것은 지구의 윤문(閏門)이 열려 성숙한 처녀가 되는 과정이라고 비유하는 것이다. 지구의 초조(初潮) 현상은 소멸이 아니라 성숙의 모습이라는 낙관론이다. 그는 또한 민중의 시대가 도래할 것을 믿는다. 땅의 민중이야말로 핵을 극복하는 원동력이 되리라는 것을 역학의 산리(算理)로 헤아려 내는 것이다.

어느 시대에나 선지자는 고독하다. 그러나 시대가 흐르고 나면 큰 우주의 운행과 같은 호흡으로 인간의 역사를 내다본 선지자의 예지는 믿음을 획득한다. 하나의 사상이 인정되는 것도 과정은 비슷하다. 더구나 눈앞의 공리에만 어두운 우리의 시대에는 비록 허황으로 이어지는 한이 있더라도 넓고 크고, 깊게 영원을 내다보는 사상과 예지는 그것만으로도 보람 있는 것이다. 탄허 스님을 우러르게 되는 연유도 다른 곳에 있는 것은 아니다.

나는 탄허 스님을 잘 알지 못한다. 탄허 스님의 사상과 예지력의 깊이는 더욱 잘 알지 못한다. 그러나 세계사의 새로운 시대에 한국의 새로운 사상이 돋아나는 못자리를 탄허 스님의 사상에서 예감하게 되는 것은 어쩔 수 없는 일이다. 그 예감에의 믿음만이 감히 탄허 스님의 소설(所說)이 담긴 책 끝머리를 더럽히는 만용의 원천일 뿐이다. 즉심즉불(卽心卽佛), 중생의 마음이 곧 부처일 수도 있다는 믿음만으로, 탄허 스님을 우러르면서 감히 그에게 쏠리는 향심(向心)을 적는다.

後 記

본 법어는 스님의 법어를 신문이나 강연 또는 내가 듣고 기록했든 것을 모아 한권의 책을 만들어 초판을 냈다가
스님께서 이놈아 이것이 네책이 어찌 내책이냐.
공자님도 저서가 없고 술이부작(述而不作) 주역에 십익(十翼)만 했을 뿐이라고 하셨다.
난서 부화라고 어지러운 글은 불에 붙인다고 호통을 하셔서, 어찌 스님의 잣대로 세상을 보십니까? 대학생 보다 초중고생이 더 많습니다. 천무사부(天無私覆)하고 지무사재(地無私載) 하거늘, 어찌 중생들의 갈증을 거절 하십니까? 하고서 간청하여 재판때 비로서 서문으 쓰신 것이다.

천학비재(踐學菲才) 재자 우담.

교림도서목록